新时代的隔代教养
——理论阐释与实践应用

主　编　蔡　芸　张　遐
副主编　李金艳　黄林凯　宋光森

北京交通大学出版社
·北京·

内 容 简 介

本书依据公共事业管理（家庭及社会教育指导方向）专业人才培养方案与家庭教育课程标准编写。全书以隔代教养为主线，采用案例引导、理论阐释与实践应用结合方式，系统阐述隔代教养的内容及实践路径，注重理论与实践的有机融合，助力读者全面认知隔代教养、提升实际问题的解决能力。

全书共分为八章，涵盖隔代教养的概述、理论基础、要素、内容，以及不同类型家庭的隔代教养、隔代教养与亲子教育的平衡、祖孙协同成长、家庭—学校—社区合作等核心内容。每章均由学习目标、思维导图、案例导读、核心内容阐述及课后思考等栏目构成。

本书语言通俗易懂，结构清晰，便于学习理解。本书既适用于公共事业管理（家庭及社会教育指导方向）专业教学，也可为隔代教养中祖辈、年轻父母、家庭教育从业者及相关研究人员提供参考。

图书在版编目（CIP）数据

新时代的隔代教养 ： 理论阐释与实践应用 / 蔡芸，张遐主编. -- 北京 ： 北京交通大学出版社，2025. 8. -- ISBN 978-7-5121-5648-7

Ⅰ. G78

中国国家版本馆 CIP 数据核字第 2025A2338A 号

新时代的隔代教养——理论阐释与实践应用

XINSHIDAI DE GEDAI JIAOYANG——LILUN CHANSHI YU SHIJIAN YINGYONG

策划编辑：刘　洵　　责任编辑：廖志平

出版发行：北京交通大学出版社　　电话：010-51686414　　http://www.bjtup.com.cn

地　　址：北京市海淀区高梁桥斜街 44 号　　邮编：100044

印 刷 者：北京华宇信诺印刷有限公司

经　　销：全国新华书店

开　　本：185 mm×260 mm　　印张：16.25　　字数：352 千字

版 印 次：2025 年 8 月第 1 版　　2025 年 8 月第 1 次印刷

定　　价：52.00 元

本书如有质量问题，请向北京交通大学出版社质监组反映。对您的意见和批评，我们表示欢迎和感谢。

投诉电话：010-51686043，51686008；传真：010-62225406；E-mail：press@bjtu.edu.cn。

编 委 会

主　编　蔡　芸　张　遐

副主编　李金艳　黄林凯　宋光森

编　委　王佳炜　赵德信

前　言

在人口老龄化与家庭结构变迁的时代背景下，隔代教养已成为中国家庭教育的重要形式。城市化进程中双职工家庭常态化、人口政策的调整及《中华人民共和国家庭教育促进法》对家庭教育责任的重构，使其在儿童发展中的作用愈发凸显。

当前，隔代教养面临诸多挑战和困惑。一是教育理念代际差异显著。祖辈重经验育儿（侧重温饱和安全），父母重科学育儿（侧重全面发展），易引发家庭矛盾、降低教育效率。二是溺爱普遍。祖辈无原则满足孩子需求，剥夺成长体验，导致孩子自我中心、抗挫力弱。三是过度依赖隔代教养，造成亲子沟通匮乏、情感联结薄弱，影响和谐亲子关系的建立。因此，如何在尊重祖辈经验的同时协调教育理念、合理分担育儿责任，是现代家庭需要共同面对的问题。

本书立足生态系统理论、依恋理论、家庭系统理论等多学科理论框架，融合“文化反哺”“智能化赋能”等时代命题，突破隔代教养领域“祖辈—孙辈”二元论，拓展至家庭、学校、社区、技术等多环境系统分析。对祖辈，本书系统介绍科学照护、习惯培养、情绪管理等具体做法，并针对核心家庭、单亲家庭等不同家庭类型提出差异化建议，助力祖辈从“经验育儿”转向“科学育儿”；对父母，本书阐释 “亲子教育与隔代教养边界”，助其明确责任、规避代际冲突；对社会，本书详解“家庭—学校—社区协同”机制，尤其是智能化协同育人平台，为隔代教养提供支持。

本书由四个部分共八章内容组成：

理论部分（第一、二章）：界定隔代教养的概念与类型，梳理发展历程，构建生态系统理论、依恋理论、代际传递理论等支撑的跨学科框架。

要素部分（第三、四章）：分享隔代教养的主体要素（祖辈、孙辈）、影响要素（代际关系、长辈素质）及核心内容（科学照护、习惯养成、文化传承）。

实践部分（第五、六章）：设计不同家庭类型的差异化教养方案，探讨隔代教养与亲子教育的协同模式及冲突调适、心理疏导策略。

创新部分（第七、八章）：探讨文化反哺视域下的祖孙双向成长、“家庭—学校—社区”协同育人体系及智能技术在隔代教养中的应用路径。

本书由国家开放大学总部及办学体系、北京交通大学的教师合作撰写。主编为北京交通大学经济管理学院蔡芸教授与国家开放大学教育学院张遐教授。编写工作分工如下：李金艳负责第一章第一、二节，第四、五章；黄林凯负责第二、六章；王佳炜负责第一章第三节、第三章；蔡芸、王佳炜负责第七章；张遐、王佳炜共同负责第八章。同时，北京交通大学出版社的刘洵、廖志平老师为本书的策划、审定和出版提供了诸多支持。

在编写过程中，本书参考大量相关资料，在此谨向出版社及相关资料原作者致以衷心感谢。

因作者水平有限，书中难免有不妥之处，敬请读者批评指正。

编　者

2025 年 7 月

目　录

第一章

隔代教养的概述

学习目标

知识目标

理解隔代教养的内涵、特点、利弊；了解其地位、类型、发展历史与趋势。

能力目标

掌握隔代教养的原则和方法，能运用所学知识分析实际生活中隔代教养的案例；能与祖辈沟通，助力其树立科学教养理念，帮助其解决隔代教养中存在的问题，提升隔代教养质量。

素养目标

引导学生传承中华民族“慈幼”的传统美德，尊重祖辈；培养学生的家庭责任感和社会责任感；培养学生理性看待隔代教养利弊的意识，提升辩证思维能力。

思维导图

- 第一章　隔代教养的概述
  - 第一节 隔代教养的内涵、特点、利弊与地位
    - 隔代教养的内涵
    - 隔代教养的特点
    - 隔代教养的利弊
    - 隔代教养的地位
  - 第二节 隔代教养的类型、原则与方法
    - 隔代教养的类型
    - 隔代教养的原则
    - 隔代教养的方法
  - 第三节　隔代教养的发展历程与展望
    - 古代社会的隔代教养
    - 隔代教养的现实状况分析
    - 隔代教养面临的挑战
    - 隔代教养的发展趋势

案例导读

晓萌夫妇的烦恼

晓萌和丈夫属于双职工家庭，孩子出生后，便请爷爷奶奶来帮忙照顾。爷爷奶奶的加入，既节省雇保姆费用，又将孩子照顾得细致周到，让晓萌夫妇感到很安心。

随着孩子慢慢长大，矛盾也随之而来。晓萌夫妇注重培养孩子的独立生活能力，爷爷奶奶总是包办代替；晓萌夫妇想让孩子多与同伴交往，爷爷奶奶却担心孩子与小伙伴发生冲突，不带孩子去户外与小朋友一起玩耍，孩子变得胆小内向。为此，晓萌夫妇很苦恼，不知下一步怎么办，是请保姆来带孩子呢，还是让爷爷奶奶继续帮忙？

什么是隔代教养？隔代教养有什么显著特点？它有什么优势和挑战？带着这些疑问让我们开始一场关于隔代教养的学习之旅吧！

第一节　隔代教养的内涵、特点、利弊与地位

一、隔代教养的内涵

隔代教养是祖辈通过提供经济支持、投入时间精力等方式承担或参与儿童教育和抚养活动的一种家庭教育模式。隔代教养有广义与狭义之分，广义的隔代教养是指祖辈单独或与父母共同抚养教育孙辈。狭义的隔代教养是指祖辈为孩子的主要照顾者，父辈很少或基本不参与孩子的教养活动。

与隔代教养容易混淆的另一个概念是隔代教育，两者既有联系又有区别。隔代教育主要侧重祖辈对孙辈在知识技能、道德品质等方面的培养教育；隔代教养的范畴更广，包括祖辈对孙辈的生活照料、情感支持、行为规范、个性培养等各个方面的抚养教育。二者的实施主体都是祖辈，实施的环境都是在家庭中，目的也都是为了促进孩子的健康成长和全面发展。

在现今社会背景下，越来越多的年轻父母因职业或其他因素无法全职照顾子女时，往往会让祖辈承担或者参与到子女的教育和照料中来，隔代教养成了一种广泛而又普遍的现象。相较于传统的家庭教育，隔代教养在教育理念、内容、方法等方面表现出不同的性质。隔代教养的独特性主要受家庭经济状况、祖辈的教育观念、家庭结构、父母的工作压力等多种因素的影响。

知识链接

数据背后的“真相”

2017 年，中国教育学会家庭教育专业委员会发布《中国城市家庭教养参与祖辈问题调查报告》数据显示，参与家庭教育的祖辈占近八成。其中幼儿园前为 77.7%，幼儿园期间是 72.9%，到小学阶段仍占 60.1%，农村祖辈教育更是高达 90%。

这些数据揭示了隔代教养在中国的社会背景下是一个十分普遍的社会现象，尤其是在农村以及一些大城市，祖辈在孙辈教育中所占的比例是相当高的。

二、隔代教养的特点

祖辈的价值观念、人生阅历、教育方式在隔代教养中可能会与现代社会的教育理念有所区别，与亲代教育相比，二者都有优点同时也存在风险隐患。相较于父辈的教育，隔代教养更为复杂。

（一）亲情性

亲情性指隔代教养是建立在以血缘关系为基础的祖辈对孙辈的深厚亲情教育和抚养。中华民族传统美德中有一个重要的内容即“慈幼”，这既是人类保护和关爱婴幼儿的一种本能，也是儿童生存和社会发展的基础。祖父母对孙辈的关心爱护，建立在家庭感情与社会期望基础上。他们放弃休闲娱乐，投入大量时间精力抚养教育，主动承担看护责任，既体现对家庭责任的认同，更彰显对子孙后代的深厚感情。因此，建立在此亲情基础上的隔代教养更容易为儿童所接受。

（二）及时性

一些祖辈与孙辈生活在一起，朝夕相处，很容易发现孩子在生活习惯、学习态度、人际交往等方面存在的问题并及时教育和纠正。例如：晚上睡觉前，爷爷奶奶会引导孩子洗漱；吃饭时会告诉孩子各种食物的营养价值，引导孩子不挑食；家里来客人时会教育孩子待人接物的礼貌等。正如陶行知先生所说，“过什么生活就受什么教育”，这种渗透在日常生活中的教育更容易被孩子接受，效果也更好。比如他们可能会注意到孩子在与同伴交往时表现出的胆小或攻击行为，或者孩子在学习中注意力不集中和缺乏学习热情。一旦发现这些问题，祖辈们会根据自己丰富的人生阅历与教育经验采取适当的教育手段加以干预和纠正，帮助孩子理解自己的行为价值和学习态度。考克斯（Cox）和佩利（Paley）在他们的研究中特别强调多代人互动在家庭结构中十分重要。他们指出祖辈对孙辈的成长起到了不容忽视的作用。祖辈们的及时参与和纠正是十分关键的，对孩子形成良好的行为模式和学习习惯有很大的帮助。

（三）针对性

祖孙长期相处，他们了解孩子的实际情况，因此能采取更符合孩子需求的教育方式，促进孩子个性化发展。这种针对性的隔代教养不仅能增强孩子的自信，还能最大程度地激发孩子的潜能，提升家庭教育效果。

（四）长期性

家庭是孩子出生后的第一个生存、生活、接受教育的场所，儿童在家庭中所获得的发展与成长是其未来发展的基础。这种长期性主要表现在两个方面：一是孩子在隔代教养模式下形成的人格特点、道德品质、兴趣爱好等将伴随孩子的一生；二是祖辈在长期的生活过程中积累形成的家风、家教和家训，对孙辈的成长产生长期甚至终身的影响。这种影响可能始于孙辈的婴幼时期，并延续至孙辈的成年期，甚至在祖辈过世后仍有可能通过家族传统和家族记忆延续。

三、隔代教养的利与弊

微课视频：隔代教养的“利”与“弊”

（一）隔代教养的“利”

1. 缓解家庭压力

《2022年卫生健康事业发展统计公报》数据显示，2022年一胎占比约为45%，二胎占比约为38.9%，三胎及以上占比仅为15%，二胎及以上占比约为54%。当前社会节奏快，竞争压力大，一些年轻家长面临工作和育儿的双重压力，没有足够的时间和金钱抚养教育孩子。而隔代教养可以很好地缓解这个问题。祖辈时间充裕，耐心细致，有丰富的教育经验和生活智慧，有些祖辈还能提供经济上的支持，有效减轻家庭经济压力，因此在目前社会经济环境下越来越多的家庭开始考虑隔代教养。

2. 提供稳定安全的生活环境

近年来，“狼保姆”虐婴等恶性事件屡见曝光，引发社会广泛关注。这不仅冲击公众道德底线，也改变家长教养理念，一些年轻父母不再仅满足孩子基本生理需求，而是愈发重视孩子安全保障与心理健康呵护。与此同时，此类负面新闻也使家长对雇佣保姆产生了严重的信任危机，促使很多家庭决定让祖辈参与到孩子的抚养和教育中来。

与年轻父母相比，祖辈们的生活起居和饮食相对更有规律，能给孩子提供一个更加稳定有序的生活环境。如此稳定有序的生活环境能帮助孩子建立安全感，使孩子学习更有成效，成长更健康。与保姆相比，爷爷奶奶更倾向于提供细心的照顾，他们对孩子的长期发展更为关注，而不只是完成短期的照顾工作。年龄越小的孩子，祖辈参与教养的比例越大。一项专门针对上海1岁幼童母亲的问卷调查显示，完全由祖辈抚养的家庭所占比例为26%，而由年轻父母和外祖辈共同抚养的家庭所占比例为62%。这进一步印证了祖辈在提供安全稳定的生活环境方面发挥着重要作用。

3. 富有生活智慧与文化传承的优势

经过长期工作和生活磨炼，祖辈积累了丰富的生活经验。与年轻父母相比，他们养育过一代人，在教育孩子上经验更多、感悟反思更深，能理解不同年龄段孩子身心特点，面对教育问题心态更加平和。另外，祖辈阅历丰富，对中华民族传统文化了解更多，可以通过日常交往、家庭聚会、节日庆祝等活动，将这些宝贵的财富传递给孙辈，促进优秀文化的传承与发展。

案例卡片

中国现代著名作家汪曾祺的作品中常有描写家庭成员的文章，其中《我的祖父》是一部为人熟知的作品，文中这样描述道：

“我的祖父是我所知道的最聪明的人。他是一个画家，也是一个书法家，但又不是以此为职业的人。他的画，他的字，都极有风格，但是不落俗套。他的聪明，也表现在他的为人处世上，他处理事情，看待问题，都极有分寸，而且有一种天然的幽默感。

“祖父教我读诗，教我写字。他说：诗不仅要读，还要吟。每天晚饭后，他就点起煤油灯，教我读杜诗。有时，读着读着，他会把书一合，就背下去了。”

上述文章片段展现了汪曾祺祖父通过言传身教，既教给了汪曾祺做人的道理，又传承了影响汪曾祺一生的优秀传统文化。

4. 慈爱宽容与情感支持

在我国传统文化习俗里，孙辈的出生代表着生命的延续和家族的传承，这让祖辈感到欣慰，因此对孙辈会格外珍惜、疼爱和包容，容易与孙辈建立融洽和谐的关系。另外，孤独和寂寞是很多老年人生活中面临的问题，隔代教养为老人提供了情感寄托的途径。祖辈对孙辈的精心照料让孩子对老人产生依赖和亲密的感情联结，不仅增强了祖辈的自我价值感，还缓解了老人的孤寂，有利于老人保持健康的身体和心态。

（二）隔代教养的“弊”

1. 社交困难与行为问题

人从出生到成年，需在社会文化与物质环境中，通过互动掌握社会规范、形成社会技能、构建价值体系，获得参与社会生活所必需的个性品质，实现从生物人发展为社会人的发展。张永霞的研究表明，隔代教养模式下成长的城市儿童，一些祖父母过度溺爱和过度保护，导致儿童在社会交往活动中自我意识更弱，攻击行为更多，不尊重他人和公共秩序的倾向更明显，不适应行为更多，他们在集体游戏和活动中不愿意与同伴分享玩具、无视同伴需求，还经常表现出抢夺和攻击行为，导致社交困难。在陈敏的研究中，她这样描述粤西某村的留守儿童：由于祖辈所采用的教育方式过于简单，缺乏多样性，在与同龄人的交往中，他们显得不够自信和主动。

案例链接

笑笑是一名一年级的新生，是一个调皮可爱的小男孩。刚开学时，笑笑很快就认识了许多新朋友，和同学们做游戏、打打闹闹、拌拌嘴，挺快乐的。可渐渐地，笑笑觉得身边的小伙伴好像越来越少，大家聚在一起玩时，总是没有他的位置。这是为什么呢？让我们来看看，在和同学相处时，笑笑的奶奶所扮演的角色吧。

一次，排队放学，站在后面的同学不小心踩掉了笑笑的鞋子，为此两个小朋友发生了矛盾，笑笑的奶奶赶紧冲到小朋友跟前，大声呵斥同学："是你踩掉他的鞋子，你还动手打人，我要告诉你的家长！"

还有一次，笑笑和同学玩纸飞机，同学不小心把笑笑的飞机扔到水池里了，笑笑生气地把同学的文具盒扔进了学校的垃圾房，老师得知后带着笑笑去找同学的文具盒，可是里面太脏，文具盒已经找不到了。

老师请来笑笑的奶奶，希望两个孩子都能承担各自的责任，笑笑赔给同学文具盒。笑笑奶奶却一口咬定同学有错在先，笑笑年纪小不懂事，拒绝承担责任，还当着同学和老师的面，对笑笑说："这么调皮的小孩儿，你以后不要和他玩！"

案例剖析：

在奶奶的心目中，自己的孙子永远是最乖的。出于对孙子的疼爱，老人会回避一些自己孩子的问题，会放大一些别人孩子的问题，总认为自己的孙子吃了亏，受了委屈。这样的教育方式，埋藏了巨大的隐患。一来，孩子在祖辈无条件的呵护下，变得更加自私、更加自我，和同学的相处自然就存在问题，小伙伴们会不由自主地疏远这样的孩子。二来，奶奶的袒护，在某种程度上导致孩子缺乏责任心。

［案例来源：https：//www.sohu.com/a/204288829_503534］

2. 消极情绪与回避依恋

隔代教养还可能影响孩子的心理健康和依恋关系。任夏夏（2020）的研究显示，接受隔代教养与未接受隔代教养的小学生，在神经质方面有明显差异。而且经历隔代教养的大学生比没有经历隔代教养的大学生神经质程度更高，并且他们在依恋关系中更倾向于采取回避策略。有隔代教养经历的大学生中，神经质水平偏高的学生更容易出现焦虑、抑郁等消极情绪。

一些研究认为隔代教养对儿童——特别是留守儿童的心理健康有不良影响，主要表现在性格缺陷和敌对心理。在农村，年轻父母迫于经济压力外出务工，为降低生活开支，他们选择把孩子留在老家由祖辈抚养教育。很多祖辈往往只关注孙辈们的衣食住行等基本生理需求，对孩子们的心理和情感需求较少关注。长此以往，孩子们容易自卑敏感、沉默怯懦。此外，白玉研究发现，隔代教养下的儿童容易出现敌对心理，主要表现为易怒、易冲动、无故发脾气、无理取闹，甚至出现暴力倾向。

3. 学业支持与道德教育乏力

隔代教养一定程度上减轻了年轻父母经济与育儿压力，但也带来了一些问题。来自泰国的南塔蒙科柴（Nanthamongkolchai）研究表明，生活在低收入祖辈家庭中6—12岁孙辈的认知发展更有可能低于正常水平。在学业成就上，来自美国的皮尔考斯卡（Pilkauskas）研究表明，教师报告由祖辈抚养的孙辈平均语言素养和数学成绩明显低于父母抚养的孩子。祖辈由于缺乏科学的教育理念，有时对孩子的错误行为不能及时纠正，导致孩子自私任性，不尊重和理解他人，违反集体规则等。杨延文的研究表明隔代教养在学前阶段对孩子的非认知因素如意志力、负面情绪、社交能力、集体融入等方面产生明显的负面影响。

4. 矛盾冲突与家庭关系紧张

祖辈和父辈所处时代不同，所受教育不同，因此教育理念也不同，在教育孩子时容易产生意见分歧。例如，当孩子提出一些无理要求时，祖辈倾向于百依百顺，父母则会更加理智和严格要求孩子。这种分歧如果得不到妥善处理，容易引发家庭矛盾，也会造成孩子与父母的感情隔阂，使正常的家庭教育难以进行。

祖辈与父母在教育理念和教育方式上存在诸多矛盾，这些矛盾冲突不仅会破坏和谐的家庭氛围，而且会对孩子的心理健康产生不良影响。当孩子面对家庭成员不同的教育方式时，会感到迷茫和不知所措，也可能会为了达到目的而欺上瞒下。孩子如果长期处在这种家庭环境下，会表现出叛逆和攻击行为，严重的还会出现焦虑和抑郁等情绪问题。

5. 自我认同与人格发展障碍

自我认同是指个体对自己身份和价值的认知，它对儿童社会性发展有重要影响。当儿童的自我认同感较低时，他们会否定自己、退缩、逃避问题和过度在意他人的看法。自我认同感的培养，是建立在儿童不断尝试和探索基础上的。在这些过程中，孩子发现自己的潜能和兴趣，获得信心和认同感。另外，孩子通过参加集体活动，培养团队合作能力和社会交往能力，获得归属感和价值感，增强认同感。

在一些隔代教养家庭中，祖辈对孙辈的过度保护与包办代替，剥夺了孩子尝试、探索和参加集体活动的机会，形成孩子过度依赖的性格，造成孩子陷入自我否定，导致自我认同危机。这种危机会进一步导致儿童无法正确认识自我，盲目依赖外部评价，从而造成自我意识扭曲，角色认同混乱，感到焦虑和情绪低落，影响健全人格的发展。

四、隔代教养的地位

（一）隔代教养是家庭教育重要的组成部分

随着社会节奏的加快和竞争压力的增大，双职工家庭已成为常态，二孩、三孩家庭也越来越多，子女教养的任务加重，许多年轻父母由于工作繁忙无法照顾子女，于是祖辈就顺理成章地担负起了对孙辈的抚养教育。隔代教养成为一种普遍存在的家庭教育模式。该模式在有效减轻年轻父母育儿压力的同时，还能促使家庭内部资源更高效利用，增强家庭代际间的相互联系与支持，进而使隔代教养在现代家庭教育中的重要地位愈发凸显。

（二）隔代教养关系到国家人口素质的提高

隔代教养效果的优劣，不仅关系到儿童的健康成长，家庭的幸福，更关系到人口素质的提高和国家民族的未来。从儿童成长的角度看，高质量的隔代教养能给孩子温暖的情感支持、有力的学业帮助，塑造孩子良好的性格，促进孩子全面发展。反之，不当的隔代教养则会导致孩子行为偏差和性格缺陷。在家庭层面，有效的隔代教养可以减轻年轻父母的后顾之忧，促进家庭和谐；反之，频繁的教养矛盾冲突则会破坏家庭氛围，导致家庭关系紧张。从社会层面看，孩子在优质隔代教养下形成的良好习惯、自主能力、健康情绪、高尚品德，有助于人口素质的提升，为国家提供合格的建设者和接班人。

隔代教养的地位举足轻重。它不仅关系儿童的健康成长，也是社会和谐与国家发展的重要影响因素。因此，隔代教养需要政府、社会多方面的关注和支持，以确保其能够更好地适应和促进儿童的全面健康发展。

第二节　隔代教养的类型、原则与方法

一、隔代教养的类型

隔代教养具体分为两种类型，即完全隔代教养和不完全隔代教养。

（一）完全隔代教养

完全隔代教养是指父母长期与孩子分离，孩子的生活和教育完全由祖辈承担，也指狭义上的隔代教养。这种类型的教养方式主要发生在农村，因为一些年轻夫妇迫于生计外出务工，为降低生活成本，只好把孩子留在老家由祖辈代为抚养照顾。这意味着，孩子的生活起居和教育，全靠祖辈操心。祖辈毕竟年事已高，接受新事物的能力没那么强，文化水平也有限，在对孙辈的课业辅导上会显得力不从心。对于现代教育讲究的科学方法和理念，祖辈缺少学习和理解，与现代社会存在较大差异，与孩子之间缺乏共同语言，容易让孩子产生自卑、孤独等不良心理。同时，“隔代亲”容易造成祖辈的过度溺爱和包办代替，使孩子缺少独立探索的机会，导致心理韧性不足。王玲凤的研究发现，与父母单独教养、不完全隔代教养的孩子相比，完全隔代教养的孩子在情绪问题、行为障碍、性格缺陷、适应能力、人际交往等方面的问题表现得更加明显。

（二）不完全隔代教养

不完全隔代教养，也称联合教养，是现代家庭里最常见的教养方式。这种模式下，

父母仍然是孩子教养的主要负责人，祖辈承担协助者的角色。这种类型的教养方式大多数出现在城市家庭，主要原因是父母平时工作繁忙，没有时间和精力照顾孩子，只好把白天的接送和看护任务交给祖辈，晚上下班或休息日再接手照顾孩子。祖辈除了在生活上给孩子无微不至的照料外，情感上也能给孩子很多支持，让孩子心里有依靠。而且，祖辈们生活经验丰富，能把自己的人生智慧传授给孩子，让孩子学到不少书本上学不到的东西。这样一来，既减轻了父母的压力，也让孩子得到更全面的关爱，不同辈分之间的关系也更紧密。

二、隔代教养的原则

微课视频：隔代教养的原则

（一）尊重儿童原则

心理学家马斯洛指出，人有五种基本需要，由低到高依次是生理需要、安全需要、归属与爱的需要、尊重的需要及自我实现的需要。其中，尊重的需要包括自尊的需要以及受到他人和群体尊重的需要。这两种需要是每个人都必须得到并满足的，如果一个人无法满足自尊和被他人或群体尊重的需要，就会产生自卑、无助、失落和沮丧等情绪，对个体的发展产生不利的影响。林崇德指出，儿童在 3 岁左右产生自尊感的萌芽，如犯了错误感到羞愧，怕别人讥笑，不愿被人当众训斥等。尊重也是儿童的一种基本需要，如果儿童的尊重需要得到满足，就会产生积极的情绪体验，否则会自卑，否定自己的价值。

1. 关注孩子心理需求

任何人外在的行为表现和语言总是源于内在的心理需求，无论是积极的还是消极的，都反映着个体的需求和期望。作为教养人，祖辈们需要具备同理心，从孩子的角度出发，看见孩子行为背后的心理需求，这样才能更好地与孩子沟通。例如，在一个二孩家庭中，姐姐对妹妹充满敌意，经常说“打死妹妹。让妹妹走开”。这些行为源于姐姐渴望得到家人的注意、喜欢、支持的心理需求。这种需求的满足有助于孩子获得重要感，形成自尊，满足归属需要，形成安全感心理需求，是孩子成长的内在动力（且这种需求本身没有任何恶意），作为教养人，要合理引导，保护好这个内驱力。儿童在经历焦虑或羞涩时，往往反映了他们对于安全与鼓励的需求。长辈们应通过给予安慰、激励以及正面反馈来促进孩子自信心的发展，并构建一个既安全又充满支持的环境，使孩子们能够在其中自由地探索世界并表达自我。

2. 接纳孩子的感受

被誉为亲子沟通之父的美国著名儿童心理学家海姆·吉诺特博士指出：孩子的感

受与行为是紧密相连的，当孩子有积极的感受时，他们的行为也会相应地变得积极；如果想让孩子有积极的感受，最关键的是要接纳他们的感受。有时候孩子的想法在大人看来，可能特别离谱、特别幼稚。例如：姐姐可能会担心妈妈生了妹妹就不爱自己了；一家人聊妹妹的事儿，她就觉得大家都不关心自己了；妹妹慢慢长大，姐姐还会不太愿意回家，就怕爷爷、妈妈跟妹妹太亲近；看到妈妈总照顾妹妹，心里就难过……不管这些想法多荒唐，大人都得接纳。因为每个孩子都有自己独特的小世界，对同样的事物会有不同的感受，大人首先要尊重他们的这些感受。如果祖辈直接讲“你这想法太可笑了，我们都爱你和妹妹”，孩子可能会觉得自己的感受被否定了，心里可能会更不安、更焦虑。

3. 理解孩子的行为

在生理、心理和社会性发展方面，不同年龄段的孩子表现出明显不同，这些差异会直接作用于他们的行为模式。作为祖辈要想把孩子教好，就得先弄明白孩子为什么会这么做，背后的原因是什么。比如说，两岁左右的孩子，总是喜欢说“不”，这不是故意跟大人作对，而是他们开始有自己的想法，自我意识觉醒了；幼儿园的孩子整天追着大人问“为什么”，那是源于他们好奇心旺盛，对外面的世界充满了探索的欲望；到了青春期，孩子变得叛逆，总跟大人对着干，其实是他们想摆脱大人的管束，渴望独立。要是一直都很听话的孩子，突然变得焦虑、消沉，那可能是最近压力太大了。每个孩子都是独一无二的，就算遇到同样的事情，反应也不一样。所以，祖辈要理解孩子的行为，与他们和谐相处，这样孩子才能更好地接受祖父母的教育和引导。

（二）合作共育原则

祖辈在生活里摸爬滚打了大半辈子，积累了丰富的生活经验和传统智慧；而孩子的父母，则更了解现代教育理念和社会发展趋势。两代人应加强沟通合作，发挥各自的优势和长处，保证教育孩子的理念和方法的一致性，这样才能给孩子提供科学的教育。就像炒菜一样，祖辈的经验是调料，父母的新理念是食材，只有搭配好了，才能做出美味佳肴。

《中华人民共和国家庭教育促进法》里明确提到，父母是孩子教育的第一责任人，得用正确的方法引导孩子养成好的品德和习惯。祖辈作为家庭的重要成员，有责任和义务帮忙照顾孩子、关心家人的情感。大家一起分担，不仅能减轻个体的负担，还能让家庭氛围更和谐，孩子在这样的环境里成长，自然也会更健康、更快乐。

1. 祖辈不越位

厘清祖辈与父辈之间的边界与明确责任是保证隔代教养一致性和效能的关键。在隔代教养中，父母是孩子教育的主要责任人，祖辈则更多地扮演支持者和辅助者的角色，正如一位英国老人说过：“我很知趣，不去抢夺孩子的母爱和父爱，但是我也不能只做保姆，应该还是个育儿参谋。”意思是在隔代教养过程中，明确责任，祖辈不要越位，应将主要的教养权交给父母。例如，当父母管教孩子时，无论父母的做法是否正确祖辈都不要插嘴。因为祖辈和父辈对孩子的期望不同，要求也不一样，祖辈对父母的教育理念和方法看不惯很正常，但不能当孩子面反对父母，否则会让父母的教育功亏一篑。

2. 父母不缺位

如上所述，在不完全隔代教养家庭里，抚养教育孩子以父辈为主、祖辈为辅，祖辈在力所能及的范围内予以帮助和支持。父辈不能以祖辈支持为借口，逃避自己的教养责任，把责任全推给祖辈，在孩子的抚养教育中缺位。

案例链接

缺位的亲代教育

晚饭后，东遥（化名）父亲在线上与朋友们打手游，东遥母亲在沙发上“葛优躺”，手里刷着抖音，不断发出爽朗的笑声……

5岁的东遥在客厅里玩着电动小火车，满屋子奔跑。奶奶端着饭追着喂：“来，乖孙子，嘴巴张开吃一口”……由于孩子不配合吃饭，奶奶追得很累，便自顾自地说：“哎呀！‘小祖宗’，消停一点嘛！”

一旁的东遥母亲抱怨道：“谁叫你每次吃饭都喂他，他爱吃不吃，娃儿就是这样被你惯坏了。”东遥奶奶有些委屈：“你们白天要上班，晚上很晚才回家。即使早回家，你们也不管孩子，不做家务。我在家里做牛做马，到头来我还有错了。”说着说着，眼泪就下来了。

一场家庭矛盾来袭……

［案例来源：教育导报网 https：//www.scedumedia.com/web/news/item/17191］

案例中父辈和祖辈关于带孩子的界限不清楚，责任不明确，以至于出现了主次颠倒的局面，不利于孩子与父母的亲子关系建立和发展，也不利于父辈更好地承担家庭责任，更不利于家庭教育思想和教育举措的统一。

3. 及时沟通，统一认识

祖辈和父辈因时代、经历、教育程度不同，对孩子教育问题看法有别，祖辈应尊重父辈的主要教育者地位，父辈也应认可祖辈的经验价值与家庭贡献。这就要求双方有效沟通，交流教养观念、期望与担忧，共同制定教养计划及问题解决策略，达成教养理念与方法的一致性。这种一致性有助于孩子形成规则意识与社会适应能力。

（三）发展适宜性原则

儿童发展适宜性原则（developmentally appropriate practice，DAP）是家庭教育中一个核心的概念，它强调教育活动和环境应该与儿童的年龄、发展阶段及个体差异相适应。隔代教养作为一种重要的家庭教养模式，也要遵循这一要求。

作为祖辈教养人，首先要了解孩子发展所处的阶段，以及这阶段孩子的生理、心理、认知、语言、情感和社会性发展的特点，采用与孩子发展阶段相适宜的教养策略，如 0—3 岁是人生最稚嫩的时期，婴幼儿需要教养人的生活照料和情感呵护。科学喂养、日常护理、卫生保健等是最为重要和基础的内容，所以这一阶段的孩子应以保育为主、教育为辅。瑞士心理学家让·皮亚杰（Jean Piaget）认为幼儿期的孩子思维发展处于前运算阶段，思维具有自我中心、不可逆、具体形象等特点，教养人应该创设条件，鼓励幼儿自主活动，通过操作各种玩具和材料自主建构知识，理解抽象的概念。其次，祖辈应认识到每个孩子都是独一无二的，他们的学习速度、兴趣和能力各不相同，要尊重这种个体差异，不要与其他孩子盲目攀比。作为家长，根据孩子的实际情况，尽力为孩子创设一个安全、健康、温暖和支持的环境，提供适合孩子发展水平的玩具和材料，以满足孩子的发展需求，帮助他们建立自信和积极的自我形象。最后，游戏是婴幼儿最主要的学习方式和最喜爱的活动，祖辈在教养过程中要重视游戏的价值，让孩子在游戏中学习和成长。教育家福禄贝尔说过："儿童早期的各种游戏是一切未来生活的胚芽。"通过游戏，孩子不仅获得知识，还可以发展他们的创造力、想象力、人际交往能力和解决问题的能力。例如：在搭积木的过程中，孩子可以了解各种形状、重心和平衡；玩沙时，可以探索沙子的流动性和可塑性；各种体育游戏还可以锻炼孩子的身体，强健孩子体魄。

（四）终身学习原则

当下社会快速发展，新教育理念、孩子成长理论及科学育儿的知识层出不穷。祖辈应坚持学习，不仅能把孙辈教得更好，自己的晚年生活也能过得更充实。例如，现在倡导科学喂养孩子，祖辈学习掌握相关知识，就能给孩子提供更营养健康的饮食；了解了新的教育理念，与孩子相处起来也能更融洽。一些被祖辈信奉为金科玉律的传统理念，其实已经被现代社会淘汰，甚至被新技术取而代之，但是有些老人仍活在故纸堆里，与时代脱节。

例如，孩子刚出生时哭闹，妈妈又心疼又着急，就会把孩子赶紧抱起来哄，大多数老人却非常反对，他们认为孩子哭就是在"干活"，练肺活量，千万别抱他，抱起来就放不下了。虽然孩子哭的时候不抱家长真的会轻松很多，殊不知这样做会对孩子造成很多伤害。第一，破坏孩子的安全感。儿童心理学家发现，当孩子哭闹的时候，家长的安抚就是在帮助孩子建立安全感，若是孩子哭闹，家长不理睬，那么孩子的安全感就不能建立起来。第二，破坏孩子的信任感。有研究显示，当婴儿哭泣时，如果家长完全放任不管，婴儿将逐渐对外面的世界失去信心，在成长过程中会变得比较胆小不安。第三，影响大脑发育。脑科学领域研究专家认为，孩子因需求哭闹时，家长给予温暖拥抱与安慰，有助于促进大脑健康发育、激活脑细胞功能。若孩子大声哭闹时家长置之不理，任由其持续哭闹，可能对孩子的大脑发育产生不良影响，进而妨碍认知能力正常发展。

因此，祖辈应树立终身学习的理念，不断提升自身的教养能力。现在不少地方都有老年大学，开设了丰富的课程，祖辈可以积极报名，系统学习新知识。社区也会经常组织一些家庭教育宣讲活动，祖辈也可以抽时间去聆听。平时可以关注一些微信公众号、视频号，观看一些专家发布的文章、短视频，学习一些科学的教养理念和方法。另外，与孩子父母一起去参加育儿课程、工作坊也是个好办法。在那儿也能学到很多新的育儿技巧，如怎么管理孩子的情绪，怎么跟孩子好好沟通等，从而提升自己的教养能力。

“隔代互学”是一种非常好的祖孙共同参与的学习方式，可以充分发挥祖辈和孙辈各自的优势。老一辈在礼仪修养、生活技能、人生阅历这些方面经验丰富，完全能给孙辈们做个好榜样。而孙辈们对互联网、各种新的休闲娱乐方式、新媒体应用都特别熟悉，反过来也能教教爷爷奶奶和外公外婆。例如，孙辈教老人用智能手机网购、制作短视频，老人教孙辈怎么待人接物，祖孙互相学习，共同进步。

三、隔代教养的方法

隔代教养要取得良好效果，教养人需要根据孩子的身心发展特点、家庭实际情况选择适宜的方法，常用的教养方法主要有以下几种：

（一）环境熏陶法

祖辈有意识地通过创设积极、健康的家庭环境和氛围，让孙辈受到潜移默化影响。

家庭环境包括家庭物质环境和家庭精神环境，涉及物质支持、情感支持、家庭氛围、人际关系等，在儿童成长过程中起到关键作用。脑科学研究发现，0—3 岁是脑细胞发育与大脑网络形成的快速期，此阶段伴随神经系统分化成熟，逐渐形成基于特定情境的自然反应与行为特点。

对脑细胞的研究证明，儿童早期是孩子大脑发育最快、最具开发可能性的时期。0—3 岁时，婴幼儿所处环境中的外部刺激（早期教育）越专业、越系统，神经元体积、树突、轴突髓鞘化、突触、胶质细胞增长就越快，这就意味着孩子大脑发育得更好。同样，不良的环境刺激也极易让婴幼儿受到伤害。例如，德・贝利斯（De Bellis）等人发现，“遭受过躯体虐待或性暴力的儿童其胼胝体的发育程度滞后于同龄的正常儿童，胼胝体的体积小于正常儿童，尤其是胼胝体的中部和后部体积较小”。年幼时曾受虐待的成年人，负责记忆的海马区域比有正常童年的成年人要小。受虐儿童的脑部皮层和边缘系统比正常儿童小 20%～30%。这些区域内的突触数目亦偏低。因此，为孩子创设健康有利的环境，是教养人的重要任务。

1. *家庭物质环境*

对于家庭物质环境，祖辈应注意：第一，安全卫生。安全卫生的家庭环境不仅有利于孩子的健康成长，还为培养孩子的良好生活习惯起到暗示影响。第二，安静有序。家里的物品摆放要整齐有序，保持安静。在隔代教养模式下，祖辈投入的精力较多，身心容易疲惫，无暇外出休闲娱乐，经常边看电视边忙碌。但菲研究表明，家里过于吵闹和嘈杂会使孩子的认知水平受到压抑；邓赐平、刘金花的研究也表明，家居条件太差，会影响孩子自我控制能力发展。第三，应为孩子准备丰富适宜的玩具，给孩子独立玩耍和操作的时间和空间，促进孩子的动手能力和探究欲。

资料卡片

0—3 岁婴幼儿玩具选购建议

2. 家庭精神环境

家庭精神环境主要包括家庭氛围、家庭文化、教养方式等，能培养儿童健全人格、积极探索的精神和良好社交能力，为儿童全面发展奠定坚实基础。

第一，创设宽松有爱的家庭氛围。家庭成员之间要相互理解、相互尊重、相互支持。一些祖辈面对孙辈时，因补偿心理将未实现理想寄托其上，对孙辈要求严格、不允许犯错，导致家庭关系紧张与孩子对抗。联合国《儿童权利公约》指出："为了充分而和谐地发展儿童个性，应让儿童在幸福、亲爱和谅解的家庭氛围中成长。"研究发现，由压力产生的应激激素可能损害正在发展中的大脑结构，可能导致伴随终身的学习、行为和身心三方面的问题。在高度紧张环境下长大的儿童很难集中注意力和自我控制。

第二，创设积极健康的家庭文化。《中华人民共和国家庭教育促进法》指出："未成年人的父母或者其他监护人及其他家庭成员应当注重家庭建设，培育积极健康的家庭文化，树立和传承优良家风，弘扬中华民族家庭美德，共同构建文明、和睦的家庭关系，为未成年人健康成长营造良好的家庭环境。"中国古代教育家颜之推非常重视儿童的早期教育，他认为儿童年幼时心理纯净，各种思想观念还未形成，受外界干扰少，精神专注，记忆力好，可塑性大，容易受教育和环境的影响。父母是孩子的第一任老师，家庭是孩子的第一所学校，因此，如果用健康积极的家庭文化给予儿童正面引导，则有助于儿童形成正确的价值观和人生观。

第三，采用民主平等的教养方式，尊重听取孩子的意见，理解孩子兴趣，激发孩子成长动力。

（二）故事讲授法

故事讲授法是指祖辈通过讲故事来教育孙辈的一种方法。故事是孩子认识世界的门户，它的内容生动有趣，情节吸引人，而且讲故事的时候，氛围轻松愉快，在讲故事的过程中，孩子的记忆力、想象力和语言表达能力都能得到锻炼，还能潜移默化地接受价值观念和行为规范的引导，祖孙之间的关系也会变得更加亲密。

1. 寓言故事

这类故事篇幅都不长，语言幽默风趣，虽然情节简单，但角色都很鲜活，能巧妙地揭示出各种人生哲理和生活智慧。孩子在开心听故事的同时，还能学到一些基本的做人做事的道理。

2. 历史和家族故事

历史故事中蕴含着丰富的智慧和成败经验，讲述历史故事可以培养孩子正确的历史观；讲述家族故事，不仅能加深孩子对家族历史的了解，也能让孩子与家族建立更深厚的情感联系。

3. 科普故事

年龄越小的孩子好奇心越强，他们总是被生活中看似简单却又充满奥秘的问题所吸引。祖父母可以利用日常生活中的真实情景，把握教育契机，用讲故事的方式，从科学的视角引导孩子去探索世界。

4. 情感教育故事

心理学研究表明，一个人的成功，20%是靠智商，80%凭借的是情商。幼儿阶段是情感形成发展的关键期，通过讲述一系列充满温情的故事，如《猜猜我有多爱你》《爱心树》《弟弟来了》《爷爷是个笨小孩》等，可以对孩子进行良好的情感教育，教导孩子学会尊重他人、关爱他人和与人和谐相处。

5. 道德教育故事

祖父母可以挑选一些富含深刻教育意义的故事，如《狼来了》《孔融让梨》《感动中国》，以及关于“共和国勋章”获得者的事迹等。通过讲述这些故事，教导孩子形成诚实守信、谦逊礼让、无私奉献及热爱祖国的美好品德。

（三）生活教育法

将教育融入日常生活，通过日常生活中的小事来教育孙辈，如餐桌礼仪、个人卫生等。

正如陶行知先生所说：“生活教育是以生活为中心的教育，过什么生活便是受什么教育。”隔代教养也不应该仅限于书本和说教，而是渗透到孩子的日常生活中。例如：在餐桌上，可以教孩子们如何正确使用餐具、如何礼貌地等所有人就座后才可以吃、饭后如何清理桌面；个人卫生方面，引导孩子们养成饭前便后洗手、定期整理个人物品等好习惯；外出时，教育孩子排队上下公交车、按规定投币付费、给老人让座等。通过这些生活细节的教导，不仅传授了生活技能，也培养了孩子们的社会适应能力和责任感，真正实现了“养”与“教”的结合。

（四）榜样示范法

祖辈通过自己的行为示范，为孙辈树立良好的榜样，包括生活习惯、道德行为等。陈鹤琴先生指出，小孩子好模仿，对于幼儿来说，模仿是他们学习知识、获取经验的一种方式，幼儿成长过程中的许多能力和品质都是通过模仿获得的。对于幼儿来说，榜样示范法不仅是一种有效的学习手段，更重要的是，它符合幼儿天生喜欢模仿的特点。家庭是孩子第一个学习的场所，父母、祖父母是孩子最初的老师，也是孩子的第一个榜样。因此，祖父母可以利用生活习惯、道德行为、社会责任、学习态度和情感表达等多种途径为孩子提供可模仿的典范，不仅能够传授给孙辈生活技能和知识，更重要的是能够培养他们的道德观念和社会责任感，为他们的成长打下坚实的基础。

除了来自生活外，榜样还可以来自书本。一本好书，一个正能量满满的榜样，对心智纯净的孩子的影响是超越我们想象的。

（五）实践锻炼法

鼓励孙辈参与家务劳动和社会实践，通过实际练习进而学习生活技能和社会规则。许多祖辈喜欢包办代替，不让孩子劳动，致其生活自理能力差、不珍惜他人劳动成果。殊不知，包办代替实际上是剥夺孩子发展的机会。皮亚杰认为知识的获得是儿童利用感兴趣的、具有挑战性的材料，依靠自己的力量解决问题的结果。孩子通过动手操作，能够更直接地感知和体验世界，提高空间感知力、逻辑思维和创造力，同时动手操作能让孩子在实践中获得成功的体验，增加他们的独立性和自信心，促进其心理健康发展。

以下是一些具体的实施方式：

（1）鼓励孩子参与家务劳动，需依年龄与能力分配合适任务。例如：3—4 岁的孩子可摆摆碗筷。5—6 岁的孩子，就可以参与扫地、擦桌子这些稍微复杂点的活儿了。等孩子再长大些，像洗衣服、做简单饭菜，都能让他们试着做。在这个过程中，祖辈可以一边做一边耐心教，让孩子在实实在在的生活实践里学习和锻炼。

不同年龄段孩子
家务分配建议

（2）注重培养孩子的财务管理能力，不妨让孩子参与到家庭预算的规划中来。日常里，有效引导他们管理自己的零花钱，如教孩子准备一个小账本，把每一笔零花钱的收入和支出都记录下来，让他们清楚自己的钱花在了哪里。慢慢引导孩子学会规划，懂得勤俭节约，从而明白金钱的价值和财务管理的重要性。

（3）帮助孩子掌握日常生活技能也至关重要。例如，指导孩子学习购物和使用公共交通工具这些基本生活技能。周末可以带孩子去超市，在挑选商品的时候，教他们对比不同品牌、不同规格商品的价格，告诉他们怎么选择性价比高的商品。乘坐公共交通的时候，带着孩子一起查看站牌，教他们怎么投币、怎么使用公交卡，让孩子逐渐熟悉这些日常出行的操作。

孩子必备日常
生活技能

第三节 隔代教养的现状与展望

随着社会的变迁和发展，隔代教养也处于不断变革之中。可以说，在社会发展的每个阶段，隔代教养都有着不同的时代特点。

一、隔代教养的现实状况分析

据全国妇联2020年的调查数据，我国城市双职工家庭中约65%儿童主要由祖辈照料，且比例持续上升。值得注意的是，城乡之间的隔代教养呈现出明显的差异性。城市地区工作与生活节奏快，父母教育理念偏向现代化和多元化。相比之下，乡村地区的隔代教养则更多呈现出传统性和保守性的特点。据教育部统计，全国农村留守儿童中，由祖父母照料的比例高达75%，这一现象与农村劳动力外流密切相关。

（一）隔代教养特点

1. 覆盖人口大

在隔代教养中，祖父母身兼数职，不仅是孩子的生活看护者，还常常扮演情感依靠和教育引导的角色。研究表明，超七成的祖父母每天照顾孙辈的时间超过10小时，承担了近似父母的责任，这对他们的生活产生了深远影响。

隔代教养已成为一种普遍现象。据统计，中国0—3岁儿童中，超70%由祖父母参与抚养，3—5岁儿童占比超50%，5—7岁儿童占比超35%，这种模式几乎成为中国特色。相关研究显示，66.74%的老年人承担了照看孙辈的任务。调查还发现，58%的老年人在家庭中协助抚养孙辈，且孩子年龄越小，祖父母的参与度越高。

2. 角色颠倒

以牺牲自我为核心的密集照料模式，颠倒了传统家庭角色分工。它在减轻年轻父母育儿压力的同时，也埋下了代际矛盾的种子，产生新的社会张力。这种现象对儿童、父母、家庭乃至社会关系都带来了多方面的挑战。对祖父母而言，隔代教养耗费大量时间、精力和财力，增加了经济和心理负担。研究发现，祖父母的幸福感较低，与抚养压力密切相关。此外，他们因忙于照顾孙辈，社交活动减少，社交圈逐渐萎缩，孤独感随之加剧。

事实上对于儿童的成长，祖父母更倾向于采用宽松、传统的教育方式，如过度溺爱或过度保护，这与现代教育理念相悖，可能削弱孩子的创造力和自信心。在角色分工上，父母与祖父母在育儿理念上的分歧常导致教育权威的争夺，影响育儿效果并威胁家庭和谐。祖父母可能对父母的教育方式不满，而父母则可能认为祖父母干预过多或溺爱。若这些矛盾不能及时化解，将直接阻碍儿童的健康成长。

（二）隔代教养类型

如今中青年劳动时间过长，很难全身心投入育儿之中，祖辈或自愿或被动地承接教养责任。但非第一责任人的身份也使得教养过程中充满了烦恼与冲突。

如今对隔代教养大多可以分为四类：传统型、溺爱型、专制型、严惩型。

1. 传统型

祖父母乐于分担家庭责任，悉心教导孙辈。他们拥有丰富的生活阅历和充裕的时间，愿意陪伴孩子成长。然而，受传统观念影响，他们接受新事物较慢，育儿理念相对陈旧，固有的思维和生活方式难以改变。在隔代教养中，他们常不自觉地沿用过时的教育方法，影响孙辈的成长。

2. 溺爱型

部分祖父母对孙辈过度保护和纵容，容易导致孩子缺乏独立性和社会适应能力，甚至养成自私或骄纵的性格。许多祖父母因过去对子女关爱不足，存补偿心理，照顾孙辈时加倍倾注爱心，形成“隔代惯”现象。这种过度包容的养育方式，可能阻碍孩子自主性的发展。

3. 专制型

一些祖父母为遏制孙辈“恃宠而骄”的行为，采用高压的教育方式，强调自身权威以确保孩子服从。他们认为严格管控能防止孩子犯错，但这种方式常导致教育误区：一是独断专行，剥夺孩子的表达空间；二是自恃权威，忽视孩子的思考机会；三是态度强硬，压制孩子的异议。这样的教育方式易使孩子产生沟通障碍、畏惧心理和疏离感，难以学会独立思考，性格也可能变得消极被动。

4. 严惩型

受“棍棒底下出孝子”的传统观念影响，许多祖父母认为对孙辈应严格要求，尤其在孩子犯错时，倾向于严厉批评甚至体罚，相信这能让孩子吸取教训。相关调查显示，中国家庭中约三分之二的儿童曾遭受体罚，69%偶尔挨骂，仅16%从未挨骂，30%的孩子因体罚出现心理问题情况。在中国，“不打不成器”的观念根深蒂固，但长期打骂可能导致孩子叛逆、撒谎或具攻击性等不良行为。

二、隔代教养面临的挑战

（一）制度缺位与经济压力

由于社会经济和历史文化发展的不同，各国实施家庭保障的具体政策自然有别，但对家庭保障支持这一制度基本形成共识，即政府或相关部门给予家庭一定的经济和社会公共托育支持。它们按照家庭子女结构和经济情况给予家庭一定的现金和实物支持，降低家庭因生育抚养所带来的贫困风险、职业风险和家庭风险，从而达到保护儿童和提升家庭在抵御社会转型发展过程中所可能引发社会问题的能力。

然而，我国自20世纪90年代公共托育制度退出后，国家在家庭保障中的“再分配”和“社会规制”角色就处于相对缺位的状态。针对子女教育和老人赡养的个税抵扣政策2019年才推出。在分税制改革带来的“土地财政”驱动下，城市住房价格居高不下，导致大多数家庭收入的绝大部分只能用于购置房产，进一步加剧了家庭经济的紧张程度。虽然2016年中央经济工作会议明确了“稳定房价”的主基调，当前大部分中等及以下收入家庭在高房价面前依然捉襟见肘，使得仅靠“单份工资”（夫妻任意一方的工资，而不是“养家工资”）的中等及以下收入家庭在新生儿到来时更加难以维持较为“体面的生活”。这就在客观上迫使年轻父母不得不从日常的抚育职能中解脱出来，不断去寻找更多更好的“经济机会”，因此也不可避免地形成了既定或潜在的隔代教养模式。

（二）经验式教养为主

在具体实践中，教育方式的适应性问题表现得尤为突出。祖辈普遍采用“经验式”教育方法，对现代教育理论和方法缺乏了解，这种情况在农村地区表现得更为明显。调查显示，约85%的农村祖辈在教育方式上仍以传统经验为主，这与当今教育发展的要求存在较大差距。

（三）资源匮乏与支持不足

资源匮乏与支持不足是另一个突出的挑战。祖父母群体普遍存在教育资源匮乏的问题。据教育部统计，参与隔代教养的祖父母中，高中以上学历的仅占25%，直接限制儿童教育尤其是学习辅导能力。此外，社会支持体系的不健全进一步加剧了这一问题。目前，我国专门针对隔代教养家庭的社会服务还很薄弱，缺乏系统的政策支持和专业指导。

（四）心理与情感问题突出

心理与情感方面的问题同样不容忽视。据中国老年学学会的一项调查显示，参与隔代教养的祖父母中，约有60%存在不同程度的心理困扰。其中，身心疲惫、情绪波动、压力过大是最常见的问题。这种心理负担不仅影响祖父母生活质量，还可能干扰教养质量和家庭关系和谐。孩子的情感问题也值得关注。在隔代教养环境下成长的儿童往往面临着情感分裂的困扰。一方面，他们与朝夕相处的祖父母建立了深厚的情感联系；另一方面，对长期分离的父母又存在复杂的情感期待。有研究表明，这种情感上的矛盾可能导致儿童产生焦虑、自卑等心理问题，约45%的隔代教养儿童存在不同程度的情感适应障碍。

三、隔代教养的发展趋势

时代的发展与观念的迅速更新，使得我国隔代教养面临着许多挑战，但挑战的到来也意味着新的机遇。随着2021年10月《中华人民共和国家庭教育促进法》表决通过，标志着家庭教育从“家事”上升到“国事”。

（一）加强优秀传统文化传承

1. 中华优秀传统文化的家庭继承

优秀传统文化是中华民族的精神命脉，是最深厚的文化软实力。隔代教养应通过使孙辈更好地认识中华优秀传统文化等途径，突出本土文化主体地位，引导孙辈在现代社会继续发扬优秀传统文化，将其融入新世纪社会主义现代化建设中去。

2. 道德教育与美德教育

道德教育与美德教育事关一个人的一生，对人的成长起着决定作用，家庭作为社会的最基本单位，负有对少年儿童最基础的道德教育与美德教育责任。祖辈向孙辈传授道德观念是“隔代教养”过程中核心的要点。培养孙辈高尚的道德情操和道德品质，实践履行道德行为，将中国优秀的传统品格传承到孙辈的思想中。

（二）探索新时代家、校、社合作路径

国家卫生健康委员会（原国家卫生和计划生育委员会）2017 年数据显示，育儿成本占我国家庭平均收入近 50%，教育支出为最主要负担。在教育走向市场化的同时，家长作为教育市场化的实际消费者，开始为教育买单。为了“让孩子不输在起跑线上”，育儿服务（尤其是大中城市的教育支出）成为一种高消费行为，这无疑加重了家庭的开支。新生代家长进一步投身工作换取薪酬来购买教育资源，进一步替换了对孩子的生活和情感照料，只能将其托付于祖辈，由他们扮演接送子孙上下学、上下班甚至陪读等生活照料角色。在这种背景下，家庭、学校和社会三方面应联手探索合作路径。学校和社会作为公共资源，应提供更多的支持和帮助。未来家庭教育必然深化与学校教育、社会教育的关系，从各自为营走向协同发展，构建家庭、学校、社会协同发展的新格局。

1. 推进家庭教育与学校教育相融合

苏霍姆林斯基认为，最完备的教育模式应该是家庭和学校之间互相配合，形成教育合力，共同促进孩子的健康成长。家庭和学校平等共建。作为彼此独立的主体，两者之间并不存在谁是权威、谁必须听谁的、谁必须服从谁等问题。家长需要转变被动依附心态，增强合作意识，提高自身能力，既尊重学校又不过分干涉。学校不应以权威自居，要给予家长知情权、参与权、决策权等，让家长有权参与学校管理和决策。作为育人主体，在协同育人体系形成过程中学校具有重要作用。利用智能技术建立开放、智慧的教育环境，建立联动机制，破除沟通壁垒，保证教育过程的开放性是充分发挥学校育人功能的关键。一方面满足学生个性化发展需求，另一方面将学校教育过程向家长与社会开放，引导家长参与学校教育治理，掌握学生成长动态，不仅有助于加速家校社协同育人进程，而且能够提升家长认识，消除沟通障碍。

此外，越来越多的家庭开始重视科学育儿理念的引入。一些地区已经开始尝试建立“祖辈课堂”等教育平台，帮助祖父母提升教育能力。通过提高祖父母教育能力与素养，完善隔代教养应对策略。一些发达城市已经开始实施针对性的培训计划，内容涵盖现代教育理念、心理健康知识、沟通技巧等方面。这些项目的实践效果表明，经过培训的祖父母在教育方式上更趋科学化，家庭教育的整体质量也有明显提升。

拓展阅读

《老年教育发展规划（2016—2020 年）》中明确指出：“推动开放大学和广播电视

大学举办‘老年开放大学’或‘网上老年大学’，并延伸至乡镇（街道）、城乡社区，建立老年学习网络。”目前，全国大部分地区积极响应国家号召已成立地方老年大学。以茂名为例，2017年经茂名市委老干部局同意，茂名开放大学与茂名市油城老年大学协商合办“茂名市油城老年大学茂名开放大学校区”，开创了社区教育和老年教育新局面，成为茂名市第一家进驻大学校园内的老年教育校区。2019年7月，广东开放大学和茂名市教育局同意茂名开放大学加挂“茂名老年大学”牌子。

2. 推进社区指导隔代教养

北京、上海等一线城市已经开始探索建立“家庭教育指导中心”，为隔代教养家庭提供专业咨询和指导服务。一些社区已开始尝试组织“祖辈课堂”“代际沟通工作坊”等活动，帮助祖父母更新教育理念，掌握科学的教育方法。社区委员会作为最基层的正式社会组织一方面具备组织活动和指导活动的能力，另一方面受政府的统筹安排，服务群众、接受监督。而社区这一实体是共同生活的群体组成的基本单元，其成员间有较多的内在联系。区域固定，人口稳定、相互联系密切。祖辈家长日常活动区域与社区地域高度重合，这决定了社区是促进祖辈接受家庭教育指导的重要基地，学校、家庭、社区三者相互作用使得社区向家庭祖辈提供隔代教育指导具备了天然优势。

通过社区、家长、学校等帮助提升家庭教育能力，借助社区居民委员会统筹协调社区内各类资源，从多渠道争取正式或非正式组织的物质、人力及经济支持。社区开展家庭隔代教育指导活动有事半功倍的效果。祖辈群体空闲时间多、经验丰富、对教养知识需求旺盛，在以促进儿童发展和家庭和谐为指向的背景下，父辈亦会积极支持。在社区中构建“功能型”教养氛围，挖掘并发挥核心成员的引领作用。调动社区内优质隔代教养经验与优势，针对隔代教养中常见问题开展座谈。例如请社区内退休医生针对幼儿保健相关知识开展培训讲座；退休教师开展幼儿身心发展特点知识培训。同时吸纳社会力量进行更专业的理论知识指导及交流活动，使社工志愿者和专业家庭教育指导师形成合力。社区亦可利用现有活动中心成立隔代教育服务中心，最大化提高现有设施设备的使用效率，降低家庭在遇到育儿难题时的信息获取难度；利用社区场地积极宣传科学育儿理念，开展丰富多彩的祖孙互动活动，使隔代教育中的祖辈和孙辈外延到核心家庭以外的社区、社会中的不同隔代群体，营造良好的隔代教养社会氛围。

（三）提升父辈家庭责任

当前我国“隔代教养”失范的成因，主要责任在年轻父辈将原本属于自己的教养责任转嫁给祖辈。《三字经》曰：“子不教，父之过。”在“隔代教养”失范化的今天逐渐演变为“子不教，‘爷’之过”。满足孙辈成长的正常机制是父辈能够亲自完成其教养任务，而不是推卸责任成为“甩手父母”。孙辈的成长过程中需要多方位的学习与模仿，父辈作为子女最初的老师与依恋对象，对孙辈的身心健康成长有不可替代的先天作用。父辈对责任的推卸不但对子女造成了不可弥补的成长缺陷，而且违反了“百善孝为先”

的中国传统孝道思想。“孝”乃人伦之始、众德之本，无论是在农耕时代的古代中国，还是在经济高速发展的当今中国，“孝”的意义始终未减弱过。朱贻庭也有类似看法，他认为：“孝是一种基于道德的价值观念及约束行为的准则规范，它不仅体现了父亲与儿子之间的血缘亲情，它更要求儿子要遵从、侍奉父亲。其实质便是关于孝养方面的父亲权利和儿子义务的体现，同时孝的实行也更有利于家庭宗族的稳固和延续。”年轻父辈应强化责任担当，既要给孙辈更健康快乐的儿童时代，也要给予祖辈一个安详的晚年。

本章小结

关键词

隔代教养；完全隔代教养；不完全隔代教养；合作共育

课后思考

一、单项选择题

1. 狭义的隔代教养指的是（　　）。

   A. 祖辈单独或与父母共同抚养教育孙辈

   B. 祖辈为孩子的主要照顾者，父辈很少或基本不参与孩子的教养活动

   C. 父母承担主要教养责任，祖辈协助

   D. 祖辈只负责照顾孩子生活起居

2. 下列不是隔代教养的特点的是（　　）。

   A. 亲情性　　B. 阶段性　　C. 针对性　　D. 长期性

3. 从经济因素考虑，年轻父母选择隔代教养的主要原因是（　　）。

   A. 祖辈教育经验丰富　　B. 祖辈有更多时间陪伴孩子

   C. 节省保姆开支　　D. 祖辈居住环境更适宜孩子成长

4. 隔代教养中，祖辈普遍采用的教育方法是（　　）。

   A. 经验式教育法　　B. 科学教育法

   C. 放任式教育法　　D. 严格管教法

二、多项选择题

1. 隔代教养的类型包括（　　）。

   A. 完全隔代教养　　B. 部分隔代教养

   C. 不完全隔代教养　　D. 混合隔代教养

2. 隔代教养遵循的原则有（　　）。

A. 尊重儿童原则　　B. 合作共育原则

C. 发展适宜性原则　　D. 终身学习原则

3. 以下属于隔代教养中故事讲授法所采用的故事类型有（　　）。

A. 寓言故事　　B. 历史和家族故事

C. 科普故事　　D. 情感教育故事

E. 道德教育故事

4. 隔代教养对孩子可能产生的弊端有（　　）。

A. 社交困难与行为问题　　B. 消极情绪与回避依恋

C. 学业支持与道德教育乏力　　D. 自我认同与人格发展障碍

5. 为改善隔代教养状况，社会可以采取的措施有（　　）

A. 建立家庭教育指导中心

B. 组织“祖辈课堂”等活动

C. 提供更多公共托育支持

D. 加强对年轻父母的教育，提升其家庭责任意识

三、简答题

1. 请简述隔代教养的四种主要特点。

2. 隔代教养的利弊分别有哪些？

3. 隔代教养的发展趋势有哪些？请结合实际分析。

四、案例分析题

嘉禾父母在外地工作，他由爷爷奶奶照顾。爷爷奶奶对嘉禾照顾得无微不至，吃饭、穿衣、整理书包，面面俱到，但在作业辅导上因文化水平有限感到力不从心。

学校举办亲子运动会，嘉禾的爸爸妈妈没办法参加，嘉禾和爷爷参加却没取得好成绩，他感到很失落。在学校里，嘉禾性格内向，不敢主动和同学交流，集体活动中也很胆小。老师与爷爷奶奶沟通，希望他们能培养嘉禾的社交能力和自信心，可爷爷奶奶不知怎么做。

请根据以上案例，回答以下问题：

1. 从隔代教养的类型来看，嘉禾的情况属于哪种？分析这种教养类型可能对嘉禾产生的影响。

2. 针对嘉禾的情况，如果你是专业的家庭教育指导师，你会给嘉禾爷爷和奶奶提出哪些建议来改善现状？

参考答案

第二章

隔代教养的理论基础

学习目标

知识目标

全面理解隔代教养的核心理论框架，包括生态系统理论、依恋理论、代际传递理论、家庭系统理论、社会学习理论、代际交换理论、认知发展理论和人格发展阶段论，掌握各理论的核心观点。

能力目标

能够运用理论工具分析隔代教养中的实际问题，并提出科学干预策略。

素养目标

培养批判性思维，理解不同理论在隔代教养实践中的积极与局限性，为优化家庭教育模式提供理论支持。

思维导图

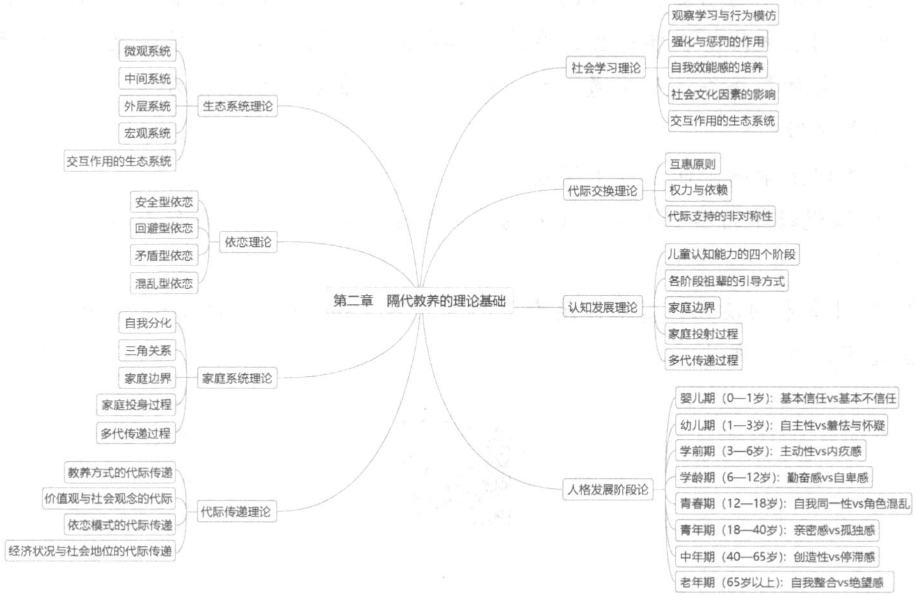

案例导读

隔代教养下的成长困境

在广东省广州市的一个普通社区里，9 岁的小宇（化名）主要由外公外婆照顾。小宇的父母是一家互联网公司的员工，由于工作压力大、业务繁忙，经常需要加班和出差，一个月只能回家一两次。外公外婆对小宇疼爱有加，几乎包办了他生活中的所有事情。每天早上，外婆会帮小宇穿好衣服、整理书包，还会把早餐送到他嘴边；小宇的房间也总是由外公帮忙收拾。只要小宇提出想要某个玩具或者零食，外公外婆都会毫不犹豫地满足他。

然而，这种过度的溺爱让小宇在学校里出现了不少问题。他变得非常任性，经常因为一点小事就和同学发生争吵，甚至动手打人。在课堂上，他也难以集中注意力，学习成绩逐渐下滑。小宇的父母察觉到这些问题后，十分着急，希望能对小宇进行严格的教育和引导。比如，他们想让小宇自己的事情自己做，培养他的独立性，还计划给他报名一些兴趣班，拓展他的视野和技能。但外公外婆却认为，孩子还小，不需要这么早承受压力，应该让他自由自在地成长。双方为此产生了激烈的冲突，多次发生争吵，家庭氛围变得异常紧张。小宇夹在中间，感到无所适从，开始变得焦虑不安，对学习也越来越抵触。

请思考：

外公外婆为什么会坚持溺爱小宇？这种溺爱行为背后的深层原因是什么？

父母的教育焦虑是如何产生的？他们的焦虑对小宇的成长会有哪些具体的影响？

在隔代教养中，如何才能平衡好情感关怀与规则建立之间的关系？

能否运用相关的理论工具，帮助小宇的家庭找到和解的路径，缓解当前的矛盾？

小宇所面临的困境在现实生活中并非个例。据相关研究表明，在中国约有超过 45% 的家庭存在隔代教养的情况。隔代教养在给家庭带来便利的同时，也引发了一系列的代际冲突和儿童发展问题，这些问题亟待我们运用科学的理论进行指导和解决。本章将提供全面、系统的理论分析框架，帮助你在真实的案例中实践和应用这些理论，探索有效的解决方案，以应对隔代教养中出现的各种挑战。

第一节 生态系统理论

生态系统理论由美国心理学家尤瑞·布朗芬布伦纳（Urie Bronfenbrenner）于 1979 年提出。该理论强调儿童的发展是在一个相互关联的、多层次的环境系统中进行的，个体与其所处环境之间不断进行着互动和相互影响。这一理论认为，环境对儿童发展的影响是复杂而多元的，不能简单地将其归结为单一因素的作用。

按照对儿童发展影响的大小，生态系统理论将儿童所处的环境系统分为微观系统、中间系统、外层系统和宏观系统四个层次。

1. 微观系统

微观系统是儿童直接接触和互动的环境，在隔代教养中，家庭内部的互动是微观系统的核心，例如孩子与祖父母、父母等家庭成员日常的交流、情感表达及行为互动等。布朗芬布伦纳认为儿童的发展在微观系统中所有关系都是双向的，即成人影响着儿童的反应，但儿童的生理属性、人格和能力也影响着成人的行为。例如，母亲给婴儿哺乳，婴儿饥饿的时候会以哭泣来引起母亲的注意，影响母亲的行为。如果母亲能及时给婴儿喂奶，则会消除婴儿哭泣的行为。当儿童与成人之间的交互反应很好地建立并经常发生时，会对儿童的发展产生持久的作用。但是当成人与儿童之间关系受到第三方影响时，如果第三方的影响是积极的，那么成人与儿童之间的关系会更进一步发展。相反，儿童与父母之间的关系就会遭到破坏。例如，婚姻状态作为第三方影响着儿童与父母的关系。当父母互相鼓励其在育儿中的角色时，每个人都会更有效地担当家长的角色。相反，婚姻冲突是与不能坚守的纪律和对儿童敌对的反应相联系的。

微观系统案例

2. 中间系统

中间系统指微观系统之间的相互联系和互动，像家庭与学校、家庭与社区的关系。布朗芬布伦纳认为，如果微观系统之间有较强的积极的联系，发展可能实现最优化。相反，微系统间的非积极的联系会产生消极的后果。例如，儿童在家庭中与兄弟姐妹的相处模式会影响到他在学校与同学的相处模式。如果在家庭中儿童处于被溺爱的地位，在玩具和食物的分配上总是优先，那么一旦在学校中享受不到这种待遇就会产生极大的不平衡，就不易于与同学建立和谐、亲密的友谊关系，还会影响到教师对其指导教育的方式。

3. 外层系统

外层系统是个体未直接参与却对其所在微观系统产生影响的环境，像父母的工作场所、社区的服务设施等。例如，儿童在家庭中的情感关系，可能会受到父母对自身工作喜好的影响。

4. 宏观系统

宏观系统则涵盖了广泛的社会文化、价值观、法律、习俗等因素，这些会间接影响个体所处的微观系统和中间系统，进而作用于儿童的发展。宏观系统实际上是一个广阔的意识形态。它规定如何对待儿童，教给儿童什么以及儿童应该努力的目标。在不同文化中，这些观念是不同的，但是这些观念存在于微观系统、中间系统和外层系统中，直接或间接地影响儿童知识经验的获得。

宏观系统案例

5. 交互作用的生态系统

个体与环境之间的互动是相互影响、交织作用的过程，尤其对于孩子而言，基因与环境的互动深刻地塑造其成长轨迹。孩子的大脑处于快速发展阶段，外界输入的信息会经过感知、认知和情绪系统的整合，持续影响他们的行为模式和思维习惯。这些外部因素包括家庭、邻里、社区以及学校等社会环境。当某些行为逐渐成为习惯时，它们可能会对孩子的基因表达产生一定的影响，从而打破基因的局限，使孩子的行为超越初始的基因控制，并继续在环境的双向影响下进行调整和修正。这一过程体现了基因与环境之间的循环互动，强调了环境和个体之间相互作用的重要性。

具体来说，生态系统中的个体与环境的关系具有以下几个特点：

（1）双向性与动态性。个体与环境之间的互动是双向的、动态变化的，而非单向的影响。环境不仅塑造个体，个体也会反作用于环境。

（2）选择性与修正性。个体具有选择和修正的能力，这使得孩子可以在不同的环境中逐步形成独特的个性和行为模式。

（3）天性与教养的交互作用。在“天性+教养”的互动中，不同的养育方式会造就不同的个性表现。即使是相同的养育方式，面对天性不同的个体，所产生的结果也可能存在差异。

生态系统作用的理想路径是通过父母、祖辈及周围环境的积极引导，帮助孩子在良好环境中实现自我发展。而孩子也会通过对父母及他人的影响，促使彼此的行为发生改变。因此，交互作用的最终成果是父母与孩子共同成长的过程。无论采用何种养育方式，最终的目标都是帮助孩子发展出独特的自我，建立自尊，获得成就感，并更好地融入社会大环境，与生态系统中的其他因素实现相互滋养和共生。

家庭生态系统最坚实的基石就是三代共生共融：祖辈之间和睦相处，父母之间相敬如宾，手足之间相互关爱，三代人之间都能互相给予最有力的帮助和支持。

在真实的家庭生活中，各种关系都在相互影响着。祖辈和睦、父母相爱，家庭就会和睦，温馨的家庭氛围是宝宝建立安全感和依恋关系的首要条件，宝宝也会因此更加豁达、包容、大气、独立和自信；父母恩爱有加，就会体谅老人，也会使祖辈对自己的教养方式更有信心；而宝宝的健康成长也有助于父母之间关系的进一步发展，更能促进家庭生态系统的良性循环。

家庭和其他关系一样，会“一荣俱荣，一损俱损”。虽然我们对自己的原生家庭环境无法选择，但可以为宝宝营造一个足够好的原生家庭环境，给他们的成长提供最有力的情感和心理支持，让家庭生态关系形成良性循环。等宝宝长大之后，他可以自豪地告诉所有人：“我需要的尊重和爱都已经在童年时得到了，所以，我不需要用叛逆来表达对父母的不满。”

在隔代教养中，不同类型（教养方式）如过度呵护型、适度参与型和偶尔协助型，会形成不同的家庭互动模式，影响孩子认知、情感、社会行为等方面的发展。同时，宏观系统中的社会文化因素，如传统农耕文化或现代都市文化，会为隔代教养提供不同的背景和资源，影响祖父母的教养观。

总的来说，在微观系统层面，祖辈需提供稳定、积极的养育环境，避免过度溺爱或严厉管教。在中间系统层面，父母与祖辈需加强沟通，统一教育理念，避免孩子在价值观上产生混乱。在外层系统层面，祖辈应善用社区资源，拓展孙辈的成长环境，而非局限于家庭内部。在宏观系统层面，社会应加强对隔代教养的支持，如提供育儿课程、家庭教育补贴等。另外，祖辈应与时俱进，学习现代育儿方式，适应新的教育环境。

第二节　依恋理论

依恋理论最初由英国精神分析师约翰•鲍尔比（John Bowlby）于 1969 年提出，后经美国心理学家玛丽•安斯沃斯（Mary Ainsworth）等人的进一步研究和发展而逐渐完善。该理论强调婴儿与主要照顾者（通常是母亲，但在隔代教养情境中可能是祖父母）之间的情感纽带对个体发展的重要性。

有几位重要学者也对依恋理论进行了深入的研究。

哈利•哈洛（Harry Harlow）通过代理母亲实验和母爱剥夺实验，揭示了依恋行为的形成机制。

在代理母亲实验中，哈洛将 16 只刚出生的小猴从生母身边带走，分别放在有两种不同代理母亲的笼子里。一种代理母亲由铁丝做成，另一种则用柔软的绒布包裹。每个代理母亲上都有奶瓶，虽然奶瓶有时会装有牛奶，有时则没有奶。在实验中，哈洛发现，尽管铁丝代理母亲提供了食物，小猴们更倾向于亲近绒布代理母亲，只有在饥饿时才去找铁丝母亲。当笼子里出现可怕的物体时，小猴会选择待在绒布代理母亲的身边，显示出更强的探索行为。

哈洛的另一项研究——以恒河猴为对象开展的“母爱剥夺实验”，进一步证实了早期母爱对小猴行为发展的重要性。被剥夺母爱的小猴在性格上表现出更强的胆怯、社交障碍以及更低的自信心，这些行为在小猴成为母亲时也会表现得不称职。然而，哈洛也发现，这些行为特征有时是可逆的，尤其是在关键的 90 天期内，如果得到母亲或替代养育者的照顾，这些行为有可能得到修复。但如果这一关键期错过，情感和行为上的伤害则可能成为永久性的。

康拉德·洛伦兹（Konrad Lorenz）对小鹅和小鸭的跟随行为进行了广泛研究，他发现，在孵化后的12～17小时内，小鹅会对其所见到的第一个移动物体产生跟随行为，这一过程被称为“印刻现象”。在此期间，小鹅将把这一物体（无论是母鹅或人类）视作其母亲，产生强烈的依恋感。

洛伦兹认为，这一行为是天生的，且不可逆转。海思（Heess）在对印刻现象的研究中也得出了类似的结论，即在孵化后的12～17小时内，印刻反应最为强烈，且一旦形成，无法再改变。

这些研究进一步表明，早期的依恋行为如果未能在关键期内形成，将对个体产生深远的影响。这一发现为我们理解儿童早期经历的重要性提供了重要依据。

依恋是婴儿与主要照顾者之间一种特殊的情感联系，它是在婴儿与照顾者的长期互动过程中逐渐形成的。玛丽·安斯沃斯（Mary Ainsworth）于1978年通过陌生人情境实验，把婴儿的依恋分成安全型依恋（secure attachment）、回避型依恋（avoidant attachment）和矛盾型依恋（ambivalent attachment）三种，后来的研究者帕特里希亚·克里滕登（Patriciaa Crittenden）博士在安斯沃斯研究的基础上又增加了混乱型依恋（disorganized atachment），从而形成了依恋的四种类型。

一、安全型依恋

安全型依恋是一种积极健康的依恋模式，占婴儿群体中的大多数（约70%）。具有此种依恋类型的婴儿相信自己能够依赖父母或主要照料者，并预期他们在自己有需要时会及时且一致地作出响应。这种稳定的预期使婴儿形成信任感，从而促进其自我认知的形成和社会交往能力的发展。

安全型依恋的婴儿在陌生情境实验中表现出较好的情绪调节能力：当父母离开时会感到不安，但能被他人安慰并迅速平复情绪；当父母回来时表现出积极的情感反应，如微笑、主动接近等。这类儿童通常具有较强的同理心、自信心、探索动机以及良好的人际关系。

安全型依恋的形成与养育者的抚养行为密切相关。亚历山大·汤姆斯（Alexander Thomas）和史黛拉·翟斯（Stella Chess）提出“契合度”理论，认为父母与儿童之间气质的匹配程度，是形成安全型依恋的重要前提。卡罗尔·德维克（Carole Dweck）则强调抚养者的以下行为有助于安全型依恋的建立：

（1）对婴儿信号的高度敏感性和迅速反应。

（2）根据婴儿特点调整自身行为而非强加自我意志。

（3）情感表达积极且充满爱意。

（4）鼓励婴儿探索环境并在其需要时给予支持。

（5）喜欢并享受与婴儿的身体接触。

安斯沃斯（Mary Ainsworth）从四个维度评估养育者行为对安全型依恋的影响：敏

感性、反应性、积极情绪表达以及反应的一致性和可预测性。婴儿从反复的积极交互中获得安全感，最终建立稳定的依恋关系。

二、回避型依恋

约 20%的婴儿表现为回避型依恋。他们对养育者的离开和返回表现出冷漠或回避。父母离开时情绪波动较小，回来时也缺乏亲密反应。这反映出婴儿对父母或照料者的情感联系较弱，因此又被称为“无依恋婴儿”。

这类婴儿倾向于依赖自身来调节情绪，而非寻求他人帮助。行为上可能表现出过度独立、社交退缩，甚至攻击性，如回避同伴互动、表现冷淡，甚至出现打人、推人、尖叫等行为。他们的成长环境往往缺乏与养育者间的情感联结。

其成因主要与照料者的以下行为有关：

（1）对婴儿需求缺乏敏感性和及时反应。

（2）缺乏亲密的身体接触，对婴儿表现出冷漠或不感兴趣。

（3）经常用愤怒或责备的方式回应婴儿的行为。

在这种情境下，婴儿逐渐放弃对照料者的期待，形成回避型应对机制，避免情感上的再次受挫。

三、矛盾型依恋

矛盾型依恋的婴儿在对照料者的行为反应上表现出高度不确定性与情感矛盾。他们有时会得到照料者的回应，有时则不会，甚至在不需要时被强行回应。这种不一致的抚养方式导致婴儿对照料者的态度呈现出依恋与抗拒并存的矛盾状态。

在“陌生情境实验”中，这类婴儿在母亲离开时表现出极度的苦恼与反抗；而在母亲回归时既渴望亲近，又可能因过往未被满足的经历而愤怒地推开母亲。这类婴儿对母亲的情绪状态高度敏感，常在不确定中形成不稳定的情绪表达和人际互动模式。

其成因通常与以下类型的抚养行为有关：

（1）对婴儿需求反应不一致，过于依赖自身情绪状态来回应婴儿。

（2）虽有亲密行为，但对婴儿的真实需求缺乏理解。

（3）情绪起伏大，照料行为缺乏规律性和可预测性。

婴儿在面对这种“可接近—不可预测”的照料方式时，常表现出依恋关系中的焦虑与矛盾，进而影响其自我认同和社会适应能力的发展。

四、混乱型依恋

混乱型依恋是四种类型中最不具组织性的类型。与前三种婴儿能在一定程度上预测照料者行为不同，混乱型依恋的婴儿无法形成稳定的行为期待，表现出无序、矛盾甚至恐惧的依恋行为。

此类婴儿通常处于高风险的成长环境中，如经历家庭虐待、忽视、父母存在心理障碍（如酗酒、抑郁）或暴力行为等情况。他们对照料者既想接近寻求保护，又可能因恐惧而逃避甚至僵硬不动。对其来说，照料者既是安全的来源，也是恐惧的来源，造成深度的心理冲突。

混乱型依恋的婴儿表现出行为的不一致，如在亲子互动中忽然僵硬、目光游移、行为失控等，这些都说明其内在情绪调节系统的高度紊乱。长期发展中，这类儿童更容易面临行为问题、情绪障碍及人际交往障碍等发展风险。

那么，一个人的依恋是如何建立起来的呢？他的依恋类型在其多大的时候会初步定型呢？

鲍尔比（John Bowlby）依据儿童行为在组织性、变通性与目的性上的发展，将儿童依恋的产生与发展分为前依恋期、依恋关系建立期、依恋关系明确期和目标调节的伙伴关系四个阶段。

第一阶段，前依恋期（出生至 8 周～12 周）。这一时期的婴儿对任务不加区别，表现出信号行为。这些信号行为包括出生后的哭叫、晚吸、依附、定向等反应。虽然还不会识别某一个特定的人，但已会向人表现出信号行为，这种行为易激发母亲的母性行为，母亲就会花更多的时间和婴儿待在一起。

第二阶段，依恋关系建立期（12 周至 6 个月）。这一时期是婴儿对特定人物进行定位和表现信号行为的阶段。依恋关系建立期的婴儿对其他人仍是友好的，但对母亲或起母亲作用的人的反应越来越频繁，表现出自发的喜悦。

第三阶段，依恋关系明确期（6 个月至 3 岁）。这一时期的婴幼儿通过物体移动和信号表示向识别出的人表达亲近的意愿，并对陌生人表现出警戒和惧怕的情绪。处在依恋关系明确的婴幼儿探索行为中，开始把母亲作为安全基地。

第四阶段，目标调节的伙伴关系期（3 岁以后）。这一时期的幼儿逐渐对与母亲相关的行为的先后、因果做出认知推断，能对母亲的行为进行预测，能洞察她的情感和动机。他们也能容忍与母亲的距离逐渐增大，并逐渐善于与同伴和不熟悉的人进行交往。

一个人的依恋类型大致在 3 岁以前就被初步建立起来，在 3 岁之前与父母尤其是母亲所建立起来的依恋模式，会影响到一生的人际关系。在这里，我们找到了“三岁看大”的心理学理论依据。

在隔代教养中，应当注意以下几个方面：

（1）祖辈应提供稳定的情感支持，及时回应儿童的需求，避免忽视或过度保护。

（2）养育方式应保持一致性，避免忽冷忽热或情绪化管教。

（3）鼓励父母积极参与养育，即使身处异地，也应通过视频通话、探访等方式维持亲子关系。

（4）祖辈应接受现代育儿培训，掌握科学的依恋养育知识，减少传统观念对儿童发展的负面影响。

在隔代教养中，祖父母作为主要照顾者，他们与孩子之间的互动质量和方式会直接影响依恋关系的类型。如果祖父母能够给予孩子足够的关爱、关注和及时的回应，满足孩子的情感需求，那么孩子更有可能形成安全型依恋；反之，如果祖父母对孩子的需求忽视或回应不及时，孩子可能会形成不安全型依恋，这将对孩子的心理健康和社会适应能力产生负面影响。

依恋关系案例

第三节　家庭系统理论

家庭系统理论由美国心理学家默里•鲍恩（Murray Bowen）于 1974 年提出，强调家庭是动态关联系统，成员间角色与权力关系相互影响，个体行为或变化会作用于整个系统。

在家庭系统中，每个成员都有自己的角色和位置，这些角色和位置相互关联、相互制约，形成了一个复杂的网络。家庭系统具有一定的稳定性和平衡性，但也会随着家庭成员的变化和外部环境的影响而发生改变。

家庭系统理论包括以下几个核心概念。

一、自我分化

自我分化（differentiation of self）：鲍恩理论中的一个关键概念，指的是个体在情感关系中保持独立性和自我感知的能力。在自我分化这个概念中，一个人的成熟意味着与重要他人在情感上的分离，尤其是与父母的情感分离。一个人与重要他人的情感融合度和依赖度越高，那么他的自我分化度就越低。

在低分化的家庭中，由于情感或紧密性的压力强度过高，孩子在成长中无法为自己的需求进行思考、感觉、行动。孩子的功能仅仅是对他人作出反应，他们会更多地作出情感反应而缺乏理智的思考。如果影响孩子的重要他人之间有不同的信念和价值观，孩子就会在不同的信念和价值观之间摇摆，出现信念与行为的不一致。

自我分化不足的人通常会表现出以下几个特征：

（1）自主性与价值观缺失。由于是低分化的，他们很难发展出一个完整的自我，缺乏独立决策能力，他经常用他人的自我替代自身真实的自我。他们的感受、情绪、想法和行为通常是来源于重要他人（如父母）的感受、情绪、想法和行为，自己的部分与重要他人的部分通常处于不分彼此、你我融合（fusion）的状态。

（2）理智与情绪边界模糊。他们的行为往往被情绪主导，对其他人不是顺从就是逆反。他们经常失去自我控制，生活完全受周围人对其反应的驱使。他们发现很难保持自己的自主性，尤其是在面对令人焦虑的事件时。如果问他们是怎样想的，他们会说自己的感受；问他们的想法或信念，他们可能会说一些曾经在父母或他人那里所听到的。他们要么同意你所说的一切，要么对每件事都加以争辩。未分化的个体几乎不能将理智从情感中分离出来；他们的理智被情感淹没，以至于他们几乎没有能力客观地进行思考。

（3）社交关系两极化。他们通常会以要么融合、要么对立、要么亲密无间、要么势不两立或不相往来的方式，寻找在关系里的自我存在感。

相反，那些自我分化好的人，会与他人保持感受、情感、想法和行为上的界限，知道哪些属于自己的，哪些属于重要他人的事，更加能够基于理性行事而不是情绪行事。

二、三角关系

三角关系（Triangles）：家庭成员之间常常形成三角关系，即两个人之间的冲突无法解决时，第三者往往被卷入，成为缓解冲突的“中介”。这种三角关系在处理情感困境时具有重要的作用。

在家庭中，比较常见的三角关系的表现形式包括：父母因为感情不和，于是其中一方找孩子寻求支持，以制衡另一方。或者孩子因为父母长期不和而出现各种病态行为，比如生理或心理上的问题，或者叛逆、成绩退步，甚至离家出走、打架闹事等问题。当孩子出现问题时，父母反而开始齐心协力对待，孩子成了父母问题的替罪羔羊。

三、家庭边界

家庭边界（family boundaries）：家庭系统的边界决定了家庭成员之间的互动模式，可分为三种类型。

（1）清晰的边界（healthy boundaries），成员既能保持独立性，又能相互支持。

（2）模糊的边界（enmeshment），家庭成员过度依赖，缺乏个体独立性。

（3）僵硬的边界（disengagement），成员彼此疏远，情感联系较弱。

在隔代教养家庭中，祖父母的加入改变了家庭原有的结构和权力动态。例如，原本父母在孩子教育和生活方面可能拥有主要决策权，但祖父母的参与可能会使权力结构变得更加复杂。当祖父母与父母在教育观念、教养方式等方面不一致时，就可能引发权力博弈，破坏家庭系统的平衡和稳定。这种权力博弈可能表现为对孩子教育决策的争夺、对孩子日常生活安排的分歧等。如果不能妥善处理这些问题，家庭氛围可能会变得紧张，影响孩子的成长和发展。

四、家庭投射过程

家庭投射过程（family projection process）是指父母将自己的未解情感问题或焦虑

转嫁到孩子身上，这可能会影响孩子的情感发展和行为模式。这种投射通常通过过度关注、过度保护或过度干预孩子的成长来实现。

例如，一对在生活中压力很大的父母，他们很担心自己的孩子将来在生活中会遭受与他们相同的压力，于是他们对孩子的管理非常严格。为了让孩子的学习成绩步步提升，他们陪着孩子做作业，帮孩子请家教，等等。这看起来是父母在帮助孩子，但父母也投射了很多的恐惧与担心给孩子，而这个担心，实质上是在潜意识层面不相信孩子有足够的能力创造他自己的生活。

在日常的互动中，人与人之间大量的信息来自潜意识的传递，所以孩子潜意识中有可能接收到父母是不相信他有能力做好自己的事情的，如果孩子不能很好地照顾好自己，那他就会一直需要父母的照顾和管理。这样的话，父母在孩子面前就一直是有价值的，父母的依恋需要、自恋需要、价值感需要就可以从孩子身上获得部分的满足，从而可以缓解他们在社会竞争中的压力。

在意识层面，孩子会努力学习，完成父母对他的期待，但是在潜意识层面，孩子有可能会阻止自己进步，从而满足父母对自己在某些方面的期待。因为对一个孩子来讲，父母是他最爱的人，他会愿意满足父母的期待，哪怕那个满足是以牺牲自己的真实需要为代价，或是他只有满足父母对他的需要和期待时他才是安全的，才不会面临被抛弃的危险。

这就是在很多家庭中司空见惯的一个现象：对孩子管得越多孩子越不成才。其实父母对孩子的严格管理本身就来源于对孩子自主发展能力的不信任，所以无法放手让孩子自主，不相信孩子有能力照顾好并发展好自己，孩子在这个不相信的压力下，也真的抑制了自己的发展，从而证明了父母对孩子的担心是有道理的。这就完成了一个典型的投射性认同的过程。

五、多代传递过程

多代传递过程（multigenerational transmission process）：根据多代传递的理论，如果家庭中的孩子出现问题，那么问题不应该只归因于孩子，同样父母也不应该单单成为受指责的人，一个家庭的问题通常是多代传递的结果。在这个传递的过程中，家族中的所有成员既是接受者又是传递者。

家庭的行为模式、价值观和情感模式可能跨代传递。研究表明，家庭中的焦虑、依恋模式和沟通方式常在几代人之间重复出现。个体若无法意识到这一过程，可能会在自己的家庭中复制父辈的行为模式。这个概念强调家庭中的情感和行为模式如何在几代人之间传递。家庭的情感模式不仅影响父母和孩子，还会影响祖父母与孙辈之间的关系。

第四节 代际传递理论

代际传递（intergenerational transmission）是指个体在成长过程中从上一代继承并学习特定的价值观、行为模式和教育理念，并可能在未来将其传递给下一代。

代际传递理论强调教养方式与文化价值观的代际延续性。该理论认为，个体在成长过程中所经历的家庭教养方式、价值观、行为模式等会在代际之间进行传递，即父母的教养方式和观念会影响到他们对子女的教育，而这些子女在成为父母或祖父母后，又会将类似的教养方式和观念传递给下一代。在隔代教养的情境中，祖父母的教养方式和价值观往往受到他们自己成长经历的深刻影响。同时，社会文化中的价值观也会在代际间传承。这种传递可能是有意识的，也可能是无意识的。

本特森（Bengtson）与库珀斯（Kuypers）认为，代际之间的关系具有多维度，包括情感、功能、结构、规范、联系和共识等方面。而科尔曼（Coleman）提出的“社会资本理论”则强调，家庭的社会资本通过父母（或祖辈）对子代（或孙辈）提供的情感支持、社会规范和文化传承，影响个体的成长和社会适应。

在隔代教养的背景下，祖辈不仅在物质和情感上对孙辈提供支持，还在价值观、教育观和社会行为模式上发挥重要作用。研究表明，祖辈的育儿经验、家庭传统以及社会观念等因素对孙辈的心理发展和学业成就有着深远影响。

例如，祖父母可能会根据自己小时候接受的教育方式来教育孙辈，或者将自己所秉持的传统价值观灌输给孩子。他们在教育孙辈时，可能会不自觉地采用自己父母曾经使用过的方法和策略，或者强调一些他们认为重要的价值观，如诚实、勤劳、孝顺等。这些教养方式和价值观的传递会对孩子的发展产生深远的影响。

代际传递的主要内容包括以下几个方面。

一、教养方式的代际传递

研究表明，父母的育儿方式往往会在代际间延续。例如，如果祖辈在养育自己的子女时采取严格的管教方式，那么他们在照顾孙辈时可能也会延续这种方式。

案例分析

正向传递：祖父母在教养子女时注重尊重和鼓励，因此，他们在带孙辈时也重视孩子的自尊心，培养其独立性。

负向传递：一位祖父小时候受到过体罚，他在养育子女时也采取相同的方式，导致当他照顾孙辈时，仍然倾向于使用体罚作为教育手段。

启示：祖辈需要反思自身的教养方式，避免不良育儿模式的代际延续。

二、价值观的代际传递

家庭是价值观的重要传递场所，祖辈的信仰、道德观和生活态度可能影响孙辈的世界观。

案例分析

积极影响：一位祖母从小教育孩子要诚实守信，她在带孙子时也强调这一点，孙子长大后形成了良好的诚信观念。

消极影响：有些祖辈仍持有“男尊女卑”的传统观念，导致孙女在成长过程中缺乏自信，影响其未来的职业发展。

启示：祖辈应适应社会变迁，接受现代教育理念，以促进孙辈的全面发展。

三、依恋模式的代际传递

依恋理论研究发现，父母与子女之间的依恋关系往往会影响子女未来的亲密关系模式。在隔代教养家庭中，祖辈的依恋模式可能直接影响孙辈的情感发展。

案例分析

正向传递：如果祖母在养育子女时给予足够的情感支持，她在照顾孙辈时也会提供温暖的环境，使孙辈形成安全型依恋。

负向传递：若祖父母在童年时期缺乏关爱，他们可能在抚养孙辈时缺乏情感表达，导致孙辈在未来的亲密关系中存在回避或焦虑的依恋模式。

启示：祖辈应重视情感交流，给予孙辈稳定的情感支持，以建立健康的依恋关系。

四、经济状况与社会地位的代际传递

经济学研究发现，家庭的社会经济地位（socioeconomic status，SES）往往会在代际间延续。贫困家庭的子女在成长过程中可能面临资源匮乏、教育机会不足的问题，导致贫困的代际传递。

案例分析

正向传递：祖父母具有较高的教育水平，他们鼓励孙辈努力学习，并提供良好的学习资源，孙辈在未来更有可能取得较好的社会经济地位。

负向传递：祖辈文化程度较低，认为“读书无用”，导致孙辈在教育上缺乏支持，影响其未来的发展机会。

启示：祖辈应改变传统观念，重视教育对孙辈成长的影响，避免贫困和低教育水平的代际传递。

那么，在隔代教育中，如何才能打破负向代际传递呢？我们可以从以下几个方面着手：

（1）提升祖辈的教养意识：开展家庭教育培训，帮助祖辈掌握科学的育儿方法。

（2）促进跨代沟通：鼓励祖辈与父母之间进行有效沟通，形成一致的教育理念。

（3）社会支持与政策干预：政府和社会应提供隔代教养支持，如育儿津贴、祖辈教育课程等。

（4）改善经济和教育条件：通过社会资源支持隔代教养家庭，提高孙辈的成长环境质量。

（5）加强个体能动性：尽管个体受到家庭环境的影响，但仍具有自主选择的能力，可通过教育和社会经验调整自己的行为模式

代际传递理论为理解隔代教养提供了一种理论框架，帮助我们分析祖辈在孙辈成长过程中的作用及影响机制。通过合理的家庭教育方式、代际沟通和社会支持体系，可以优化代际传递的正面效应，促进孙辈的全面发展。

教养方式代际传递案例

第五节　社会学习理论

社会学习理论由美国心理学家阿尔伯特·班杜拉（Albert Bandura）于 1977 年提出。该理论指出，儿童通过观察和模仿他人的行为形成习惯与价值观。班杜拉认为，学习不仅仅是通过直接经验进行的，还可以通过观察他人的行为及其后果来间接获得。在这个过程中，儿童会注意到榜样的行为，并在脑海中形成一种认知表征，然后根据自己的情况进行模仿。

班杜拉提出了“观察学习”（observational learning）或“模仿学习”（modeling）的概念，指出个体主要通过四个过程来学习：注意（attention）、保持（retention）、复制（reproduction）和动机（motivation）。此外，他还提出“自我效能感”（self-efficacy）的概念，强调个体对自身能力的信念如何影响行为表现。

在隔代教养的背景下，社会学习理论能够解释祖辈如何通过自身行为影响孙辈的成长与发展。由于祖辈在许多隔代家庭中承担着主要的养育职责，他们不仅是孙辈生活中的直接照料者，也是主要的社会化榜样。接下来，将从以下几个方面探讨社会学习理论在隔代教养中的实际应用。

一、观察学习与行为模仿

孩子在成长过程中，往往通过观察祖辈的行为模式来塑造自己的社会行为。例如，祖辈的沟通方式、情绪表达、生活习惯和价值观都会影响孙辈的行为取向。如果祖辈在冲突情境中以温和的方式沟通，孙辈可能会模仿并发展出较好的情绪管理能力。相反，如果祖辈经常使用权威式的管教方式，孙辈可能也会采用类似的行为模式。

二、强化与惩罚的作用

依据社会学习理论，个体的行为受到强化（reinforcement）与惩罚（punishment）的调节。例如，祖辈对孙辈的某些行为表现出积极的反馈（如赞扬、奖励），会增强孙辈重复该行为的可能性；反之，消极的反馈（如批评、责骂）可能会减少某种行为的发生。在隔代教养中，由于祖辈常常表现出过度溺爱，可能会无意识地强化孙辈的一些不良行为，如依赖性强、缺乏独立性等。

三、自我效能感的培养

祖辈在隔代教养中的行为和态度还影响孙辈的自我效能感。若祖辈鼓励孙辈独立解决问题，并给予积极反馈，孙辈的自信心和自主性会得到提高。反之，过度保护或干预可能会削弱孩子的自主性，使其在面对挑战时产生更高的焦虑感和较低的自信水平。

四、社会文化因素的影响

社会学习理论也强调文化背景对学习过程的影响。在不同文化环境下，祖辈可能会通过教养方式传递特定的社会规范。例如，在儒家文化影响较深的地区，祖辈可能更强调孝顺和家庭责任，而在西方文化中，祖辈可能会鼓励孩子的独立性和个性发展。这种文化价值的传承也符合社会学习理论的观点，即社会环境在个体行为发展中起着重要作用。

在隔代教养中，儿童会观察和模仿祖父母的行为模式、价值观和态度等，祖父母的言行举止、生活习惯等都会对孩子产生潜移默化的影响。这种影响可能是积极的，也可能是消极的，这取决于祖父母所展示的行为是否具有积极的社会意义。

例如，6 岁的王恒屹在《中国诗词大会》上表现出色，能背诵 580 多首古诗，识字量超过 3 000。这个来自山东青岛的孩子，曾以令人惊叹的天赋和才华，一度被人们冠以“神童”之名。他的父母常年奔波于外地忙于工作，无暇照顾年幼的王恒屹，抚养他长大的重任便落在了奶奶何霞的肩上。奶奶对诗词很有兴趣，经常在孩子面前朗诵诗词。王恒屹受此影响，对古诗产生浓厚兴趣，每天上幼儿园前都会背诵一首诗，养成了自律和好学的习惯。

而湖北某城市的王强家的情况则正好相反。由于王强的祖父有吸烟的习惯，经常在王强面前吸烟。年幼的王强觉得祖父吸烟的样子很酷，于是也开始模仿，偷偷地尝试吸烟。这种行为不仅对王强的身体健康造成了危害，还影响了他的学习和生活。他变得不爱学习，经常和一些吸烟的同学混在一起，成绩也直线下降。这说明在隔代教养中，祖父母的不良行为习惯会对孩子产生消极的影响，孩子可能会通过观察和模仿而沾染这些不良嗜好。

行为模仿的影响案例

第六节 代际交换理论

代际交换理论（intergenerational exchange theory）是社会老年学和家庭社会学的重要理论分支，其核心在于从“资源交换”的视角分析不同世代间的互动模式。该理论基于社会交换理论的基本假设，即人与人之间的互动建立在成本—收益（cost-benefit）分析的基础上，个体在社会关系中追求最大化的收益，并尽可能减少自身投入。

具体到代际关系中，该理论认为家庭成员之间的互助互动是一种基于长期互惠原则的社会交换，包括经济支持、情感关怀、劳动服务等。换句话说，个体在家庭内部的付出通常并非单向给予，而是期待在未来某个时间点得到回报。例如，年幼时接受父母及祖辈的照顾，成年后则可能通过赡养、陪伴或提供情感支持来进行回馈。

代际交换的基本原则包括以下几个方面。

一、互惠原则

代际关系中的资源交换通常建立在互惠基础上，这种互惠既可以是即时的（如祖辈照顾孙辈，由子代向其提供经济支持），也可以是长期累积的（如年老时期待子代或孙辈的回报）。在农村地区，经常能看到这样的情景，父母外出打工，将孩子留在老家由爷爷奶奶照顾。作为回报，父母会定期给家里寄钱，用于老人和孩子的生活开销。这就是即时性互惠的体现。而从长期来看，当爷爷奶奶年老体衰，失去劳动能力后，外出打工的父母会回到老家，承担起赡养老人的责任，这便是长期累积性的互惠。

二、权力与依赖

代际交换过程中，资源占有者往往在家庭内部拥有一定程度的权力。例如，祖辈因掌握经济资源或照顾孙辈的能力而在家庭决策中占据主导地位，而年幼的孙辈和经济不独立的子代则可能处于依赖状态。在一些传统大家庭中，爷爷作为一家之主，因为拥有较多的积蓄以及丰富的生活经验，在家庭重大事务决策上，如子女的婚姻、孙辈的教育选择等方面，拥有绝对的话语权。孙子孙女们由于年幼，在生活上需要依赖爷爷奶奶的照顾，在这种情况下，爷爷奶奶在家庭代际关系中处于权力优势地位。

三、规范与责任

在不同文化背景下，代际交换的形式和程度受到社会规范的影响。例如，在中国传统文化中，“孝道”观念强调子女在成年后应对父母提供经济与情感支持；而在某些西方社会，家庭成员间的独立性更强，代际交换可能表现为短期支持而非长期依赖。在中国，春节期间子女无论多忙多远都会回家陪父母过年，给父母买年货、给红包，这就是 “孝道” 文化影响下代际交换的体现。而在西方一些国家，孩子成年后大多搬出去独立生活，父母与子女之间的经济往来相对较少，但在父母遇到突发困难时，子女会提供短期的经济或生活帮助。例如，在国内，小李每年春节都会带着妻儿回老家，给父母送上厚厚的红包，陪父母走亲访友，这是他践行孝道，对父母养育之恩的回馈。而在国外，约翰成年后就搬离了父母家，自己租房住。当父亲生病住院时，约翰请假一周，在医院照顾父亲，并支付了部分医疗费用，之后父亲康复，约翰便回归自己的生活。

四、代际支持的非对称性

研究表明，在多数情况下，代际交换并非完全对等。例如，年长一代往往提供更多的经济支持和照顾，而年轻一代则主要以情感支持和陪伴作为回报。这种非对称性在隔代教养家庭中尤为显著，祖父母通常在孙辈年幼时付出较多，而年迈后则可能依赖子代或孙辈的支持。在许多城市家庭，爷爷奶奶在孙辈幼儿时期，每天不辞辛劳地照顾孩子，从做饭、洗衣到陪孩子玩耍、辅导功课，几乎承担了所有的养育责任。等爷爷奶奶年老后，虽然孙辈可能在情感上非常关心他们，但在实际照顾上，由于工作学习等原因，往往无法像爷爷奶奶当年照顾自己那样全身心投入，更多的是在节假日陪伴老人，给老人带来精神上的慰藉。例如，在上海的一个家庭中，爷爷奶奶从孙女出生就一直照顾她，送她上学、培养她的兴趣爱好。等孙女上大学后，只能在寒暑假回家陪伴爷爷奶奶，而在日常的生活照料上，更多的是依靠孙女的父母。

在隔代教养的情境中，祖辈和父辈之间的资源与责任交换表现得尤为明显。祖辈可能会利用自己的时间和精力来照顾孙辈，为子女减轻育儿负担，同时也期望在自己年老时能够得到子女的赡养和照顾。而子女则可能会在经济上支持祖辈，或者在其他方面给予他们帮助，以回报祖辈的付出。如果这种交换过程出现失衡，就可能会引发家庭矛盾和问题。

代际交换理论为理解隔代教养提供了理论依据。它强调家庭成员之间的相互支持和资源流动，并揭示了隔代教养中的互惠关系。未来的研究可以进一步探讨如何优化代际支持体系，以提升不同代际家庭成员的福祉。例如，在社会层面，可以建立更多针对隔代教养家庭的支持机构和服务，提供育儿培训、心理咨询等服务，帮助祖辈更好地应对隔代教养中遇到的问题。在家庭层面，不同代际的成员之间应加强沟通与理解，尊重彼此的付出和需求，共同营造和谐的家庭氛围。通过这些措施，有望进一步提升隔代教养家庭中各成员的生活质量和幸福感。

第七节　认知发展理论

一、儿童认知能力的四个阶段

认知发展理论是由瑞士心理学家让·皮亚杰（Jean Piaget）提出的一种关于儿童认知能力发展的理论。该理论认为，儿童的认知能力随着年龄增长而逐步发展，经历四个不同的阶段：

（一）感知运动阶段（0—2岁）

在感知运动阶段，儿童主要通过感觉和动作来认识世界，他们开始逐渐形成客体永久性的概念，即知道物体即使不在眼前也仍然存在。在这个阶段，祖辈可以通过提供各种感官刺激和操作机会，帮助孩子发展感知和运动能力。

（二）前运算阶段（2—7岁）

在前运算阶段，儿童的思维开始具有象征性，但他们的思维还比较直观、具体，缺乏逻辑性。他们往往以自我为中心，难以从他人的角度看待问题。祖辈可以通过游戏、故事等，引导孩子进行象征性思维的发展，同时帮助他们逐渐克服以自我为中心的倾向。

（三）具体运算阶段（7—11岁）

在具体运算阶段，儿童的思维开始。儿童开始掌握守恒概念，思维开始具有逻辑性，但他们的思维仍然需要具体事物的支持。他们能够进行简单的分类、排序等运算，但对于抽象的概念还难以理解。祖辈可以通过实际的操作活动，帮助孩子理解数学、科学等方面的知识，提高他们的逻辑思维能力。

（四）形式运算阶段（11岁及以上）

在形式运算阶段，儿童的思维已经能够脱离具体事物的束缚，进行抽象的逻辑推理和假设演绎。他们能够思考一些复杂的问题，提出自己的观点和想法。祖辈可以鼓励孩子进行独立思考和探索，培养他们的创新能力和问题解决能力。

二、各阶段祖辈的引导方式

在隔代教养的背景下，祖辈作为主要照料者，对儿童的认知发展起着重要作用。不同认知发展阶段的儿童需要不同的引导方式，祖辈的教育方式可能会影响儿童的思维模式、学习能力和社会适应能力。

（一）感知运动阶段：情感陪伴与感官刺激

祖辈的陪伴和互动能帮助婴幼儿建立安全依恋，提高探索环境的积极性。例如，经常和孩子玩一些简单的互动游戏，如躲猫猫。祖父母可以用手帕遮住自己的脸，然后突然拿开，孩子会被逗得哈哈大笑。这种游戏可以帮助孩子逐渐理解客体永久性的概念，让他们知道即使看不到祖父母的脸，他们仍然存在。同时，祖父母还可以给孩子提供一些可以抓握、触摸的玩具，如积木、毛绒玩具等，让孩子通过感觉和动作来探索世界。

但部分祖辈可能会因过度保护限制孩子的探索行为，如频繁抱着孩子、不让其爬行或触摸物品等，可能会影响其认知发展。

（二）前运算阶段：语言与社交能力的培养

该阶段儿童的思维以自我为中心，祖辈在沟通时应尽量鼓励孩子表达自己的想法。例如，通过讲故事、提问等方式，帮助孩子发展语言能力。在讲完《小红帽》的故事后，可以问孩子："小红帽为什么不能随便和陌生人说话？"通过这种方式，帮助孩子发展象征性思维，提高他们的语言表达能力和理解能力。

现实问题：部分祖辈受传统观念影响，可能倾向于"听话教育"，过多限制孩子的自主表达，导致其社交能力发展受限。

（三）具体运算阶段：逻辑思维与规则意识的建立

此阶段儿童开始具备逻辑推理能力，祖辈可以通过游戏、生活实践等方式帮助孩子理解因果关系。例如，在购物时让孩子计算找零，增强数学逻辑思维。可以带孩子一起做一些实践活动，如种植花草，让孩子参与到整个种植过程中，从准备种子、土壤，到浇水、施肥，使孩子能够亲身体验植物的生长过程。在这个过程中，孩子可以学习到一些关于植物生长的知识，如种子发芽需要适宜的温度、水分和空气等，同时也能提高他们的观察能力和逻辑思维能力。孩子会观察到植物在不同阶段的变化，思考为什么要在特定的时间浇水、施肥，从而逐渐理解事物之间的因果关系。

现实问题：部分祖辈可能习惯以经验教育代替逻辑思维训练，如"长辈说了算"，可能影响孩子的独立思考能力。

（四）形式运算阶段：独立思维与价值观塑造

青少年开始具备抽象思维和批判性思考能力，祖辈可以通过开放式讨论，引导孙辈形成理性思维和价值判断。例如，讨论社会新闻、历史事件等，帮助孩子理解多元视角。在湖北某个家庭中，孩子对一些科学问题产生了浓厚的兴趣，如："为什么会有四季的变化？"他的祖父母鼓励孩子自己去寻找答案，给他提供了一些相关的书籍和资料，让他自己去研究。同时，祖父母也会和孩子一起讨论这些问题，引导他从不同的角度去思考。孩子通过查阅资料、思考分析，了解到四季变化是地球公转和地轴倾斜导致太阳直射点在南北回归线之间移动引起的。这种方式拓展了孩子的思维，培养了他们的创新能力和问题解决能力。孩子从此对科学探索充满热情，经常会主动了解一些科学知识，还参加了学校的科技社团。

现实问题：部分祖辈可能仍然坚持权威式教育，不鼓励孩子质疑和独立思考，可能影响其批判性思维的发展。

基于认知发展理论，在隔代教养中可以采取以下措施以优化孙辈的认知发展：

第一，适应儿童的认知发展阶段，根据孩子的年龄和认知特点提供适当的教育和互动方式，如多鼓励探索、提问和思考。

第二，鼓励独立思考，避免过度保护或限制孩子的自主表达，让孩子在探索和试错中成长。

第三，建立互动式沟通模式，通过开放式对话和共同活动，增强祖孙之间的沟通，促进认知发展。

第四，平衡传统与现代教育方式，结合祖辈的经验教育与现代科学教育观念，为孩子提供更全面的成长支持。

儿童认知阶段与教养
策略适配案例

第八节 人格发展阶段论

人格发展阶段论由美国心理学家埃里克森（Erik Erikson）提出。该理论强调儿童在不同心理发展阶段的需求，如婴儿期的信任感、幼儿期的自主性、学龄期的勤奋感等。每个阶段都有其特定的发展任务和危机，如果这些任务能够得到顺利解决，儿童就会形成积极的人格品质；反之，如果任务解决失败，就可能会出现消极的发展结果。

埃里克森将人格发展分为八个阶段，每个阶段均涉及特定的心理需求、社会关系和潜在挑战。

一、婴儿期（0—1岁）：基本信任 vs 基本不信任

主要任务：发展对世界的基本信任感，形成安全依恋。

关键影响因素：照料者的回应是否及时、温暖和稳定。

积极发展（基本信任）：如果祖辈能够及时回应孩子的需求，给予稳定的爱与关怀，孩子会对世界形成基本信任，并建立安全依恋。

消极发展（基本不信任）：如果祖辈过度忽视或情绪不稳定，孩子可能对世界缺乏信任，产生焦虑、依赖或冷漠的行为。

在这个阶段，应长期照顾婴儿，耐心地满足其需求，形成安全依恋；但如果长辈因身体不适或家庭压力无法稳定照顾，婴儿可能会产生不安全依恋。例如，孩子饿了就及时喂奶，哭了就立刻安抚。用温柔的语言和亲切的笑容与孩子互动，让孩子感受到自己是被爱和关心的。在这种环境下，孩子逐渐建立起了对长辈的信任感，也对周围的世界充满了好奇和探索的欲望，如孩子会主动伸手去抓周围的玩具，观察周围的人和事物，等等。

二、幼儿期（1—3 岁）：自主性 vs 羞怯与怀疑

主要任务：发展独立性和自信心。

关键影响因素：照料者是否给予孩子探索和尝试的机会。

积极发展（自主性）：祖辈允许孩子自己尝试穿衣、吃饭、上厕所等基本技能，即使有时会弄脏或失败。

消极发展（羞怯与怀疑）：祖辈过度保护或惩罚孩子的错误，可能导致孩子缺乏自信，害怕尝试新事物。

案例：祖父鼓励孙子自己用勺子吃饭，即使弄洒了饭菜也不会批评，这有助于孩子形成自主性。但如果总是喂饭，怕弄脏衣服不让孩子自己吃，可能让孩子变得依赖他人。

三、学前期（3—6 岁）：主动性 vs 内疚感

主要任务：培养主动性，发展目标导向的行为。

关键影响因素：是否鼓励孩子提出问题、探索环境，并尝试新事物。

积极发展（主动性）：祖辈支持孩子玩耍、提问，并给予正面反馈，如“你画得很棒”。

消极发展（内疚感）：如果祖辈总是打断孩子的自主活动，或以“别乱动”限制探索，孩子可能因害怕犯错而产生内疚感。

例如，孙女喜欢模仿祖母做饭，祖母鼓励她帮忙择菜，让她感受到自己的能力；如果祖母批评孩子“你太小，别捣乱”，孩子可能会缺乏主动性。小俊 1 岁半时开始由祖母照顾。祖母害怕他磕碰，从不让他自己穿鞋、吃饭、上厕所。小俊渐渐形成依赖心理，每次穿鞋都等待祖母帮忙，甚至连上厕所都要祖母陪同。上幼儿园后，小俊因为不能自己穿脱衣服、系鞋带而遭到嘲笑，变得自卑且不愿尝试新事物。因此，祖辈应适当放手，让孩子在安全范围内进行自主探索，而非一味包办一切。

四、学龄期（6—12 岁）：勤奋感 vs 自卑感

主要任务：培养责任感和成就感，发展技能和勤奋精神。

关键影响因素：祖辈是否鼓励孩子努力学习和完成任务。

积极发展（勤奋感）：祖辈鼓励孩子通过努力取得进步，如表扬他们学习进步或参

与家务。

消极发展（自卑感）：如果祖辈只关注成绩而忽略努力过程，或者总是拿孩子与别人比较，可能导致孩子缺乏自信，产生自卑感。

在这一阶段，当孩子对某个学科或活动表现出兴趣时，长辈应当积极支持孩子去学习和探索。当他们遇到困难时，要及时给予鼓励，让孩子坚持下去。例如，祖父母每天陪孩子练习书法，并表扬其进步，孩子养成了勤奋习惯；但如果祖父母嘲笑孩子的字写得不好，孩子可能变得不愿再练习。

五、青春期（12—18 岁）：自我同一性 vs 角色混乱

主要任务：建立个人身份，探索自我认同。

关键影响因素：祖辈是否给予青少年足够的独立性，并尊重其兴趣和选择。

积极发展（自我同一性）：祖辈鼓励孙辈探索兴趣爱好，支持他们的职业理想与人生规划。

消极发展（角色混乱）：祖辈如果强行灌输传统价值观，不允许孩子独立思考，可能导致他们对未来方向感到迷茫。

在这一阶段，青少年开始思考“我是谁？”并试图确立自我认同。小楠喜欢摄影，但祖父母认为“女孩子学这个没前途”，坚持让她报考师范专业。小楠被迫放弃兴趣，进入大学后对专业不感兴趣，甚至对未来感到迷茫。小楠在大学期间经历了严重的焦虑和自我否定，直到大学毕业后才重新开始摄影。这个案例说明，祖辈应尊重青少年的个性发展，而不是以传统观念强行干涉孩子的未来规划。

六、青年期（18—40 岁）：亲密感 vs 孤独感

主要任务：建立亲密的人际关系，发展亲密感。

关键影响因素：祖辈是否尊重孙辈的独立生活，并给予情感支持。

积极发展（亲密感）：祖辈鼓励孙辈建立健康的友谊和恋爱关系，并提供情感支持。

消极发展（孤独感）：如果祖辈对孙辈的感情生活干涉过多，可能导致他们害怕亲密关系，或者因过度依赖祖辈而缺乏社交能力。

七、中年期（40—65 岁）：创造性 vs 停滞感

主要任务：关注家庭、工作和社会贡献。

关键影响因素：是否能够找到有意义的社会角色。

祖辈可以通过学习和社会参与来增强自我价值感，而不是仅仅依赖孙辈的陪伴。例如，可以通过参与社区活动、照顾孙辈等方式保持生活的意义；但如果祖辈失去社会联系，可能会感到停滞和无助。

八、老年期（65 岁以上）：自我整合 vs 绝望感

主要任务：回顾一生，对自己的人生经验产生满足感或遗憾。

关键影响因素：是否能够接受自己的过去，并找到生活的意义。

祖辈应学会接受过去，并在老年阶段找到新的生活目标，而不是将所有希望寄托在孙辈身上。

隔代教养不仅影响孙辈的心理发展，也对祖辈自身的心理健康产生深远影响。祖辈需要理解不同年龄阶段的需求，调整教育方式，避免过度保护或忽视。在孩子成长过程中，祖辈给予适当支持，帮助他们培养健康人格，同时关注自身的心理需求，以实现跨代共赢的育儿模式。

本章小结

关键词

生态系统理论；依恋理论；家庭系统理论；代际传递理论；社会学习理论；代际交换理论；认知发展理论；人格发展阶段论

课后思考

1. 请简述生态系统理论如何解释隔代教养对儿童发展的影响，并举例说明。

2. 依恋理论中安全型依恋对儿童的发展有哪些重要意义？在隔代教养中，如何帮助儿童建立安全型依恋关系？

3. 代际传递理论认为教养方式和文化价值观会在代际间延续，请结合具体案例分析这种延续对儿童发展的积极和消极影响。

4. 家庭系统理论强调家庭中角色和权力的动态变化以及子系统边界的管理，在隔代教养中，如何避免因角色和权力问题引发家庭矛盾？

5. 社会学习理论指出儿童会观察和模仿祖父母的行为，在隔代教养中，祖父母应该如何发挥积极的行为示范作用？

6. 代际交换理论中提到家庭代际间的资源与责任交换，在隔代教养中，如何实现经济支持与情感回报的平衡？请举例说明。

7. 依据认知发展理论，不同阶段的儿童有不同的认知特点和发展任务，在隔代教养中，祖辈应如何根据这些特点调整教养策略？

8. 人格发展阶段论强调儿童在不同阶段有特定的心理需求，如婴儿期的信任感、幼儿期的自主性、学龄期的勤奋感等，在隔代教养中，如何满足这些心理需求？请结合案例分析。

9. 比较城市和农村隔代教养的差异，分析这些差异对儿童心理需求满足的不同影响。

10. 未来关于隔代教养的研究可以从哪些方面进行拓展和深化？请阐述你的观点。

第三章

隔代教养的要素

学习目标

知识目标

理解隔代教养的多元角色定位，区分代际协作关系类型，认识祖孙互动的教育价值。

能力目标

能够依据儿童发展阶段设计教育内容，具备观察评估儿童行为的能力，能够指导祖辈运用现代教育工具。

素养目标

培育文化传承使命感，强化儿童权利保护意识，建立法律遵从意识，形成代际互助价值观，建立终身学习态度，推动传统育儿智慧与现代教育科学的动态调适。

思维导图

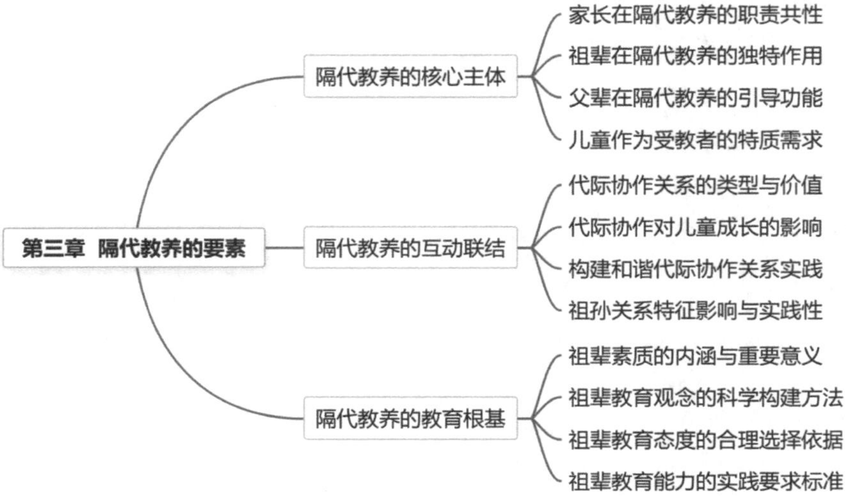

案例导读

在一个普通城市家庭中，五岁男孩小明活泼好动，父母因工作繁忙，平时由爷爷奶奶负责照顾与教育。每当放学后，爷爷会陪他完成手工课作业，奶奶则爱给他讲“孔融让梨”这类传统故事，希望他学会分享、谦让。一天，幼儿园布置任务，需用平板电脑完成简单数字游戏。爷爷虽然不太熟悉电子设备，但在小明的指导下，两人摸索着完成了任务。过程中，小明学会了数字排序，还开心地教爷爷如何滑动屏幕，祖孙俩笑声不断。然而，事情并非总顺遂。

小明的父母发现，爷爷有时溺爱孩子，允许多吃糖果；奶奶的教育方式偶尔过于严格，要求背下故事才能玩耍。这种差异让小明的父母思考：隔代教养如何影响孩子的成长？祖辈在教育中的角色是什么？祖孙互动又该如何平衡传统与现代？这个家庭的故事，正是“隔代教养”的缩影。

本章将深入分析隔代教养的多元角色、代际协作类型及祖孙互动教育价值，助力大家在传统智慧与现代教育之间找到最佳平衡点。

第一节　隔代教养的核心主体

隔代教养是祖辈与父辈携手共育的艺术，融合跨代的智慧与关爱，是家庭教育中不可或缺的组成部分。祖辈与父辈共同参与儿童教育，跨代协作、角色互补，助力儿童身心全面发展。伴随双职工家庭增多与城市化进程加快，隔代教养承载着文化传承与代际和谐的重要使命，祖辈在幼儿期照料中的作用日益显著，父辈在学龄期及青少年期的引导功能逐渐凸显。深入探讨祖辈与父辈在隔代教养中的共性与分工，理解其独特地位与协同作用，对提升家庭教育质量、促进社会发展具有重要意义。

一、家长在隔代教养中的职责共性

雅克·德洛尔曾言：“儿童承载着人类的未来。”他认为孩子未来的发展轨迹，取决于家长的品德及孩子早期所接受的家庭教育质量。毫不夸张地说，家庭教育在很大程度上决定了一个人的人生道路。

彭立荣指出，家庭教育指家庭成员对新生儿从出生到步入社会前所施加的全部培养、教育和影响。隔代教养植根于家庭教育，因涉及祖辈与父辈的跨代协作而具有独特内涵。家庭是儿童认识世界、接受启蒙的起点，祖辈与父辈作为儿童成长的“最直接、最核心的教育者”，共同构筑了儿童发展的微观系统。祖辈凭借丰富的人生阅历和情感包容，承担文化传承与生活照料的职责；父辈则以社会经验和理性引导，助力儿童适应外部环境。二者的教育目标虽有侧重，但均以儿童全面发展为核心，体现出互补性与协同性。

隔代教养的共性在于其共同秉持的教育目标与价值观。无论是祖辈的文化滋养还是父辈的社会引导，二者均致力于儿童的身心健康、文化认同和社会适应能力的培养，强调家庭和谐与代际传承的重要性。为实现这一目标，祖辈与父辈需通过定期沟通、共同参与儿童活动等方式加强协作，同时结合现代育儿理念，克服观念陈旧或溺爱等问题，提升教育效果。

教育子女是家庭的内在职责，也是家庭自诞生起就具备的基本功能之一。家庭是人类最初接触的社会环境，是儿童认识世界、接受启蒙和成长的起点。正是因为认识到家庭对孩子成长的独特价值，国内外许多教育家特别强调家庭成员在孩子发展中的重要性，并研究了家庭教育的实践方法。苏霍姆林斯基曾对家庭教育写道："教育不是家长的断然命令和孩子的恭顺服从，而是家长和孩子参与其中的紧张和复杂的共同精神活动。"《格言联璧》中也提到："子弟有才，制其爱毋弛其诲，故不以骄败。子弟不肖，严其诲毋薄其爱，故不以怨离。"

知识链接

1990年9月30日，在美国纽约联合国总部召开的"世界儿童问题首脑会议"通过的《儿童的生存、保护和发展世界宣言》(以下简称《宣言》)，明确了家长在儿童教育中的责任，并将其归纳为以下几点：

1. 致力于为每位儿童创造更美好的未来

《宣言》指出，儿童是纯洁、脆弱且充满希望的群体，童年应当是充满欢乐与和平的时光，是玩耍、学习和成长的关键阶段。他们的未来需要在和谐与合作的环境中逐步构建，通过开拓视野和积累经验实现个人发展。然而，现实中无数儿童的童年被战争、饥饿、疾病和贫穷所笼罩，他们的生活条件甚至不如父辈。因此，《宣言》呼吁家长将确保每位儿童拥有比父辈更光明的未来作为教育的根本目标，尽一切努力为儿童创造更好的成长环境，帮助他们摆脱困境，走向充满希望的明天。

2. 强化家庭作为儿童成长与幸福的基本群体与自然环境

《宣言》强调，家庭是儿童成长和幸福的基本群体与自然环境，必须得到社会各界的保护与支持。家长及其他照护者有责任为儿童营造安全、稳定的家庭环境，帮助他们发现自身特质并认识到自我价值。《宣言》明确提出，社会应通过政策与资源支持，确保家庭成为儿童健康成长的坚实后盾，而家长在其中承担着不可替代的角色。为儿童提供安全、稳定的家庭环境不仅是家长的重要职责，也是保障儿童福祉的基础条件。

3. 确保儿童在充满欢乐、爱与理解的家庭氛围中成长

《宣言》指出，家庭是儿童最初接触社会文化、价值观和行为规范的起点。为了促

进儿童个性全面和谐发展，他们需要在充满欢乐、爱与相互理解的家庭氛围中成长。家长及其他照护者应通过情感交流与关爱，营造温馨的家庭环境，为儿童的心理健康和人格发展奠定基础。社会各界也应尊重并支持家长在家庭教育中的努力，确保亲子关系体现出爱与理解的特质。

4. 全力为儿童提供适宜发展的生活环境

《宣言》进一步提出，若儿童因特殊原因或自身选择与家庭分离，社会应为其安排适当的替代家庭或机构给予照顾，同时尊重他们在自身文化环境中继续接受教育的权利与愿望。家长及相关照护者需尽最大努力，确保儿童在任何情况下都能拥有适宜成长的生活环境，保障他们的基本权益与发展需求。

祖辈与父辈在家庭教育中各司其职，缺一不可，如同车的双轮，共同推动孩子的成长。若将祖辈比作家庭中的智慧源泉，父辈则是孩子成长的引路人。祖辈以丰富的人生阅历，为孩子传递温暖与生活智慧，而父辈则以力量和支持引领孩子应对现实挑战。祖辈教会孩子如何“感悟生活”，父辈则指导孩子如何“适者生存”；祖辈引导孩子“拥抱”生活的美好，父辈则教导孩子“释怀”无谓的执念。祖辈与父辈的教育各有特色，二者对儿童成长的影响不可替代。以下将分别探讨祖辈与父辈在家庭教育中的具体作用。

二、祖辈在隔代教养中的独特作用

“祖辈”一词承载着智慧、经验、关爱与包容的含义。一提起祖辈，人们往往感到温暖与亲切，心中涌现深深的依恋之情。

在中国悠久的家庭教育传统中，“含饴弄孙”“天伦之乐”等祖辈与孙辈的亲密关系代代相传，被视为家庭教育的重要组成部分。许多杰出人物在回顾成长经历时，都提到祖辈对其一生的深远影响。例如，中国作家巴金在《家》中描绘了祖父对孙辈的关爱与教育，凸显了祖辈在家庭中的地位。国外也有类似事例，如马克•吐温在《汤姆•索亚历险记》中通过祖母形象展现了祖辈对孙辈的溺爱与教导。自古以来，祖辈在家庭教育中始终扮演着不可或缺的角色。

1. 文化认同的传递者

孩子的成长尤其需要祖辈的滋养。祖辈对孙辈的呵护往往通过岁月沉淀的智慧传递。当祖父在庭院中教孙儿识别星象时，那些经时光打磨的谚语在夏夜萤火中流淌，孩子仰望星空时也在触碰民族文化的根基；祖母在灶前哼唱童谣，铁锅里翻滚的不只是五谷的香气，更是代际记忆的传承。这种跨越时空的精神滋养为孩子构建了更丰富的认知世界。

祖辈的陪伴以无声的方式塑造孩子品格。祖父在晨光中修补旧椅，孙儿递上锤子的瞬间，传承的不仅是技艺，更是对物的尊重；祖母在暮色中缝补衣衫，针脚间流淌的坚持，早已成为孩子面对挫折的精神底蕴。这种通过共同劳作传递的价值观，比任何说教都更具感染力。

心理学家布朗芬布伦纳的“生态系统理论”表明，祖辈构成的家庭微观系统对儿童社会化进程至关重要。魏福音研究发现，每周与祖辈相处较多的孩子，相较同龄人有更高的同理心，而缺乏祖辈陪伴的孩子在文化认同上普遍较弱。我国“90后”独生子女群体中，因代际断层导致的“文化漂泊感”现象，正凸显了祖辈缺位的后果。

在现代社会，“育儿真空”正成为隐忧。年轻父母将教育外包给早教机构时，往往忽视了祖辈经验的独特性。在电子屏幕前长大的孩子或许能熟练操作智能设备，却难以理解祖父“看云识天气”的智慧；在标准化教材中成长的孩子可能熟知世界地理，却辨不清门前草木的枯荣。

随着城市化进程将三代同堂的传统拆解为碎片化的家庭单元，我们是否在无意中切断了孩子与历史根脉的联系？那些被遗忘在储物箱中的竹编玩具和泛黄的家谱，正是孩子理解“我是谁”的钥匙。或许在下一个节气，当祖辈牵着孙辈走向田野时，我们会意识到：血脉中流淌的文明基因，才是孩子面向未来的真正根基。

2. 辅助教育的承担者

自人类诞生以来，生儿育女不仅是繁衍和社会延续的需要，代际支持也成为家庭传承的关键。由于年龄与阅历的差异，在家庭的自然分工中，祖辈照料孙辈的角色功能逐渐显现。“父母与子女因血缘紧密相连，感情自然深厚，而祖辈与孙辈的亲近则更多通过时间与陪伴逐渐建立。”孩子出生后，父母主要负责养育与教导，而与孙辈建立深厚情感则是祖辈的特权。祖辈对孙辈的影响潜移默化，从幼儿时期通过日常照料逐渐形成紧密联系，其生活习惯、情感态度和言传身教无时无刻不在塑造孙辈的性格与行为。

在孩子成长中，祖辈以无私的奉献精神倾注关爱，悉心陪伴与照料。因此，祖辈之爱被视为家庭中最温馨的支持。从幼儿阶段起，祖辈细致入微地接触、了解和关怀孙辈，因而孙辈对祖辈的感情与依赖尤为深厚。在家庭中，祖辈与孙辈的关系往往最为亲密，这种依恋及祖辈在家庭中的地位，让祖辈自然承担起辅助教育的职责。

中国有句俗语：“三岁看大，七岁看老。”这表明早期教育对人生的深远影响。人生最初的几笔多在家庭中勾勒，由于祖辈与孙辈的亲密关系及孩子早期的心理需求，祖辈在成长初期的作用不容忽视。随着时代变迁，许多父母投身职场，使得祖辈承担更多照料责任，与父母相比，他们在孙辈生活支持中投入的时间更长。

社会变迁为家庭教育带来新格局。2005 年《中国儿童中心调查》显示，“全职父母”家庭占比达 18%。而近年数据表明，祖辈参与隔代教养的比例显著上升。上海调查显示，部分祖辈从农村进城照料孙辈。广东调查发现，认同“祖辈辅助家庭”的观念较 10 年前有所提升。这些数据反映出两种趋势：一是祖辈参与是社会变迁带来的代际现象，二是以祖辈为主体的隔代教养趋势增强。

祖辈教育不仅关乎孙辈成长，也为家庭和谐作贡献。联合国教科文组织曾指出：

“支持祖辈参与教育，是打破代际隔阂、传承文化的最佳途径，是留给后代的情感与智慧遗产。因此，提升祖辈的育儿能力，应成为社会关注的重点项目……”

3. 性格培育的优势者

代际差异带来了老少心理特征的不同。在言语表达上，祖辈的语言因丰富阅历而带有更明显的叙述性和感染力。在情感方面，祖辈往往更珍视家庭、敬重传统、关怀孙辈，在行动上给人以宽厚的感觉。从思维上看，祖辈更偏向于经验思维，具有生动具体的实践性，善于用生活事例来传递价值观。祖辈的这些心理特点使他们的兴趣和能力倾向于与传统文化、生活智慧有关的内容，他们在故事传承、道德教育和情感陪伴等领域的作用较为突出。在性格特征方面，祖辈更多偏向于包容型、稳重型、耐心型。因此，他们一般表现为：温和慈祥、细致入微、情绪平和、感情深厚，其宽容性、稳定性、亲和性、传统性等性格特征较为明显。祖辈的这些个性倾向和心理特征影响着他们在家庭教育中所承担的辅助职能。

祖辈对孙辈性格的形成、品德的培养及日后习惯的发展影响深远。据观察，许多孩子的健康成长，与祖辈温和品质的熏陶、耐心引导密不可分。而在不少人回忆中，祖辈的家风故事同样塑造了他们的道德观。《幼学琼林》中提到：“绍箕裘，子承父业；恢先绪，子振家声。具庆下，父母俱存；重庆下，祖父俱在。燕翼贻谋，乃称裕后之祖；克绳祖武，是称象贤之孙。”

祖辈的文化经验对孙辈的耐心品质、责任感、感恩心和生活态度产生影响。从作用面和持续性看，祖辈的影响贯穿孙辈早期阶段。此外，祖辈还会在潜移默化中传递家族传统，影响孙辈对家庭角色的认知。

4. 隔代教养的施教者

老年与青壮年的年龄差异，使祖辈在家庭中更多承担照料孙辈的责任，而其人生阅历和心理特征，也让他们的教育更易被孙辈接受。此外，老少两代的差别也带来了他们在社会经验和生活技能上的不同，而祖辈的生活经验，使他们在孙辈的教育上更具“说服力”。

随着社会老龄化的加深和双职工家庭的增多，祖辈为家庭教育的发展作出了积极贡献。在现代社会，许多祖辈从农村进入城市，承担起隔代教养的重任，几乎成为婴幼儿日常生活的全职陪伴者，在小学阶段，他们也常承担接送孙辈之责，辅导其养成良好生活习惯。在儿童成长的关键期，祖辈以丰富的阅历引导孙辈适应家庭环境，是助力孙辈步入社会化过程的重要人物。调查显示，许多家庭中，祖辈在孙辈生活照料中占比显著。作为陪伴者的祖辈，他们在生活经验上的优势使他们更易传授传统技能，了解孙辈的情感需求，因人施教，循循善诱。因此，在对孙辈的教育上，祖辈比父母更具耐心，能带来温馨的代际互动效果。

阚唯提到，祖辈以他们的辅助角色在孙辈的幸福中发挥着关键作用。提升祖辈的育儿知识并使其融入现代家庭，是对家庭和谐与社会发展的重要贡献。

以上从祖辈的角度阐述了他们在家庭教育中的作用。我们还应看到，目前隔代教养中仍存不足，如观念陈旧或溺爱，这些问题的产生与祖辈忽视现代教育理念、缺乏科学育儿知识有关，也与他们未充分认识自身优势有关。正因祖辈在家庭中的地位和作用异于父母，其教育中的疏忽是父母难以弥补的，需引起祖辈重视，更好发挥作用。当然，家庭教育是父母与祖辈共同的责任，各方应携手努力，培育优秀的下一代。

三、父辈在隔代教养的引导功能

"父亲"与"母亲"作为家庭教育的双支柱，各自承载着独特的育人使命。德国哲学家 E. 弗洛姆指出："在我们所处的社会里，父亲的角色对男人来说并不非常重要，男人的成就与表现全看事业……男人是在工作中表现出做父亲的责任感、价值观和榜样。"同样，英国心理学家约翰·鲍尔比对母亲功能的经典论述："母亲是孩子安全基地的建构者，她们通过持续的关爱与回应，为孩子建立探索世界的勇气。"父亲象征着思想的锋芒与秩序的边界，而母亲则代表着情感的沃土与生命的温度，二者共同绘制出完整的成长坐标系。

教育实践中的智慧在于实现父母特质的有机融合。社会学家塔尔科特·帕森斯的家庭功能理论揭示："现代家庭中父亲更多承担'工具性领导'角色，通过社会经验的传递帮助孩子适应外部规范；母亲则发挥'表意性领导'功能，以情感纽带维系家庭内部的心理健康。"意大利教育家蒙台梭利曾说："完整的教育应该兼具父亲的理性之光与母亲的感性之暖。"父亲制定的行为准则需要母亲的情感润滑才能有效内化，母亲的温柔教诲也需要父亲的权威背书方能彰显力量。当代家庭教育研究证实，父母教育风格的适度差异，能促进孩子的认知弹性，使其在父亲挑战性激励与母亲支持性包容间找到平衡支点，通过主动调试应对模式，进而发展更全面的社会适应能力。

这种教育合力的形成需要突破传统角色定式。英国作家切斯特菲尔德勋爵在给儿子的信中既强调"要像父亲般坚韧"，也提醒要"勿忘母亲般的悲悯"。现代家庭教育正在经历从单极主导到双核驱动的范式转变，父亲的角色拓展不应削弱母亲的教育权重，而应与之形成育人共振。唯有当理性规约与情感滋养达成动态平衡，才能培育出既具进取精神又富人文关怀的完整人格。

（一）儿童的早期依恋的对象

在儿童身心发展的光谱中，父母之爱如同双螺旋结构般交织共生。神经科学研究揭示，母亲怀抱中特有的 β-内啡肽分泌能有效调节婴儿压力激素水平，而父亲充满力量感的肢体互动则显著促进前庭觉发育——这种生物学层面的互补机制，构成了人类养育行为的进化智慧。发展心理学家玛丽·安斯沃思的陌生情境实验证实，安全型依恋的形成需要母亲作为"情感港湾"的持续在场，同时依赖父亲作为"探索跳板"的适度刺激，二者共同搭建起儿童心理发展的弹性空间。

从养育实践的微观维度观察，母婴互动呈现出独特的韵律特征。母乳喂养不仅是营养输送，更是通过体温传导、心跳共振构建最初的情感联结，正如英国儿童精神分析师温尼科特所言："母亲的脸是婴儿最初的镜子。"而父婴互动往往突破这种镜像对称。美国发展心理学家迈克尔·兰姆发现，父亲更倾向采用“非常规养育”：将换尿布转化为肢体游戏，把喂食拓展为认知训练，这种打破常规的互动模式能有效激活婴儿的探索性神经网络。神经影像学研究显示，母亲抚触主要激活儿童边缘系统的情绪中枢，而父亲游戏则更多激发前额叶的执行控制区域。

跨文化研究数据呈现惊人的一致性：在挪威父亲育儿假制度实施后，参与早期养育的父亲其子女在 7 岁时展现出更强的情绪调节能力。李艳玮研究显示，母爱缺失导致的皮质醇水平异常较之父爱缺失更为显著。这种看似矛盾的数据，恰好印证了养育功能的差异化补偿机制——母亲通过情感调谐塑造安全基底，父亲借助认知挑战拓展能力边界。以色列学者露丝·费尔德曼发现，高频母婴互动能预测儿童 5 岁时的共情能力，而高频父婴互动则与 7 岁时的逻辑推理能力呈正相关。

牛津大学进化人类学团队通过灵长类动物比较研究发现，人类父亲独有的“养育脑”神经网络，使其既能进行母亲式的抚慰性照料，又能实施物种特有的教育性互动。这种神经可塑性在瑞典“性别中立育儿”实验中得到印证：当父母平均分配养育任务时，子女在性别角色认知测试中表现出更强的包容性，同时其大脑胼胝体神经连接密度较传统家庭子女高出 17%。这提示我们，父母养育不是非此即彼的选择，而是动态平衡的艺术。

社会转型期的养育危机更凸显协同养育的紧迫性。韩国教育开发院的纵向研究显示，在母亲全职照料而父亲严重缺位的家庭中，儿童焦虑量表得分是父母共同参与家庭的 2.3 倍；反之在“丧偶式育儿”家庭，儿童攻击性行为发生率提升 58%。这些数据印证了发展生态学理论：儿童成长犹如精密生态系统，需要母亲提供的“情感降水”与父亲构筑的“认知地形”共同作用。当我们将母乳喂养的生物学意义与父亲游戏的进化价值置于同等维度审视时，方能真正理解完整养育对人类文明传承的深刻寓意。

（二）子女性别意识的塑造者

在塑造儿童性别角色的过程中，父辈的作用尤为重要。父辈——父母双方，通常比其他人在教育中更倾向于对不同性别的孩子表现出不同的态度和行为。正是由于父辈对性别角色行为的期待与引导，孩子们逐渐为自己的适宜活动和行为动机贴上了“性别标签”。

孩子性别的差异由先天决定，但后天的环境与教育促使男孩和女孩经历一个性别“认同”的过程，即在心理上形成与自身性别相适应的性格和行为特征。这种“认同”通常在 3 岁前完成。如果在这段时间，男孩长期处于女性主导的环境，模仿对象均为女性，或女孩长期处于男性主导的环境，模仿对象均为男性，就可能导致性别意识的混乱，甚至在极端情况下演变为病态，这一现象在男孩身上尤为显著。

父辈对男孩性别意识的形成至关重要。心理学研究表明，男孩在生命头六年与父辈的关系极为关键。具体而言，这一阶段成年人的双重性别榜样——父亲的阳刚与母亲的柔和，对男孩尤为必要。通过父辈的社会激励，男孩得以学会恰当的男性品质。若错过这一时期，孩子可能面临心理适应的困难。心理学家麦克闵尼的研究显示，每天与父辈接触不少于两小时的男孩，相较于每周接触不足六小时的男孩，在人际关系上更融洽，活动风格更开放，展现出更多的进取精神与冒险性，更具男子汉气概。

父亲完整且持续的正向影响缺失，对男孩有显著负面影响。研究表明，失去父亲的男孩在童年早期可能表现出女性化特征（如被动和依赖），而到了前青年期则可能转向过度男性化（如过分攻击和恃强凌弱），这或许是对缺乏男子气质感的一种补偿反应。而对于女孩，父亲的参与同样影响其性别意识的形成。父亲的性格特质往往会影响女孩对异性的认知。例如，性格粗暴的父亲可能使女孩对男性产生偏见。研究还指出，失去父辈的女孩在青年期较少展现明显的女性特征，也较难形成积极的女性自我概念。

此外，父辈的榜样作用与儿童的性别化密切相关。如果一个男孩的父亲在奖惩上果断且具支配性，而母亲过于宽容，这个男孩可能表现出更多女性化特征。有趣的是，实验研究发现，女孩的女性化不仅与父亲的男性化有关，还与父辈对女孩模仿母亲、参与女性化活动的鼓励密切相关，而与母亲自身的女性化程度无直接关联。也就是说，更女性化的母亲未必能培养出更女性化的女儿。

在父辈一方缺失的单亲家庭中，缺乏完整的性别榜样，子女长大后可能面临性别角色适应的困难。5 岁前失去父辈完整陪伴的男孩，往往表现出明显的性别化障碍和较多女性化行为。而少年期失去父辈完整影响的女孩，则可能在与男性的关系中出现障碍，要么将男性视为过于优越，要么认为男性普遍不如女性。父辈的共同参与，是孩子性别认同健康发展的基石。

（三）父母的影响力伴随孩子一生

父母在孩子成长过程中的影响力贯穿一生，从婴儿期的呵护到成年后的指引，无不体现其深远作用。国外研究表明，随着孩子从儿童期过渡到少年期，家庭互动的侧重点逐渐从单一的母亲转向父母双方。这种转变使得父母在家庭教育中的共同作用日益凸显。如果说母亲在胎儿、婴儿及幼儿期的教育中拥有天然优势，那么随着孩子年龄的增长，父母双方的影响力逐渐平衡，共同塑造孩子的思想、性格与行为。

随着年龄增长，孩子在思想、学习及个人志趣等关键领域越来越倾向于向父母寻求指导。父母在子女人格形成的关键时期扮演着不可或缺的角色。长期以来，在许多家庭中，父亲往往具备更高的文化水平和更丰富的社会阅历，在对外活动中承担主要角色，在家庭重大决策中具有举足轻重的地位；而母亲则以无私的爱与细致的关怀，为孩子提供情感支持。父亲的文化程度普遍高于母亲，尽管随着时代发展，父亲文化程度高于母亲的这一差距正在缩小。同样，父母职业分布也反映出父亲在社会角色中的主导性，这进一步强化了其在孩子心中的榜样形象。父亲以果断、勇敢的建设者形象出现，母亲则以包容、坚韧的守护者姿态存在，二者共同赋予孩子面对外部世界的信心与安全感。

父母的影响不仅限于智力层面，还深刻作用于孩子的体格、情感与性格。研究表明，与父母接触不足的孩子在体重、身高及动作发育上普遍落后，且容易出现焦虑、自尊心低下、自控力弱等情感障碍，表现为抑郁、任性或依赖性等症状，被专家称为

“缺乏父母关爱综合征”。父亲的积极参与使孩子更具自信与男子气概，而母亲的悉心呵护则为孩子奠定情绪稳定的基础。

从人类诞生之初，生儿育女便是繁衍与社会发展的核心。自然法则赋予了母亲独特的教育优势——从受孕时的胎教，到分娩后的哺育，母亲与孩子之间血肉相连的亲密关系无可替代。母亲的衣食住行、情绪状态直接影响胎儿的成长，这种联系从孕期便开始。而父亲与孩子的感情则更多依赖后天的培养，需要时间、经验及母亲的协助来建立亲情纽带。孩子出生后，母亲以巨大的自我牺牲精神倾注爱意，担起哺育与教养的重任，因而母爱被誉为人类最伟大的爱；父亲则逐步加入关怀与教育的行列，以坚韧与理性为孩子指引方向。

幼儿期的家庭教育对人生产生深远影响。在孩子成长的最初阶段，母亲因与孩子最密切的关系，往往影响最大。正如捷克教育家夸美纽斯所言，“教育始于母亲膝下”，他甚至提出设立母育学校的设想。然而，随着孩子逐渐长大，父亲的作用日益显著，尤其在思想成熟与人格塑造的关键期，父母共同的陪伴与引导变得至关重要。即便在现代社会，女性纷纷走出家庭参与社会工作，母亲仍因性别特质与传统习惯承担较多教育职责，而父亲则以更广阔的社会视角为孩子提供支持。

父母的影响力伴随孩子一生，从胎教、榜样作用到不同成长阶段的陪伴，共同构筑孩子身心发展基石。只有父母携手合作，才能培育出健康、自信且具有健全人格的后代。无论是辉煌还是平凡的人生，其最初的几笔，皆由父母在家庭中共同描绘。

四、儿童作为受教者的特质需求

儿童是家庭教育中的核心对象，是代际教育的主要接受者。由于代际教育针对的是处于成长阶段的孩子，理解他们的特质和权利成为家长开展教育的前提和基础。

（一）儿童生理上需要照顾

儿童作为人类的未成熟阶段，身体脆弱，离不开成年人的支持和帮助。费孝通在《生育制度》中指出：“人类的婴儿哺乳期特别长，能够独立获取其他食物的时间也相对较晚。即使断奶后，生理上已具备独立个体特征，但仍需经历更长的学习过程，以掌握在社会中生存所需的行为模式。这是人类独有的需求。社会知识的传递对个人至关重要，因为人类无法单独向自然索取生存资源，而必须在群体中谋生。”他进一步强调：“人类幼年需要依赖成人的保护和供养的时间特别长，这正是家庭形成的关键原因。家庭是为保障儿童得到保护和养育而构建的文化机制。”

据波特曼估算，人类特有的直立行走和语言能力需在出生后一年左右才能显现。他认为，人类的出生相当于“生理性早产”，比实际成熟提前约一年。筑波大学教育学研究会提出：“从脑生理学角度看，人脑组织的复杂性揭示了人类学习的巨大潜力，即人的可塑性极强。这表明人类与其他动物的区别在于，人类拥有多样化的发展可能性，同时也在先天素质上具备了发展的潜能。新生儿的身体看似脆弱，但这种未被特定方向固化的状态恰恰体现了人类丰富的潜力。然而，这种潜能是无定向的，其具体发展取决于出生后长期的教育与引导。”马和民（2003）指出：“个体从出生到18岁成年，尤其是儿童时期，几乎都离不开成年人的照料。”

（二）儿童社会性需要教育

儿童不仅因生理特性需要教育，其社会性同样要求教育引导。通常，我们所说的“人”是指社会学意义上的“社会人”，而社会正是由这些“社会人”构成。然而，新生儿最初只是生物学意义上的“自然人”。克特·W. 巴克于《社会心理学》中写道：“每个新生儿都可能对社会秩序构成潜在威胁，因为他们的生物潜能广泛且充满不确定性。因此，任何社会都必须通过教育对其加以引导。”

从出生到进入正式教育机构之前，儿童的教育和引导主要由家庭中的家长承担。因此可以说：“家庭对人的成长具有不可替代的意义，因为家庭是人出生后首个归属的群体，基本人格的形成始于此。”哲学家康德曾断言：“人只有通过教育才能成为真正的人。人绝非脱离教育所能塑造的产物。确切地说，人只能通过其他受过教育的人来接受教育。”家庭正是为未成年儿童提供的最佳场所：儿童孕育于家庭这一社会的基本单位，在家长的社会角色陪伴中成长。在隔代教养中，祖辈对儿童的教育责任在于实现其“社会化”，帮助他们从“自然人”过渡为“社会人”。

（三）儿童的天性需要涵养

儿童因生理特性和社会性需要接受教育，而这种教育的可行性源于儿童的天性为其学习和成长提供了基础。

一般来说，儿童具备以下天性：

首先，儿童天生好动。他们的成长需要日常活动与体育锻炼，充满生命活力。他们喜欢四处跑动、跳跃，不走平坦的大路，反而爱在路沿上跳上跳下；冬天不畏寒冷，夏天不惧酷热。这种好动性为开展体育教育奠定了基础。

其次，儿童充满好奇心。面对多彩未知的世界，他们总有问不完的问题。五六个月大的婴儿听到声音会转头寻找，看到物体便伸手去抓。若缺乏好奇心，儿童便不会主动接触事物，也无法理解事物的属性和状态。好奇心是儿童获取知识的关键途径，为智力教育提供了基础。

最后，儿童天性真实。他们尚不擅长隐藏情绪，想哭就哭，想闹就闹。因此，引导一个孩子从“真”走向“善”，再迈向“美”，需要持续且有针对性的努力。这些“努力”依托教育展开，通过传递道德准则、辨明是非善恶、品鉴美丑价值、普及法律文化，逐步引领孩子明晰社会规则底线，完成从本真天性到道德养成、审美提升的成长跨越。儿童的真实性为道德教育创造了条件。

（四）儿童的权利需要保护

“儿童权利”概念的出现，是人类文明与进步的体现。“儿童权利”的专门提及，是与近代以来童工的出现、战争对儿童的摧残、拐卖儿童、虐待儿童及家庭暴力等问题分不开的。“儿童权利”在20世纪，特别是在二战结束以后，开始成为国际社会越来越关注的问题。虽然19世纪以来各国法律陆续开始确立国家对儿童权利的保护原则，但儿童的人权保障仍然存在诸多问题。1924 年国际联盟通过《日内瓦儿童权利宣言》是儿童权利国际化的开始。1989 年联合国大会通过《儿童权利公约》，则标志着国际社会将保障人权的范围扩及了社会上最脆弱的群体——儿童。

王汨宝的一项调查表明，在教育子女的过程中，有四分之三的家长以偷看孩子日记或信件等侵权方式，试图了解孩子存在的问题，七成以上中学生对这一行为表示不满，甚至愤慨。

需要指出的是，父母不能以“教育”的名义侵犯孩子的基本权利。不尊重儿童权利的父母，就不是合格的父母。他们既无法取得孩子的信任，又会给亲子沟通留下阴影，他们的“教育”不可能是有效的。

同时，任何人不得以任何形式侵害儿童的荣誉权。《中华人民共和国宪法》规定：“中华人民共和国公民的人格尊严不受侵犯。禁止用任何方法对公民进行侮辱、诽谤和诬告陷害。”《中华人民共和国民法典》也对此作了相应规定。《中华人民共和国未成年人保护法》将“尊重未成年人的人格尊严”规定为保护未成年人工作应当遵循的原则之一。

联合国《儿童权利公约》强调每个儿童都有生存权、受保护权、发展权和参与权。该公约的通过，为各国政府在保护本国儿童方面确立了卫生保健、教育、法律和社会服务等所必须达到的最低标准。公约要求各国政府致力于保护这些权利，使之成为各国保护儿童的标准性国际法律文书。

今天的儿童是 21 世纪的主人，关系着 21 世纪中国的腾飞，世界的进步。中华民族素有“老吾老以及人之老，幼吾幼以及人之幼”的传统美德，随着国家和社会不断发展、进步，时代又赋予热爱儿童以新的内涵和特点。

我国有 3.8 亿 0—18 岁的未成年人，这是一个庞大的群体，他们是被保护的对象。从保护主体看，涵盖国家机关、政府部门、学校、家庭、社会团体、企事业单位及每个公民。家庭是儿童第一个归属群体，父母作为孩子的监护人，对孩子权利的尊重与保护，直接关乎儿童成长环境与发展空间。

我们必须清醒地看到，我国在儿童生存、保护、发展取得进展的同时，仍存在着很多的不足。有了法律，并不意味着所有人都能自然而然依法行事。写在纸上的法律条文，要真正深入人心、成为全社会自觉行动，既需大张旗鼓地宣传，也离不开艰苦细致的工作。

知识链接

儿童权利

《儿童权利公约》的全称是“Convention on the Rights of the Child”，它是第一部有关保障儿童权利且具有法律约束力的国际性约定，以儿童的最大利益为指导精神。它体现了一种全新的儿童观，这种儿童观是建构当代教育新理念的基础。

1. 儿童权利的内涵

第一，儿童有获得生存的权利。

这涵盖儿童生存权与生命权。儿童自出生便享有自然人的生命权。儿童的生命和生存的权利，受到国家法律的保护，任何人都不得非法剥夺儿童的生命，不得侵犯儿童生存的权利。

第二，儿童的健康权。

这是与儿童生存权和生命权相联系的又一项重要的儿童权利。《中华人民共和国未成年人保护法》对未成年人的父母或者其他监护人不得实施行为进行明确，包括不得“虐待、遗弃、非法送养未成年人或者对未成年人实施家庭暴力”，不得“放任、教唆或者利用未成年人实施违法犯罪行为”，不得“放任、唆使未成年人吸烟（含电子烟，下同）、饮酒、赌博、流浪乞讨或者欺凌他人”等。

第三，儿童有获得保护的权利。

这包括接受抚养权和继承遗产权。由于儿童在相当长的时间内经济上不能自立，因此家长或者其他监护人负有抚养的义务。《中华人民共和国宪法》规定：“父母有抚养教育未成年人子女的义务。”《中华人民共和国民法典》规定：“父母有教育、保护未成年子女的权利义务。”“父母不履行抚养义务的，未成年子女或者不能独立生活的成年子女，有要求父母给付抚养费的权利。”同时，《中华人民共和国民法典》还规定：“有负担能力的祖父母、外祖父母，对于父母已经死亡或者父母无力抚养的未成年孙子女、外孙子女，有抚养义务。”

第四，儿童有援救权和司法保护权。

援救权是指对处于某种困难或危险境地或有某种特殊情况而需要社会各方面予以援助的权利。司法保护权是指无论是民事诉讼、行政诉讼，还是刑事诉讼，国家法律都规定了对未成年人合法利益的保护。尤其是刑事诉讼中，这种保护更为重要。

第五，儿童有获得发展的权利。

这包括教育权。接受教育，对未成年人来说，是权利，对于接受九年义务制教育的学生来说，也是义务。《中华人民共和国义务教育法》规定：“国家、社会、学校和家庭依法保障适龄儿童、少年接受义务教育的权利。”“父母或者其他监护人必须使适龄的子女或者被监护人按时入学，接受规定年限的义务教育。”《中华人民共和国未成年人保护法》在“家庭保护”内容中规定：“尊重未成年人受教育的权利，保障适龄未成年人依法接受并完成义务教育。”同时，《中华人民共和国未成年人保护法》还规定，未成年人的父母或者其他监护人不得放任或者迫使应当接受义务教育的未成年人失学、辍学。

第六，儿童有身心健康全面发展权。

无论家庭、学校和社会，都要保证儿童身心得到全面发展，禁止各种对儿童身心的伤害和毒害。《中华人民共和国未成年人保护法》对未成年人的父母或者其他监护人应当履行监护职责进行明确，包括“教育和引导未成年人遵纪守法、勤俭节约，养成良好的思想品德和行为习惯”“保障未成年人休息、娱乐和体育锻炼的时间，引导未成年人进行有益身心健康的活动”等。

第七，儿童有获得参与工作的权利。

这包含达到法定就业年龄（年满16周岁）后的劳动权。该权利需达法定年龄方可实现。

儿童还享有姓名权、肖像权、国籍权等。姓名权作为公民特定化标志，属于人格范畴，此外，还有名誉权、荣誉权、智力成果权。儿童依法享有名誉权。名誉权作为人格权的一种，与之相联系并受保护的还有儿童的隐私权。隐私权是指个人私生活的保密权。《中华人民共和国未成年人保护法》规定，处理涉及未成年人事项，应当保护未成年人隐私权和个人信息。未成年人的隐私权就是未成年人所享有的不公开其生活秘密的权利。凡个人不愿别人知道或不愿公开的生活秘密，都属于个人隐私，如日记、信件、生理方面的疾病，以及曾经受到过的侮辱、经历过的痛苦、生活习惯、生活方式、消遣方面的爱好等。若他人不尊重未成年人隐私权，易使未成年人遭受刺激、打击，导致其精神与名誉受损。

通信秘密是公民享有的不可侵犯的自由和权利，从一定意义上说也是隐私权的一部分。《中华人民共和国未成年人保护法》规定：“任何组织或者个人不得隐匿、毁弃、非法删除未成年人的信件、日记、电子邮件或者其他网络通讯内容。除下列情形外，任何组织或者个人不得开拆、查阅未成年人的信件、日记、电子邮件或者其他网络通讯内容：（一）无民事行为能力未成年人的父母或者其他监护人代未成年人开拆、查阅；（二）因国家安全或者追查刑事犯罪依法进行检查；（三）紧急情况下为了保护未成年人本人的人身安全。”

2. 儿童权利的保护

我国从1979年开始参与国际人权领域的活动；1981年正式当选联合国人权委员会成员，翌年起参与《儿童权利公约》起草工作小组会议。结合国内法律和实践，提出多项方案（如禁止利用儿童从事生产及贩运毒品，不得拐骗、买卖、贩运儿童等），这些方案获得与会各方多数认可。

我国较早获批加入该公约，1991年第七届全国人民代表大会常务委员会第二十一次会议审议通过《中华人民共和国未成年人保护法》，进一步为保障儿童权益提供法治遵循。我国已将未成年人保护事宜全面纳入了国家法制的轨道。

1992年4月1日，《儿童权利公约》在我国生效。自加入《儿童权利公约》后，中国致力于通过立法和行政措施，将《儿童权利公约》规定的各项基本标准在全国范围内实施。

根据《儿童权利公约》的规定，我国已于1995年3月向联合国首次提交了我国执行《儿童权利公约》的国家报告，并于1996年5月，由联合国儿童权利委员会审议通过了我国的报告。

第二节　隔代教养的互动联结

祖辈、父辈与孙辈是隔代教养中的核心要素，代际成员在共同生活中构建起复杂的代际关系网络，形成特定的教育联结与互动模式。代际关系，是不同世代家庭成员基于各自角色定位，在教养实践中形成的情感联结与责任分配机制，也是隔代教养要素在代际互动中的具象呈现。代际关系直观反映着隔代教养资源的整合效能、教养理念的代际传承、教育责任的分担质量，以及代际协作的和谐程度等重要维度，并通过多样化途径塑造儿童的教育生态。其中祖孙关系、代际协作关系、夫妻关系、亲子关系、兄弟姐妹关系是家庭的基本关系形态，尤以代际协作关系、祖孙关系对隔代教养和儿童发展产生关键性影响。

科学的代际分工机制、优质的祖辈教养能力及在此基础建立的良性祖孙关系，对儿童的教育质量具有决定性作用。本节将着重解析这三个核心要素的运作机理。

一、代际协作关系的类型与价值

一个家庭之中，健康良好的代际协作关系既是家庭和谐的基础，也是儿童发展的重要前提。

代际协作关系是指父辈（父母）与祖辈（如祖父母、外祖父母）在家庭中基于共同目标所形成的合作关系，它是隔代教养得以顺利开展的起点和根基。家庭中的其他教育互动往往是在这一协作关系的基础上衍生并发展的。无论是已经拥有孩子的家庭，还是正在孕育下一代的家庭，父辈与祖辈都应意识到，代际关系不仅仅是二者之间的亲情联结，更是共同为儿童成长负责的伙伴关系。代际协作的和谐程度，不仅关系到家庭氛围的稳定，更在很大程度上影响隔代教养的方式与效果。

苏联教育家苏霍姆林斯基在《家长教育学》开篇，引用一位年轻离婚妇女的话，发人深省："……我们不会生活。我和丈夫的离异，并不是因为谁对谁失望，也不是因为所谓的性格不合。我们只是不懂得如何生活，不懂得如何做丈夫和妻子。无论是他还是我，都不善于相亲相爱。是的，人的爱是需要用心培植的。我们甚至不知道夫妻间的爱是什么样子，没有人（甚至连想都没想过）教过我这些。我们不会互相尊敬，不会珍惜生活。啊，善于珍惜生活，这是多么重要的事啊！"如何与人相处、共同生活是人类生存的根本之道，然而这一最基本的生活智慧却往往被隔代教养所忽视。

苏霍姆林斯基接着写道："生活意味着要做妻子和丈夫，要做孩子的父母，也意味着要与家人协作，共同承担家庭的责任。无论是教师还是父母，都很少思考这一每个家庭成员都会面对的重要学问——人与人之间的相互关系。"

代际协作关系基于生物、心理、社会环境等基础发展，以父辈育儿需求为起点、祖辈参与为助力，随儿童成长与家庭结构变化演变。其走向，是冲突分歧还是和谐共荣，取决于教育理念是否一致、信任基础是否牢固及在教育实践中沟通配合方式等。例如，父辈倾向现代化教育，祖辈侧重传统经验传承，二者若能取长补短，便能为儿童提供更全面的成长支持。

从祖辈隔代教养的成因、方式、责任承担及教养差异等维度，可对代际协作关系系统化分类。了解这些分类，有助于全面认识父辈与祖辈教养合作模式，为优化家庭教育环境、缓解代际矛盾、促进儿童健康成长提供理论依据与实践指导。石倩瓔依据国内既往相关研究，对代际协作关系进行了总结。现实中，代际协作关系往往是多种类型的交叉与融合，且因家庭结构、社会经济背景及文化环境不同而呈现出显著的多样化特征。例如，城市与农村家庭的代际协作模式可能因资源配置和生活方式的差异而有所不同；同时，随着社会变迁和家庭角色的演变，代际协作关系也可能在儿童成长的不同阶段发生动态变化。通过深入探讨这些分类及其背后的影响因素，可明晰代际协作在隔代教养中的具体作用机制，为构建有效的家庭教育支持体系提供参考。

（一）从代际协作的成因分类

从父辈与祖辈参与教养的动机和深层成因出发，可将代际协作关系分为理性互惠型、利他驱动型和社会约束型三类。理性互惠型是指祖辈参与教养的动机在于资源交换的考量。例如，通过为子女提供育儿支持来换取未来在经济或情感上的赡养保障，这种模式在一定程度上体现了家庭内部的利益平衡机制。利他驱动型则是指祖辈的参与更多基于无私的情感支持和传统文化中的家庭责任感，例如出于对孙辈的疼爱或对子女的关怀，祖辈将帮助育儿内化为一种道德义务，这种类型的协作往往以血缘亲情为核心驱动力。社会约束型指的是代际协作受到外部社会环境和制度因素的客观影响。例如，社会化托幼服务的不足、育儿相关福利政策的缺失，或劳动力市场竞争的加剧，导致年轻父母无法兼顾工作与育儿，从而不得不依赖祖辈的支持。在不同成因影响下，代际协作关系在动机强度和稳定性上存在显著差异：理性互惠型可能因利益分配的不均而出现波动；利他驱动型则因情感联结而更具韧性，但也可能因过度付出而给祖辈的心理或体力负担；社会约束型则往往带有一定的被动性，协作的持续性可能受到外部条件变化的影响。因此，理解这些成因有助于我们分析代际协作的内在驱动力，并针对不同动机设计相应的支持策略。

（二）从祖辈参与教养的时间和责任分类

从祖辈参与教养的时间投入和责任承担的程度这一角度，可将代际协作关系分为完全隔代教育型、不完全隔代教育型及责任分担型三种。完全隔代教育型多见于农村地区，由于父辈外出务工或长期与孙辈分离，教养责任几乎完全由祖辈承担，这种模式下，祖辈不仅是日常照料者，还往往扮演着教育者、情感支持者等多重角色。不完全隔代教育型则更多出现在城市家庭中，祖辈仅承担部分教养责任，与父辈形成一种共同协作的模式，如祖辈负责日常生活的照料，而父辈则更多参与教育决策或课外活动安排。

责任分担型则根据祖辈具体承担的教养事务进一步细分为三种形式：不担负教育责任，仅提供基本生活照料；承担部分教育任务，但不作为主要责任人；承担主要教育责任，成为儿童成长中的核心教育者。这种分类不仅反映了代际协作在责任分配上的多样性，也揭示了不同家庭结构和地域背景对协作模式的影响。例如，农村家庭由于资源有限和父母缺位，祖辈的责任往往更重；而城市家庭由于父母更多参与，祖辈的角色可能更倾向于辅助。理解这些差异有助于我们在政策设计和家庭支持中更加精准地满足不同类型家庭的需求。

（三）从祖辈教养方式分类

从祖辈在教养过程中所采用的方式和风格这一角度，可将代际协作关系分为指导型、忽视型、溺爱型和专制型四类。指导型被认为是较为理想的协作方式，祖辈在教养中注重对儿童的引导而非过度干预，能够与父辈在教育理念上形成有效的沟通与配合，从而为儿童创造一个平衡的成长环境。忽视型则表现为祖辈在教养中的参与度较低，可能由于精力有限或角色认知不足，儿童在某些方面缺乏必要的关注和指导。溺爱型是较为常见的一种方式，祖辈对孙辈过于宠爱，缺乏适当的管束和要求，这种方式可能源于“隔代亲”的传统文化心理或对子女缺位的补偿心态，因而往往与父辈的教育理念产生冲突，影响儿童的独立性和规则意识的养成。专制型则是指祖辈在教养中过于强势，倾向于以自己的经验和观念主导教育决策，缺乏与父辈的充分沟通，这种方式可能导致代际矛盾的加剧，尤其是在现代教育理念与传统观念发生碰撞时。不同教养方式下的代际协作效果差异显著：指导型往往能促进家庭和谐与儿童的全面发展，而忽视型、溺爱型和专制型则可能因理念不合、沟通不足或角色错位而引发一系列问题，如儿童行为偏差或家庭关系紧张。因此，分析教养方式的分类及背后的文化、心理和社会因素，有助于识别代际协作中的潜在风险，并通过教育引导或家庭辅导等方式改善协作效果。

通过以上多维度的分类，我们可以看到代际协作在隔代教养中的复杂性和多样性。不同类型的协作关系受到家庭背景、社会经济环境、文化传统及个体因素的共同影响，呈现出动态性和阶段性的特点。例如，在儿童幼年阶段，祖辈可能更多承担生活照料角色，而随着儿童进入学龄阶段，父辈的教育主导性可能逐渐增强，代际协作模式随之调整。理解这些差异及背后的深层原因，不仅有助于有针对性地改善父辈与祖辈的合作方式，还能为制定相关社会政策（如托幼服务完善、家庭支持项目等）提供科学依据，最终为儿童的健康成长创造更加和谐、有利的家庭环境。

二、代际协作对儿童成长的影响

我们已从不同角度对代际协作关系进行划分，不同代际协作类型虽各具特色，但共通点在于，良好的代际协作关系不仅利于家庭内部的稳定和谐，还对儿童成长产生深远且直接的影响。

家庭的经济条件、家长学历等因素对儿童成长的影响并非决定性的，然而父辈与祖辈的社会行为及协作质量，却直接关乎儿童能否健康发展，其中代际关系的和谐程度对儿童的影响尤为显著。一般而言，若父辈与祖辈协作顺畅、家庭氛围稳定，儿童的幸福感更高，心理问题也较少出现。反之，若代际关系紧张或存在明显分歧，如父辈与祖辈在教育理念上冲突不断，则可能对儿童的身心健康造成不利影响。孙瑞敏调查显示，在代际关系破裂的家庭（如父母与祖辈长期不和）中，幼儿长期生活在关系紧张的家庭中，消极情绪会影响幼儿情绪的自我调节，从而影响幼儿情绪稳定性；而若家庭经历更复杂的变化（如父母离婚后祖辈独自抚养），儿童更需要获得来自社会和学习的心理辅导。因此，父辈与祖辈应特别注重构建和维护良好的协作关系。

（一）为儿童成长营造健康的氛围

儿童的健康成长需要来自多方面的支持，而在家庭中，父辈与祖辈的良好协作关系是儿童发展的基石，也是隔代教养形成合力不可或缺的前提。日本学者森重敏在《孩子和家庭环境》一书中指出："父辈与祖辈之间的相互支持与配合，对于营造幸福家庭氛围以及培养情绪稳定的儿童至关重要。"

根据布朗芬布伦纳的生态学理论，代际协作关系属于家庭系统的微观层面，对儿童的影响最为直接且迅速。和谐的代际关系能够在家庭中形成积极的氛围。例如，父辈与祖辈在教育决策上达成共识，或在日常生活中小事上互相体谅，这种氛围为儿童提供了安全感和归属感。只有当父辈与祖辈的协作关系健康稳定时，家庭才能成为儿童成长的理想土壤，促进其身心全面发展。

（二）对儿童成长具有良好的教育作用

根据社会学习理论，儿童的许多行为和价值观是通过观察和模仿周围重要人物而形成的。因此，在家庭中，父辈与祖辈的良好协作关系本身就具有重要的教育意义。《文化与自我》作者安东尼·马赛拉等曾在日本进行隔代教养的调查，研究代际关系对儿童发展的影响，书中写道："在没有少年问题的家庭中，父母与祖辈之间很少直接表现出对彼此的不满或轻视。我们与每位家长的交谈长达 6 小时，发现问题儿童家庭中，有超过三分之一的父母或祖辈对对方表达了明显的不满，甚至偶尔流露出轻蔑情绪。他们有时用图示描述家庭生活中常见的混乱与不和谐。而那些没有问题的家庭中，父辈与祖辈即便对彼此有意见，也更倾向于间接表达，且很少当着儿童的面公开批评对方。"可以说，代际协作关系渗透到家庭生活的方方面面，潜移默化地塑造着儿童的行为模式和情感态度。

我们认为，代际协作关系本身蕴含丰富的教育因素。父辈与祖辈之间的相互尊重与支持，既为家庭营造和谐氛围，又对儿童产生积极的示范效应。例如，当父辈因工作忙碌时，祖辈主动承担照料职责，而父辈则以感激和配合回应，这种协作传递出关爱与责任的价值观。这样的家庭充满浓厚的情感联结，使儿童从小感受到温暖与支持。这种情感如同肥沃的土壤，滋养着儿童的心灵。在这种环境下成长的儿童，往往更懂得尊重他人、关心他人，并具备较强的同理心。代际关系和谐的家庭气氛为儿童潜能的充分发展提供了最佳条件。此外，父辈与祖辈感情融洽时，他们在儿童教育上更容易沟通协商，形成统一的教育目标和策略，从而提升教育效果，为儿童的成长创造更多可能性。

（三）代际冲突的普遍性和负面影响

父辈与祖辈处理好彼此间的关系，和谐共处，是家庭健康发展的必要前提，也是每个期望美好家庭生活的人所希望的。然而在现实中，代际冲突却是一个普遍现象。

代际冲突的普遍性和不可避免性源于父辈与祖辈成长背景的差异。他们在各自的家庭环境和社会环境中形成了不同的价值观、教育理念和生活习惯。加之现代家庭中代际关系的复杂性（如角色分工、责任分配等），任何一个环节出现问题，都可能导致矛盾升级，使代际关系紧张化甚至破裂。因此，在冲突中不断磨合、相互适应，并在新的基础上实现和谐，是优化代际协作关系的永恒课题，也是儿童对祖辈与父辈的期望。

陈传锋等学者在《家庭居住方式在家庭教养行为对幼儿依赖行为影响中的调节作用》研究中发现，83.74%的祖辈曾在儿童面前指责母亲，30.54%的祖辈与母亲争论育儿问题，反映出代际冲突的普遍性。

调查表明，代际冲突的主要原因首先是"教育理念差异"，占 58.3%；其次是"子女照料分工"，占 43.7%；最后是"生活习惯差异"，占 32.9%。对于许多现代家庭而言，照料分工问题往往与儿童的教育密切相关。

从数据中可以看出，除了生活习惯等因素外，儿童教育问题是父辈与祖辈冲突的重要诱因。伴随核心家庭的普及，儿童成长成为家庭关注的焦点。父辈与祖辈都对儿童寄予厚望，但因代际间的教育理念与方法存在差异（如父辈倾向现代教育方式，而祖辈更依赖传统经验），双方往往难以达成共识。若再加上生活习惯或沟通方式的差异，便可能引发不同程度的争执。

资料卡片

教育学家、心理学家、社会学家针对隔代教养中的家庭冲突都有深入的研究。澳大利亚的简·威廉姆斯和泰莎·格里格在《隔代养育》中指出，隔代教养对家庭关系与孩子成长的负面影响：（1）孩子身处多重权威体系，易形成认知撕裂——祖辈溺爱与父辈的管教形成对立场域，使家庭环境缺失连贯性、一致性与规则性，进而让儿童社会化过程缺少必需的"行为坐标"。（2）情绪调节障碍的早期发生率显著提升，祖辈过度保护导致孩子抗挫折能力发展迟缓。（3）规则意识出现结构性缺损，"双轨制"惩戒机制使孩子学会情境性服从。（4）安全感建立过程遭受反复冲击，代际教育理念冲突在孩子面前具象化为权威的不可靠。（5）健康风险认知出现代际断层，祖辈经验性照料与现代育儿知识形成认知对抗。（6）代际沟通模式呈工具化倾向，孩子熟练掌握在两代人之间进行利益博弈的话术。（7）家庭角色边界逐渐模糊，祖辈的情感补偿机制往往越界为教育主导权的争夺。（8）文化传承出现选择性断裂，祖辈的本土文化输入与父辈的全球化教育观念产生价值冲突。（9）孩子逐渐形成"权威套利"行为模式，学会利用代际差异获取最大行为自由度。(10)隔代教养生态系统出现病态共生，三代人围绕孩子形成非正常的“依赖–对抗”结构。

知识链接

家庭是儿童成长的摇篮，对孩子的健康发展有着十分重要的意义。家庭美满幸福、代际协作关系良好，是儿童身心健康发展的最重要条件；反之，家庭生活不幸、代际协作关系紧张，会使儿童心灵遭受创伤，严重时甚至导致儿童精神异常，影响终身。因此，祖辈与父辈必须认识与了解不良代际协作关系的类型及其危害。不良的代际协作关系主要包括以下几种类型。

1. 对抗

冷对抗：这类家庭表面平静，祖辈与父辈无公开争吵，然而心理与情绪相互敌对，交流极少，甚至不愿沟通，代际协作关系名存实亡，形成家庭“冷暴力”。在沉闷环境中成长的孩子易出现心理抑郁；国外研究发现，这类家庭子女更易出现精神分裂症状。

热对抗：祖辈与父辈存在明显的矛盾冲突，且冲突以外显的方式表现出来，常表现为互不尊重、激烈争吵，甚至肢体冲突。对抗发生时，部分祖辈或父辈会将孩子当作发泄工具（责骂或殴打），或拉拢孩子站队对抗，孩子沦为冲突的替罪羊与受害者。这类家庭的孩子易出现两类异常行为：一是受家庭暴力代际传递影响，表现出强烈攻击性；二是因家庭环境不良，青少年犯罪风险更高（多项研究表明，青少年犯罪与家庭暴力高度相关）。

2. 分离

研究发现，在祖辈与父辈分离的家庭中，孩子的心理异常较为明显。与祖辈生活的孩子，其心理异常程度通常高于与父辈生活的孩子，且女孩的心理问题比男孩更突出。这些孩子的异常表现包括：爱哭闹、胆小、不合群、紧张恐惧，以及因害怕与祖辈或父辈分离产生的分离焦虑（明显焦虑情绪）。即便祖辈与父辈的分离是暂时的，也会对孩子产生显著的心理影响。

3. 重组

近年来，我国离婚率上升，父辈再婚现象日益普遍，导致家庭结构重组。父辈再婚后，子女心理问题较离异后未再婚家庭的子女更突出，核心困难是难以适应新家庭环境。孩子突然进入新家庭，原有环境与新环境的差异会引发强烈冲突。由于孩子适应能力较弱，调整过程充满挑战。此外，父辈再婚使孩子面临新的代际关系变动，许多子女对这种突如其来的家庭关系感到抵触，甚至拒绝接受。

父辈离婚通常导致家庭结构发生重大变化，这种变化会波及祖辈与父辈之间的协作关系，尤其是在教育子女和维持家庭和谐方面。在代际协作影响上主要体现为以下几个关键点：

（1）角色重新分配。离婚后，父辈中的一方（通常是母亲或父亲单方）可能需要承担更多教育和养育责任。这时，祖辈可能会被更深地卷入照顾孙辈、支持单亲父辈等相关事务中。然而，如果祖辈与父辈在教育理念或责任边界上存在分歧，这种角色重新分配可能引发冲突，导致代际关系紧张。

（2）情感联系的改变。父辈离婚可能使祖辈对离婚一方的态度发生变化。例如，祖辈可能因支持或反对离婚而与父辈产生情感隔阂。这种隔阂会削弱代际间的信任和协作，尤其是在共同教育孩子时，祖辈和父辈可能难以达成一致。

（3）资源分配的压力。离婚后，家庭经济资源可能减少，祖辈可能需要提供额外的经济或时间支持。如果祖辈认为这种支持超出了他们的能力范围，或父辈对祖辈的帮助不够感激，代际关系可能因此恶化。

父辈离婚除影响祖辈与父辈直接互动，还借孩子反应进一步塑造代际关系。

（1）子女的情绪负担加重代际矛盾。离婚通常对子女造成心理冲击，如焦虑、抑郁或行为问题。祖辈和父辈在处理这些问题时，如果方法不一致（如祖辈溺爱、父辈严格），可能加剧代际间的矛盾。孩子可能成为双方争夺情感支持的对象，进一步恶化代际协作。

（2）代际关系的重构。离婚后，孩子可能更多地与祖辈生活在一起（如由祖父母照顾），或者因父母一方再婚而引入新的家庭成员。这种家庭结构的重构会迫使祖辈与父辈重新定义彼此的角色。如果适应不良，代际关系可能出现新的摩擦点。例如，祖辈对新配偶的不满，或父辈对祖辈干预的不满。

在单亲家庭中，祖辈参与子女教育的比例显著上升，但满意度却可能下降。例如，祖辈可能因“教育建议不被采纳”而感到失落（类似研究显示，58.9%的祖辈有此感受）。

三、构建和谐代际协作关系实践

和谐代际关系是促进家庭成员身心健康的重要基石，尤其对儿童成长而言，和睦家庭往往是孩子成长的有力支撑。家庭中的长辈（如祖辈与父辈）对孩子的影响最为深远。孩子天生擅长观察和模仿长辈的行为举止，他们的言行在一定程度上反映了家庭中代际关系的样貌。因此，长辈之间应致力于建立良好的代际关系，营造温馨的家庭氛围，通过展现孝悌美德，为孩子树立积极的榜样，从而助力他们在家庭中健康快乐地成长。

要构建和谐代际关系，借助孝悌影响孙辈，家庭成员可从以下几个方面共同努力。

（一）珍视家庭纽带

家庭不仅为个体提供物质保障，更是情感寄托的港湾、心灵栖息的归宿。对于不同代际的成员而言，能够共同维系一个家庭，本身就是一种宝贵的缘分。因此，无论是祖辈还是父辈，都有责任携手营造乐观、宽容、和谐的家庭氛围，维护代际关系的融洽。通过珍视家庭纽带，长辈们展现出对家庭的责任感，这种态度将潜移默化地传递给孩子，培养他们对家庭的归属感与孝悌之心。

（二）促进情感交流

人类作为社会性存在，不仅需要物质需求的满足，更渴望情感上的充实。依据马斯洛需求层次理论，当基本的生理和安全需求得到保障后，人们自然会追求更高层次的情感需求。代际之间应养成坦诚沟通的习惯，分享生活喜悦，学会倾听彼此心声。长辈间顺畅交流，不仅能增进彼此的情感联系，还可借言传身教向孩子传递孝悌价值观。因为只有通过充分的沟通，代际成员才能在教育孩子时形成一致的方向，使孩子在和谐的氛围中感受到长辈间的关爱与尊重。

（三）保持适度期待

追求理想是每个人的权利，但代际关系中应避免对彼此期望过高，保持适度的标准。随着社会的发展，家庭生活水平不断提升，不同家庭之间的生活质量难免出现差异，从而引发攀比心理。适度的比较可以激发向上奋斗的动力，但若一味追求物质满足，或对其他代际成员提出不切实际的高要求，则可能损害家庭成员间的感情，长此以往甚至引发矛盾。祖辈通过保持适度期待，展现宽容与理解的态度，为孙辈树立孝悌的榜样，避免因过高要求而破坏家庭和睦。

（四）传承孝悌精神

自古以来，孝悌作为中华文化的核心价值，强调对长辈的尊敬和对同辈的友爱，是代际关系和谐的关键。祖辈与父辈应以身作则，展现对彼此的尊重与关怀，如祖辈对父辈的慈爱支持，父辈对祖辈的孝顺体贴。这种孝悌精神的传承，不仅使长辈之间相处融洽，也为孩子提供了学习的机会。孙辈在这样的家庭氛围中成长，会自然而然地学会尊敬长辈、友爱同辈，从而将孝悌美德内化为自身品格的一部分。

总之，和谐的代际关系是隔代教养的重要保障。通过珍视家庭、促进交流、保持适度期待和传承孝悌精神，长辈们能够携手构建一个充满温暖与支持的家庭环境，不仅增进代际间的感情，还通过孝悌的榜样作用，深刻影响孩子的品德与成长。

四、祖孙关系特征影响与实践性

在隔代教养影响因素里，除代际协同关系、长辈素质外，祖孙关系同样不容忽视。

祖孙关系是祖辈与孙辈间的人际互动，其互动方式、内容及途径，直接影响隔代教养效果。几位学者对祖孙关系的内涵有如下界定：

“祖孙关系指祖父母、外祖父母与孙子女、外孙子女之间的关系，主要包括祖孙之间接触频率（身体卷入）和亲密性（情绪卷入）。”

“祖孙关系是指孙子女和祖父母双方以血缘或法律关系为基础，在交往过程中，对彼此关系的情感体验（依恋、亲密及疏离感）与行为影响（关注、投资及教育）程度，其重点在于考察祖孙之间的交往形式与内容。”

“祖孙关系是整个家庭伦理关系中不可或缺的一部分，也是一种独具文化意蕴的现象，它隐含了心理、伦理文化等诸多因素。”

（一）祖孙关系的基本特征

在家庭中，祖孙关系是直系血亲中亲缘联系仅次于亲子最紧密的一种，有别于夫妻关系及其他人际关系。

祖孙关系借血统传承连接，具不可选择性，一旦形成便具永久性，非外力可改变，且受法律确认与保护。正如罗曼·罗兰所述："一个人的困惑和失意，当他和他的祖父一起把它讲出来时，那么，这个人将会真正地看到自己的心。"这种祖孙情谊无论时间流转，依旧如初。

祖辈对孙辈的教养陪伴，孙辈对祖辈的精神慰藉，构成代际生命链条中独特的互助环节，体现了人类文明传承中双向的情感投资与文化反哺，这亦是两代人之间对等的社会权利与义务。在我国社会语境下，这种代际互动既承载着传统伦理的延续使命，又面临现代法治的规约约束。《中华人民共和国民法典》明确规定："有负担能力的祖父母、外祖父母，对于父母已经死亡或父母无力抚养的未成年孙子女、外孙子女，有抚养的义务。有负担能力的孙子女、外孙子女，对于子女已经死亡或子女无力赡养的祖父母、外祖父母，有赡养的义务。"这一规定在法律层面构建了祖孙间的条件性权利义务体系。

祖孙关系的基本特征在不同国家与历史时期皆有体现，然因社会背景差异，又带有"时代特色"。中国封建社会为家族社会，家长制盛行，长辈对孙辈拥有绝对权威。

1. 权威的隔代延伸

祖权通过祭祀主导权、家谱编纂权及遗产分配权形成跨代控制，如《礼记·祭统》规定"孙为王父尸"，赋予嫡长孙在祭祀中代行祖灵的特殊地位；朱熹在《家礼》中，更明确"诸子侍立，孙列于后"的礼仪秩序，构建起"祖一父一孙"的垂直权力链。

2. 伦理的等级泛化

传统孝道从"事亲"扩展至"事祖"，《孝经·纪孝行章》将"祭则致其严"列为孝道核心，要求孙辈对祖辈保持"晨昏定省"的仪式化服从。清代《福惠全书》记载，孙辈每日需向祖辈"叩首问安"，其频次礼仪严苛程度远超亲子互动。

3. 生命的工具化转化

费孝通提出的、用于解释代际关系的"反馈模式"在祖孙维度呈现异化：孙辈既承担着"继嗣"的生物学使命，又成为家族荣誉的象征资本。典型如《清稗类钞》中"百岁堂"记载，五世同堂家族通过展示祖孙人口规模获取朝廷旌表，孙辈生存价值被简化为家族声望的计量单位。

这种以等级、工具化为特征的传统祖孙关系范式在近代遭遇知识分子的尖锐批判。吴虞在《家族制度为专制主义之根据论》中痛陈："而儒家以孝悌二字为二千年来专制政治、家族制度联结之根干，贯澈始终而不可动摇。使宗法社会牵制军国社会，不克完全发达，其流毒诚不减于洪水猛兽矣。"巴金在《家》中写道："我不曾爱过祖父，我只惧怕他；而且有的时候我还把他当作专制压迫的代表而憎恨过，我们有几次在一起谈话毫不像祖父和孙儿，而像两个仇敌。"鲁迅则在《我们现在怎样做父亲》谈道：

"长者须是指导者协商者，却不该是命令者。不但不该责幼者供奉自己；而且还须用全副精神，专为他们自己，养成他们有耐劳作的体力，纯洁高尚的道德，广博自由能容纳新潮流的精神，也就是能在世界新潮流中游泳，不被淹没的力量。"

当代社会中，祖孙关系已发生深刻变革。祖辈与孙辈应互敬互爱，以民主、平等相待。孙辈非祖辈之私有，祖辈无权以任何理由主宰其前途命运。无论社会或家庭，每人均系独立个体，孙辈亦然。

（二）祖孙关系的类型

祖孙关系在孙辈成长中具有重要影响，许多学者对其类型进行了划分与研究。以下呈现相关研究成果，并以祖孙关系为视角加以改写。

在同一社会背景下，不同家庭因家庭因素差异，祖孙关系呈现出多样性。美国社会学家 H. 甘斯曾分析亲子关系，其框架亦适用于祖孙关系，将家庭分为三类。

第一类是"以父辈为中心的家庭"。

此类家庭由父辈主导，特点是孙辈与祖辈的意愿须服从父辈，家庭要求孙辈行为讨父辈欢心、不干扰父辈生活。父辈对孙辈未来发展目标不甚明确，对其社会地位、职业选择及生活方式缺乏具体规划；即便有想法，也不知如何融入教养过程。祖辈在教育中难以展现自身优势，对孙辈只有抚养义务。

第二类是"以孙辈为中心的家庭"。

此类家庭中祖孙关系较为突出，祖辈投入时间与孙辈共学共乐，盼望孙辈童年比自己当年更美好、未来更有成就。

第三类是"祖辈指导下的家庭"。

祖辈多受过较好教育，相较第二类更清楚自身对孙辈的期望及孙辈所需。他们注重孙辈自我发展，教导其为自我成长努力。

国内学者吴奇程、袁元所著《家庭教育学》归纳国内学者对亲子关系的分类，其关于亲子关系的理念可延伸至祖孙关系，分为以下三类。

"协调型"：指孙辈在日常生活中真心敬重、顺从祖辈，以恰当方式表达孝敬与关爱；祖辈亦以慈爱教导孙辈，双方关系和谐融洽。

"疏远型"：指孙辈仅接受祖辈关爱，却不主动回报，与祖辈关系若即若离，遇困难、心事或意见相左时，鲜与祖辈沟通，情感联结薄弱。

"逆反型"：指孙辈与祖辈在价值观、行为方式上存在严重分歧乃至对立，对祖辈的关怀、教导产生抵触心理，甚至以离家、极端行为表达不满。

祖孙关系分类具有相对性。现实中，祖辈与孙辈关系很少仅具备单一类型特征，多为两三种类型的混合。祖孙关系会随双方年龄增长、经验累积及环境变迁而演变。其类型可分为理想与不理想、正常与不正常等情况。理想的祖孙关系应建立于亲情之上，祖辈对孙辈慈爱且适度要求，孙辈对祖辈尊重且回报关爱。概言之，双方以民主平等、亲密合作的态度相处，才是正常且理想的祖孙关系。

（三）和谐祖孙关系对孙辈成长的重要影响

在家庭中，祖孙之间的互动不仅是日常生活中常见的人际关系，更因其对孙辈身心发展与成长轨迹的深远作用而显得至关重要。祖辈作为家庭中的长者，凭借丰富的阅历与深厚的亲情，在孙辈的成长过程中扮演着不可替代的角色。以下从不同角度探讨祖孙关系对孙辈的具体影响。

1. 和谐的祖孙关系支持孙辈认知成长

祖辈往往是孙辈生命中最早的启蒙者，其影响不仅体现在童年阶段，更可能延续至孙辈成年。祖辈的言谈举止、处世态度通过潜移默化的方式传递给孙辈，成为其观察与学习的范本。然而，每个孙辈都是独特的个体，拥有自身的兴趣、天赋与发展节奏。祖辈若仅凭经验或主观意愿教育孙辈，难以契合其需求。因此，祖辈需要细心观察孙辈的个性与能力，依据其成长阶段提出适当的引导与要求，方能取得更好的教育效果。

祖孙之间的关系应是双向的互动过程。一方面，祖辈通过了解孙辈的兴趣爱好、思维方式及行为习惯，因材施教，激发其内在潜能；另一方面，孙辈在祖辈的鼓励与支持下，能够无拘无束地探索外部世界，培养好奇心与创造力。例如，祖父可能通过讲述自己的经历开阔孙辈的视野，祖母则可能以耐心陪伴激发孙辈的学习兴趣。这种双向互动不仅促进孙辈认知能力的提升，还为其养成主动学习的习惯奠定基础。

2. 和谐的祖孙关系奠定孙辈个性与社交基础

从发展心理学的视角看，0—6 岁是幼儿个性与社会性形成的关键时期。在此阶段，孙辈尚未步入学校，主要在家庭环境中成长，与祖辈的接触尤为频繁。通过与祖辈的日常相处，孙辈逐渐接触社会规则、文化习俗，并在互动中发展语言表达、情感认知、社会行为及人际交往能力。祖辈作为孙辈最亲近的长辈，其教育方式与态度直接影响孙辈的性格雏形与社交模式的建立。

研究表明，祖母在与孙辈的交往中，往往以细致的照料、温暖的情感交流、言语启发及行为示范营造孙辈的成长环境。例如，祖母在孙辈犯错时耐心纠正，或日常通过讲故事传递价值观，为孙辈的情感发育与社交能力奠定基础。同样，祖父的作用也不容忽视。尽管在传统观念中，祖父可能较少直接参与教育，但其沉稳的性格、坚韧的气质及丰富的阅历，往往通过言传身教影响孙辈。祖父可能以简短的教诲或共同参与的活动，向孙辈传递勇气、责任感与宽广的胸怀。祖辈的多元影响，让孙辈在个性与社会性发展中受益颇丰，为其融入社会筑牢坚实支撑。

3. 和谐的祖孙关系保障孙辈身心健康

从情感发育的角度来看，孙辈早期情感体验多源于祖辈亲情关怀与家庭环境熏陶。祖母的慈爱如同温暖的港湾，为孙辈提供情感上的安全感与幸福感；而祖父的关怀则如坚实的依靠，为孙辈带来精神上的支持与力量。这种来自祖辈的爱护，是孙辈身心健康成长的重要保障。

祖辈与孙辈的亲密互动，能够满足其成长过程中对安全感与归属感的需求。例如，祖母轻声哄睡、祖父陪同嬉戏，既让孙辈感受被爱的温暖，又缓解外界压力带来的紧张不安。与此同时，和谐的祖孙关系有助于激发孙辈的积极情感，如轻松、愉悦与自信，并减少恐惧、焦虑等负面情绪的积累。这种情感上的滋养，使孙辈逐渐形成独立、乐观、友善的个性特质，为其未来面对生活挑战打下心理基础。此外，祖辈的陪伴还可能通过讲故事、传授技艺等方式，丰富孙辈的精神世界，进一步促进其心理健康与全面发展。

总之，祖孙关系不仅是家庭情感的纽带，更在孙辈的认知、个性、社会性及身心健康等方面发挥着深远作用。和谐的祖孙互动，能够为孙辈的成长提供多维支持，助力其迈向更加健康与充实的人生。

4. 祖孙沟通的原则

和谐祖孙关系的建立有赖于有效的沟通。以下祖孙沟通的若干原则，可促进双方关系健康发展。

（1）态度真诚。

祖孙沟通需以真诚为本。家庭成员面对重要事项时，可聚在一起坦诚交流各自想法；或约定固定时间进行沟通，分享喜悦与烦恼。例如，祖辈若遇难题，可真诚地向孙辈诉说自身处境，孙辈会感到被信任，如同朋友般乐于提出建议，从而拉近彼此距离。若祖辈以开放态度示人，孙辈遇事时亦会主动倾诉，视祖辈为可信赖的伙伴。这种真诚互动为祖孙关系的融洽发展奠定基础。

（2）互相倾听。

倾听不仅是沟通的美德，更是核心原则。祖孙间应站在对方立场，耐心聆听彼此感受，避免急于评判。部分祖辈受传统观念影响，习惯以权威姿态训导孙辈，然而这种方式往往适得其反。平等的倾听远胜于单向批评。若孙辈表达意见后，祖辈一味纠正或否定，沟通便无从谈起。反之，若祖辈倾听孙辈心声、尝试理解其想法，孙辈也会逐渐学会倾诉与尊重他人。这种双向倾听对培养孙辈沟通能力助力颇大，有力促进其成长。

（3）多正面引导。

与孙辈交流时，祖辈宜减少责备与批评，避免使用刺耳言辞，而应多表达关爱与支持。尤其对青春期的孙辈，负面批评易使其产生抵触情绪，加剧祖孙隔阂。祖辈可在孙辈表现优异时给予肯定，失误时温和指出问题并引导改进，多关注积极一面。即使孙辈一时不解，也应保持耐心，避免冲突升级。对于祖辈而言，若孙辈行为不当，应及时说明其不当之处，帮助其认识不足，而非一味苛责，以此促进孙辈成长，维护关系和谐。

（4）长期磨合。

祖孙间良好沟通非一蹴而就，需在日常生活中逐步磨合。祖辈应通过持续实践，总结经验，把关爱融入点滴互动。理想的沟通宜从孙辈幼年开始，即便早期有所疏忽，任何时候补救也不算晚。只要坚持努力，成效终会显现。例如，祖辈可通过陪伴孙辈游戏、讲述故事等方式，逐渐建立信任与默契。这种长期的互动不仅增进感情，更使孙辈感受到祖辈的深情厚意。

家庭是社会系统的一部分，其教育效果受祖孙关系、祖辈素养等内部因素，以及社会政治、经济、文化等外部条件制约。祖孙沟通正是在这些内外因素的综合作用下，影响孙辈的成长。因此，祖辈在教育孙辈时，应正视这些因素，扬长避短，推动祖孙关系与隔代教养的健康发展。

第三节　隔代教养的教育根基

养育孩子，意味着将家族的血脉延续下去。婴儿作为家族生命的一部分开始呼吸，睁开眼睛面向世界，从那一刻起，你便承担起重大的使命：每时每刻，你凝视孩子，也在审视家族的未来；你教育孩子，同时也在延续家族的价值观，并检验自身的担当。

孩子的身上带有长辈的印记，孩子的成长过程实际上是对长辈素质最直接的映照与验证。在家庭中，长辈是教育的主要实施者，长辈的素质决定了家庭教育的成败。

一、祖辈的综合素养：隔代教养的核心基石

关于人的素质内涵，杜红梅总结学界主要存在的两种观点：一种观点认为，人的素质即国民素质，涵盖文化素质、心理素质、思想道德素质，其中身体素质是基础，思想道德素质是标尺，科学文化素质是核心。另一种观点认为，人的素质主要指文化素质，视其为一个人的人生底蕴与智慧根基，同时也是一个民族与国家的气质、性格和形象的体现，文化素质包括生活实践素养、思想政治素养、文化知识素养、情感意志素养等。但人的素质是一个开放、有序且分层次的系统，其内容丰富多样，因人而异，因此对祖辈素质的探讨不能一概而论或绝对化。

祖辈的素质，除普通公民应具备的基本素养外，对孩子成长影响更直接、深远的是其教育素质。祖辈教育素质的高低，是隔代教育成败的关键因素之一。

祖辈的教育素质是隔代教养的重要前提和基石，直接决定着教育效果。要提升隔代教养质量，首先必须提升祖辈的教育素质。正如卢梭所言：“在敢于承担教育一个人的重任之前，你必须先成为值得效仿的榜样。”

我们认为，祖辈作为社会成员，其素质应涵盖文化素质、思想道德素质、心理素质三大主要方面。其中，文化素质体现祖辈的人文修养与社会能力；思想道德素质包括他们的价值观、道德观念、思维方式及社会责任感；心理素质则涉及认知模式、情绪管理、意志力及自我认知能力。祖辈的这些素质共同构成隔代教养中发挥作用的基础，直接影响孩子的成长与发展。

二、祖辈的科学教育理念：隔代教养效能的关键保障

在当前广泛进行隔代教养的情形下，祖辈作为孩子幼年的主要照看者和教育的辅助者，其教育素质需要与作为主要教育者的父辈相匹配，至少应包括科学正确的教育观念、积极的教育态度及有效的教育能力。

教育观念是指指导教育行为的理念和思想，它是对客观现实的能动反映，是经验与理论在头脑中积累形成的。

隔代教养的效果取决于教育方式与方法，而这些方式方法往往受祖辈教育观念的制约。教育观念是实施家庭教育的根基，其正确与否在很大程度上决定了教育成果。教育观念通常涵盖儿童观、亲子观、人才观和亲职观。

（一）儿童观

祖辈的儿童观包括对儿童权利、地位及发展规律的认识。这一观念直接影响隔代教养的内容与方式。正确的儿童观应包含以下三个基本方面。

（1）儿童是人。儿童是“人”而非“物”，这是其基本属性。祖辈应将孩子视为具有独立人格的个体，尊重他们的愿望与需求，以平等的姿态沟通交流，而非以权威姿态发号施令。

（2）儿童是未成年人。文化人类学认为，儿童处于“未成熟”状态，此状态赋予其发展潜能和可塑性。作为未成年人，孩子在物质和精神上都依赖长辈的照料与关爱。因孩子心理和思维尚未成熟，祖辈需理解其行为特点，允许他们犯错并逐步成长，切勿将成人标准强加于孩子，否则易适得其反。

（3）儿童将成为独立的人。孩子拥有独立的人格与尊严，未来将步入社会开创自己的事业。他们当下的生活是为未来做准备，其自我意识与独立性正在萌芽。祖辈应引导并尊重孩子对未来的选择，同时教导他们为自己的决定负责。

（二）亲子观

亲子观是指祖辈对自身与孙辈关系的根本看法。这种关系既是基于血缘，包含祖辈与孙辈的亲属关系、教育者与受教育者的教育关系，也应是亲密无间的朋友关系。

张秋静借助 CFPS 2014 分析发现：88.9%的父母赞同“养儿防老”，仅 14.7%父母对“生养子女是为延续家族香火”持反对态度，49.5%的父母持中立态度，35.8%的父母持赞同态度。在当代中国，还是有部分家庭对生养孩子保留了传统亲子观。

（三）人才观

人才观反映祖辈对人才价值的判断及对孩子成长的期待，直接影响隔代教养的目标与方向。吴椿提出，长辈应具备以下人才观。

（1）行行出状元的人才观。“三百六十行，行行出状元。”未来社会虽以知识密集型产业为主，但劳动密集型产业仍不可或缺。因此，既需要高端人才，也需要普通岗位的贡献者。祖辈在教养过程中应根据孩子的特点因材施教，而非盲目跟风。

（2）人人能成才的人才观。尽管个体间存在差异，但每个人都有独特的长处和发展潜力。通过适当的引导与教育，孩子都能成长为有用之才。

（3）终身学习的人才观。在信息时代，知识更新迅速，学会学习是生存的关键。长辈应认识到，孩子的发展是长期过程，今日领先或落后不代表未来；只要方向正确、持续努力，孩子终会有所成就。

（四）亲职观

亲职观是指祖辈对自己教育角色与职责的认知。关于这一问题，祖辈应有以下认识。

（1）家长是孩子的第一任也是终身教师。他们对孩子的教育影响贯穿始终。

（2）祖辈与孩子共同成长。孩子每天都在变化，祖辈须与时俱进，才能有效教育不同阶段的孩子。

（3）隔代教养首先是祖辈的自我教育。要成为合格的教育者，祖辈需要不断提升自己，确保自身成长适配孩子发展节奏。

三、祖辈的理性教育态度：隔代教养实践的逻辑前提

费孝通先生曾说："历史上最有效的抚育方式是双亲抚养。"完整的家庭对儿童至关重要，但现代生活压力使亲子教育难以全面承担，隔代教养成为许多家庭的选择。面对养育孙辈的重大任务，祖辈保持理性教育态度是隔代教养实践的逻辑前提。杰西卡·费斯·卡特的研究进一步揭示，无论孩子行为如何，家长的反应模式多已固化。换言之，家长对孩子行为的解读，而非行为本身，决定其教育方式。例如，孩子发生争吵，独裁型家长或视之为严重过失，纵容型家长或不以为意，而权威型家长则相信事出有因，引导孩子自行化解。同一情境，因态度各异，家长的应对不同，孩子所受教导亦随之不同。

如今的隔代教养实践，尤其是农村的隔代教养中，过度保护的教育态度占据大多数家庭。祖辈对儿童过于无微不至，他们不仅照料生活起居，还满足儿童各种需求，从喂饭、抱行到陪同如厕，无所不包。这种溺爱让儿童过度依赖祖辈，离开祖辈难以自立，限制其在想象力与创造力萌芽阶段发展独立人格。长此以往，儿童的动手能力、创新能力和自理能力偏弱，在社会化进程中落后。此外，祖辈常因"补偿心理"，以"孩子还小"为由包庇孙辈错误，忽视其自我意识培养。这不仅削弱亲子关系，还可能导致行为问题、注意力缺陷和情绪不稳，影响儿童当下及未来的发展。

家长对孩子态度，不宜过于独裁、失之严苛，亦不宜过于纵容、失之宽泛，唯有掌握适度分寸、采纳权威态度，方为教育正途。美国心理学家鲍姆林德（Diana Baumrind）研究表明，从作用机制看，这种态度通过理性引导和情感支持，能提升儿童的自尊、责任感和社交能力。在隔代教养中，祖辈可设定清晰规则并说明原因，激发孙辈内在动力，而非强制或溺爱。例如，引导孙辈自主完成任务，辅以适度支持，培养其独立性和自信。这种方式既深化祖孙情感，又维护亲子关系，为儿童全面发展奠定基础。卢梭曾言："教育者应以身作则，引导而非代替。"权威性教育为隔代教养

提供了理性路径，是实现教育效果最大化的关键。父母与祖辈作为儿童最早的接触群体，对其人格和社会化发展至关重要，科学教养应是家庭教育的共同目标。

知识链接

家庭教育态度类型

综上所述，教育态度差异，对孩子成长影响深远。家长当审慎抉择，力求以适度的权威态度教导孩子，方能助力其健康成长。

四、祖辈的教育能力：隔代教养持续推进的有力支撑

祖辈不仅需具备科学的教育观念与正确的教育态度，更需拥有实施教育的实际能力。祖辈因年长阅历丰富，与孙辈相处时常承担教育职责，其教育能力至少包含以下几个方面。

（一）尊重孙辈的能力

隔代教养具有个别性，祖辈与孙辈朝夕相处，理应更熟悉孙辈的特点，教育因而更具针对性。按常理，祖辈教育孙辈当易见成效。然而，若祖辈过于主观独断，仅凭自身经验揣测孙辈，或将意愿强加其身，则教育难以被接受。故而，影响孙辈之前，须先了解孙辈。祖辈应以民主、平等之姿，通过观察、交谈等方式，从思想品德、学业表现、兴趣爱好、能力特长、性格特征及人际关系等方面深入了解孙辈，不仅熟悉其兴趣与日常行为，更知其内心所思、所为及交往对象。尤其对青少年期的孙辈，祖辈需懂得沟通之道，拉近心理距离，维系和谐祖孙关系。了解孙辈乃教育之基，更重要的是，祖辈需尊重孙辈，在尊重其观点、个性与需求的前提下，引导其健康成长。

（二）善于沟通的能力

祖辈与孙辈的交流离不开语言。祖辈应学会以准确、生动、亲切且不失幽默的语言与孙辈对话，营造倾听氛围，使孙辈畅言己见，掌握与孙辈促膝谈心的技巧。特别是在批评教育时，宜先以肯定、赞扬、信任之语表彰其优点，再以劝导、商议、启发之语指正其不足，避免使用侮辱、压制、强迫、威胁、哀求、贿赂或讽刺等不当语言，以免伤及孙辈自尊。

（三）选择方法的能力

隔代教养方法多样，依据情境选用方法、结合年龄段调整方式、因孙辈表现灵活运用，皆为祖辈需掌握的能力。若祖辈能熟练运用这些方法，便可称得上具备教育艺术。例如，幼儿期或以鼓励为主，青少年期则需兼顾引导与约束，针对不同性格的孙

辈选用适宜方式，方能事半功倍。

（四）控制情绪的能力

祖辈与孙辈相处，情绪管理尤为关键。现代社会压力重重，家庭常成为情绪宣泄之所，祖辈若因生活琐事将负面情绪带入与孙辈互动，或在情绪波动时沟通，易破坏双方情感。若孙辈顶撞，祖辈若不能冷静说服，而以压制或冲动应对，则祖孙矛盾加剧。作为教育者，祖辈须学会控制情绪。美国儿童辅导专家反复强调情绪的重要性，研究表明，忽视孙辈情感多源于长辈情绪不稳或心理欠佳。陈传锋对 761 名隔代教养儿童的研究显示，祖辈抑郁量表得分每增加 1 个标准差，儿童情绪问题发生率提升 27.3%。足见提升心理健康、增强情绪控制能力，乃祖辈教育能力之难点。

综上，祖辈的教育能力不仅是观念与态度的延伸，更需在实践中锤炼，方能助力孙辈成长。

本章小结

关键词

代际协作；长辈素质；祖孙关系；儿童权利；家庭环境；教育观念

课后思考

一、单项选择题

1. 隔代教养的多元角色定位主要体现在（　　）。

   A. 学校教育的延伸

   B. 长辈在家庭教育中的不同功能与作用

   C. 儿童的学习能力提升

   D. 社区资源的整合

2. （　　）不是代际协作关系类型。

   A. 平等协商型　　B. 分工协作型　　C. 师生关系型　　D. 一方主导型

3. 祖孙互动的教育价值主要体现在（　　）。

   A. 提高儿童考试成绩

   B. 促进儿童认知、个性与社会性的发展

   C. 增强祖辈的社会地位

D. 替代学校教育的功能

4. 长辈在家庭教育中需要具备的能力不包括（　　）。

A. 依据儿童发展阶段设计教育内容

B. 观察评估儿童行为

C. 完全替代父母的教育职责

D. 指导祖辈运用现代教育工具

二、多项选择题

1. 隔代教养的基本要素包括（　　）。

A. 长辈是天生的教育者　　B. 长辈在家庭教育中的角色

C. 儿童作为主要受教者　　D. 学校教育的辅助作用

E. 社区文化的影响

2. 代际协作关系的分类方式包括（　　）。

A. 从协作动机分类　　B. 从共同教育方式分类

C. 从发展趋势分类　　D. 从儿童年龄分类

E. 从家庭经济状况分类

3. 祖孙关系对孙辈成长的影响包括（　　）。

A. 支持认知成长　　B. 奠定个性与社交基础

C. 保障身心健康　　D. 提高学习成绩

E. 传承家族文化

4. 长辈的教育素质包括（　　）。

A. 科学正确的教育观念　　B. 积极的教育态度

C. 有效的教育能力　　D. 丰富的职业经验

E. 良好的身体素质

5. 构建和谐祖孙关系的沟通原则包括（　　）。

A. 态度真诚　　B. 互相倾听　　C. 多正面引导　　D. 长期磨合

E. 严格要求

三、简答题

1. 隔代教养中长辈的角色有哪些？这些角色对儿童成长有何意义？

2. 代际协作关系如何影响家庭教育的质量？试举例说明。

3. 结合实际，谈谈如何提升祖辈的教育能力以适应现代教育需求。

四、案例分析题

在某城市社区，小亮的父母因工作繁忙，将他托付给祖父母照顾。祖父每天接送小亮上下学，并教他下棋和讲历史故事；祖母则负责饮食起居，教他简单的家务技能。某天，小亮的老师建议家长使用在线学习平台辅导作业，但祖父母不熟悉电子设备，小亮的父母便在周末教他们使用平板电脑，并与祖父母协商教育分工：祖父母负责生活照料和传统知识传授，父母负责学业辅导和兴趣培养。一年后，小亮的成绩稳步提升，且性格更加开朗自信，与祖父母的关系也更加亲密。

问题：

1. 在小亮的案例中，祖辈与父辈是如何通过代际协作优化家庭教育的？这种协作体现了哪些教育价值？

2. 请分析该案例中祖孙关系的特点，并提出两条建议，帮助其他家庭构建和谐的祖孙关系。

参考答案

第四章

隔代教养的内容

学习目标

知识目标

了解隔代教养的内容；理解隔代教养在科学照护、习惯养成、情绪管理与社会性教育、文化传承等方面的具体内容与方法。

能力目标

能够运用所学知识，指导祖辈在科学照护、习惯养成、情绪管理与社会性教育、文化传承等方面对孩子科学施教。

素养目标

培养学生对传统文化的认同感和自豪感，树立正确的价值观，弘扬中华民族传统美德；注重孩子的情感需求与社会性发展，培养学生关爱他人、理解他人的人文情怀。

思维导图

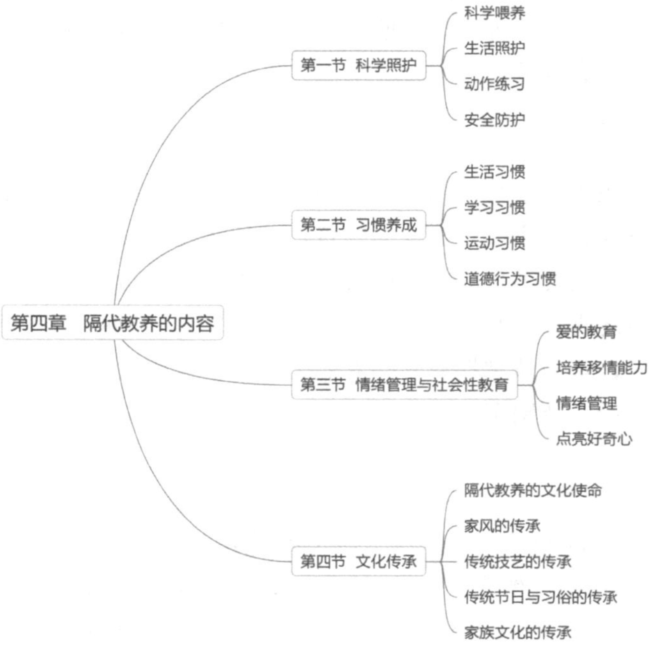

案例导读

冷漠无情的小军

幼儿园门口，奶奶接小军放学，小军从幼儿园蹦蹦跳跳跑出来，奶奶想牵小军的手回家，小军不愿意，非要奶奶抱，奶奶抱了会儿，腰疼得直不起身，恳求：“奶奶腰疼，实在抱不动啦，小军自己走回家好不好？”小军不依不饶，紧紧搂住奶奶脖子不肯下来，奶奶无奈，只好步履蹒跚地抱着小军一步步挪。

同学们从这个案例发现了什么问题？你是否感受到小军的冷漠无情？你是否认为奶奶在教养小军的过程中需要做些改进呢？学完本章内容后，你们可以尝试给祖父母提供一些专业性的隔代教养建议和指导。

《中华人民共和国家庭教育促进法》指出，家庭教育是指父母或者其他监护人为促进未成年人全面健康成长，对其实施的道德品质、身体素质、生活技能、文化修养、行为习惯等方面的培育、引导和影响。因此，隔代教养应当在全面关注儿童成长的同时，围绕上述几个方面进行。

第一节　科学照护

在第一章中有一组数据显示，参与家庭教育的祖辈占近八成。其中，幼儿园之前的比例为77.7%，幼儿园时期的比例为72.9%，小学时期的比例为60.1%，可见年龄越小的孩子，祖辈参与教养的比例越高，随着孩子年龄增长，这一比率逐渐下降。这一现象比较容易理解，年龄越小的孩子，对成年人的依赖越强，需要家长24小时照护，年轻父母由于工作原因无法全程照看，有空余时间的祖辈就会参与进来。在隔代教养里，孩子年龄越小，科学喂养、日常照护、安全防护、身体锻炼等内容占比越大；随着孩子长大，其占比会降低。

一、科学喂养

婴幼儿处在人生生长发育的第一个高峰期，这一时期身高、体重增长非常迅速，身体内各组织器官和神经系统也在快速发育，这种旺盛的发育对各种营养素的需求也相对较高。但是，婴幼儿消化吸收功能发育不完善，代谢功能不成熟，对外界不良刺激抵抗能力差，如果喂养不当很容易造成孩子营养不良，进而影响孩子的健康。因此，无论父辈还是祖辈，都应该掌握科学喂养的知识，在食物喂养、膳食安排等方面，从婴幼儿实际出发，给予特别照顾。

资料卡片

中国营养学会在2022年6月发布了《中国婴幼儿膳食指南（2022）》，根据年龄又具体分为《0—6月龄婴儿母乳喂养指南》《7—24月龄婴幼儿喂养指南》《学龄前儿童膳食指南》三个部分，针对0—5岁婴幼儿的膳食和喂养提出了具体指导。

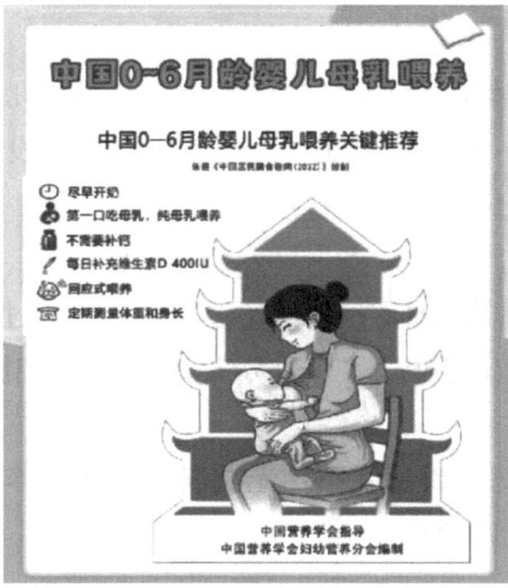

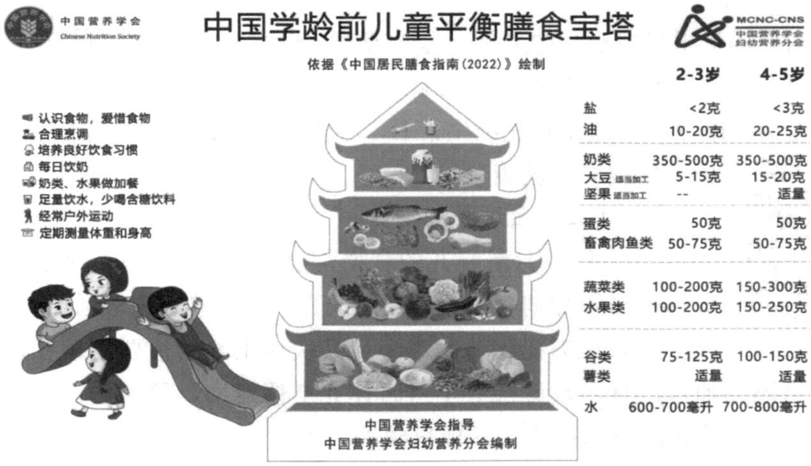

（一）母乳喂养

世界卫生组织（WHO）和联合国儿童基金会（UNICEF）2001 年建议，婴儿出生后 1 小时内开始母乳喂养，纯母乳喂养至少 6 个月，确无法纯母乳喂养时，可添加配方奶。作为祖辈，在进行母乳喂养时，要协助母亲注意以下几点。

母乳的主要营养成分

1. 心理疏导

部分年轻母亲因担忧母乳喂养影响身材而选择配方奶粉，此时祖辈应从科学角度耐心劝说，说明母乳营养丰富，能为新生儿提供均衡营养，还含有大量免疫物质，能增强婴儿抵抗力；母乳喂养可以促进子宫收缩，每天可以消耗两千焦的热量，有利于母亲身体的恢复和体重的减轻，有利于产后塑形。

2. 分担家务

新生儿的出生意味着家庭中劳动量的增加，包括打扫、清洁、照料婴儿、照料产妇等。特别是在新生儿出生后的前几个月，产妇身体虚弱，婴儿生活规律没有形成，祖辈可以承担更多家务，让产妇有更多的时间休息和恢复。

3. 分享经验

新手父母在育儿的过程中常常会遇到诸多困惑，祖辈经历过养育孩子的过程，有一定的育儿经验，在不干涉年轻父母育儿自主权的前提下，可以分享建议，为他们提供参考。

4. 理解变通

若母亲患妊娠高血压、产后抑郁等疾病，或母乳不足无法满足婴儿营养需求，不适合纯母乳喂养，祖父母应理解并灵活变通，为婴儿准备配方奶粉。

5. 不需补钙

婴儿对钙的需求量较小，如果是纯母乳喂养，母乳中的钙基本能够满足婴儿的需求。如果是混合喂养和人工喂养，婴儿配方奶粉中的钙足够婴儿吸收利用，因此，6个月内的宝宝多晒太阳，适量补充维生素 D，不需要补充钙，过早过量补钙，将会危害婴儿的健康。

出生 3 天就喂辅食，5 个月大女婴双肾长满结石

（二）合理添加辅食

0—6 月龄婴儿的食物主要是母乳或者配方奶粉，一般不用额外添加辅食。随着婴儿成长，对营养素需求增加，6 个月后母乳及配方奶粉营养难满足其快速生长的需要，需在原喂养基础上逐步适量添加辅食。且多数母亲 6 个月时休完产假返岗，照顾婴儿的任务多由祖辈或保姆承担。因此，作为祖辈，掌握科学的喂养知识非常重要。

1. 母乳为主，辅食为辅

中国营养学会《中国婴幼儿膳食指南（2022）》建议，婴儿满6个月添加辅食，且每日需保证600～800 mL奶量。世界卫生组织也提倡，“6月龄以上的婴儿，在开始逐渐添加辅食的同时，应继续母乳喂养到1岁以上，甚至更长时间”。如果母乳不足，可以选择较大婴儿配方奶粉作为补充，一般的鲜奶、成人奶粉、大豆蛋白粉不适合婴儿食用。

2. 适时添加辅食

世界卫生组织建议婴儿添加辅食在4～6月龄间进行。如何判断婴儿是否可以添加辅食呢？我们可以通过这几个方面进行观察判断。

一是宝宝对事物感兴趣。宝宝看到大人吃饭时表现出强烈的兴趣，如张嘴、流口水、咀嚼吞咽或伸手去抓食物。

二是宝宝的顶舌反射是否消退。新生儿出生时会用舌头把食物顶出来，称为顶舌反射。当这种反射消退时，就说明宝宝可以接受辅食了。

三是看宝宝的头部控制能力。宝宝如果能独立或在少量帮助下坐稳，并能控制支撑头部，这可以有效降低吞咽食物时呛咳的危险。

四是看宝宝的体重。一般情况下，宝宝的体重如果达到出生时体重的两倍或以上时，就可以给宝宝添加辅食了。

3. 添加辅食的方法

添加辅食的时间、种类、数量等要根据每个婴儿的个体差异灵活对待。第一，添加辅食要循序渐进。一开始添加一种食物时，量要少，如先添加1/6个蛋黄，让宝宝尝试适应，观察其是否有过敏或不适反应，再添加1/4个蛋黄，再1/2个，逐渐增加到一个全蛋黄，10个月以后再添加蛋白。第二，辅食的种类要从一种到多种。每次只添加一种新食物，宝宝适应了，再增加新的种类，不要一次添加2种以上的新食物。第三，辅食要从稀到稠，从软到硬。例如一开始添加果蔬汁、菜泥、米粉糊、肉泥、肝泥、面条，逐渐过渡到馒头、馄饨等。第四，不要强迫添加。如果宝宝对新食物表现强烈拒绝，不要勉强孩子进食，可以隔一段时间再尝试。第五，在宝宝身体健康时添加辅食；患病时不适合添加辅食，可能会加重宝宝病情。

4. 辅食烹制要求

宝宝的消化系统不成熟，消化能力比较弱，所以辅食要单独制作。第一，制作辅食的食材要优先选择富含蛋白质、铁、锌等营养素的食物，要新鲜卫生无污染，现做现吃，不要食用过期变质的食物。第二，制作辅食时少油少糖，不加盐等其他调味品。第三，辅食多采用蒸煮和炖的烹制方式，不用煎炸，以保留食物营养，避免高油，增加肠胃负担。第四，营养均衡。制作辅食时合理搭配各种食材，确保包含蛋白质、脂肪、碳水化合物、维生素和矿物质等各种营养素，为宝宝提供全面营养。

资料链接

7—12 月龄婴儿
一日食谱

二、生活照护

（一）睡眠照护

睡眠如同食物和运动一样，是保证机体正常发育和精力恢复的重要条件。研究显示，平均每晚睡眠少于 9 小时 44 分钟的儿童（占受试者 11%），出现攻击性、发脾气等行为问题的概率，高于睡眠时长更长的儿童。因此，在隔代教养中祖辈应了解孩子的睡眠需求，为孩子创设舒适的睡眠环境，培养孩子良好的睡眠习惯。

案例链接

婆媳之争：宝宝睡觉时哭闹家长要不要抱?

新手妈妈白雪的女儿六个月大，近期晚上睡觉时爱哭闹，白雪每次会立刻抱哄。但是婆婆不认同，觉得孩子多哭能“消食”，一哭就抱易养成依赖，以后很难纠正。白雪上班时，婆婆按自己方法带娃。白雪下班时，经常看到女儿哭却没人管，十分生气。白雪想和婆婆沟通，告诉忽略孩子哭声的危害，可婆婆却试图说服白雪，称孩子哭累就不哭了，能让孩子变得独立，减轻带娃负担。

对于宝宝晚上哭闹的情况，很难绝对地说应该抱与不抱，首先应了解清楚宝宝哭闹的原因，再根据不同情况做出恰当反应。

宝宝哭闹时，家长用手指轻触宝宝的嘴唇，如果宝宝做出吮吸的动作，说明宝宝饿了，这时家长要及时喂哺宝宝。

有时候宝宝哭闹是因为身体不舒服，比如热了或冷了、尿不湿该换了，家长应及时帮宝宝增减衣物或更换尿裤。

有时生病也会引起宝宝哭闹，如肠绞痛，宝宝哭得特别激烈、大声，脸上还会有痛苦的表情，家长要及时带宝宝去看医生。

排除以上诸多原因，宝宝哭闹只是因为缺少安全感。加拿大家庭医生、育儿专家琼恩 • E. 杜郎特博士在《正面纪律：是什么以及怎样做》一书中介绍道：1 岁以下的宝宝很容易感到害怕，啼哭是很常有的事，尤其是晚上，他们会哭很长一段时间。这时教养人就要多抱抱宝宝，给予宝宝足够的关爱，让宝宝拥有安全感。

（二）盥洗照护

盥洗是培养幼儿良好卫生习惯和维护幼儿健康的重要手段。宝宝 1 岁后，家长就要有意识地培养孩子的卫生习惯，教给孩子正确的盥洗方法，保持口腔卫生和牙齿健康。

6 个月后宝宝乳牙萌出，多开始添加辅食，需重视口腔卫生、乳牙保护与清洁。祖辈生活中应教导婴幼儿坚持早晚刷牙，方法正确（顺着牙缝上下刷，里外都要刷）；饭后或吃糖后漱口；少吃零食，临睡前不吃糖果和点心；幼儿进餐时，不吃过冷、过热的食物；不让孩子直接用牙齿咬过硬的食物（如核桃等），以防牙釉质产生裂缝；也不能只让孩子吃过细过软的食物，否则一方面造成消化系统缺乏锻炼，影响消化功能，另一方面咀嚼能力得不到锻炼，影响乳牙、上下颌骨、牙槽的发育。

案例链接

2024 年 12 月 4 日，武汉 6 岁女童因吃得太精细长出双排牙，最后，家长带其拔掉滞留乳牙，为恒牙腾出位置。专家建议：孩子饮食不宜过于精细。

乳牙滞留是儿童口腔健康中常见的问题，它不仅可能影响恒牙的正常萌出，还可能对孩子的咀嚼功能、口腔卫生、颌面部发育及美观和发音产生不良影响。因此，家长应高度重视，采取有效措施预防乳牙滞留的发生。

饮食结构是影响乳牙滞留的重要因素之一。现代生活中，儿童的饮食往往过于精细，缺乏足够的咀嚼刺激，这不利于乳牙的自然脱落。为了预防乳牙滞留，家长应适当调整孩子的饮食结构，鼓励孩子多吃较坚硬、富含粗纤维的食物，如新鲜水果、蔬菜、粗粮和坚果等。这些食物能够增加咀嚼活动，促进乳牙牙根的吸收，有助于乳牙的顺利脱落。

［**案例来源**：https：//m.baidu.com/bh/m/detail/ar_9368333818830904411］

（三）常见病照护

孩子年龄小，体质弱，抵抗疾病的能力较差，因此，教养人有必要掌握一些常见疾病的护理和预防知识。

1. 腹泻

造成腹泻的因素有感染因素和非感染因素。感染因素多由细菌、病毒、寄生虫引起，如诺如病毒、沙门菌等；非感染因素多因喂养不当、腹部受凉、过敏性腹泻引发。腹泻不仅影响营养物质的摄取，还会造成体内原有能量的消耗，严重的还会造成脱水、酸中毒，危及生命。

照护腹泻的儿童要注意：第一，注意腹部保暖，热敷腹部，排便后用温水清洗肛周，保持皮肤干燥清洁，可涂抹无菌凡士林；第二，遵医嘱服药，不要擅自加大药量；第三，补充口服补盐液避免脱水；第四，饮食清淡易消化吸收，保证生理需求，孩子胃口差时，不要勉强孩子进食。儿童腹泻预防要点：一是讲究饮食卫生，饭前便后洗手，宝宝的餐具和玩具做好消毒；二是婴幼儿提倡母乳喂养，避免夏季断奶，添加辅食时循序渐进，勿过量进食难消化的食物；三是避免滥用抗生素造成肠道菌群失调。

2. 肺炎

肺炎是儿童常见呼吸道疾病，冬春季多发，不及时治疗易引发多种并发症，危害健康。据世界卫生组织资料，2016 年 5 岁以下儿童因肺炎死亡人数达 92 万。肺炎也是我国 5 岁以下儿童死亡的主要原因。肺炎的临床表现是咳嗽、发热、呼吸困难和肺部细湿啰音。很多肺炎患儿是得了感冒，没有得到及时、有效、对症治疗，造成肺部感染引发肺炎。如果儿童得了肺炎，一般要到医院按疗程用药物治疗。因此，这里主要为大家介绍肺炎的预防措施：第一，适当的体育锻炼可以增强体质，提高抵抗力；第二，孩子患上呼吸道感染和支气管炎时要及时治疗，防止发展成肺炎；第三，室内经常通风保持空气流通，干燥季节使用加湿器保持空气适当湿度；第四，在感冒流行的季节，尽量不去人员密集通风条件差的场所；第五，接种肺炎链球菌疫苗。

3. 手足口病

手足口病是肠道病毒感染引发的儿童常见急性发热出疹性传染病，典型症状为手、足、口腔皮疹溃疡，多发于 5 岁以下儿童，对症治疗后多可 1 周内痊愈。手足口病的家庭照护应注意：第一，保持口腔卫生，避免食用辛辣、刺激性食物，进食后要指导孩子漱口。第二，孩子衣服被褥保持清洁，衣着舒适，勤剪指甲，避免挠破皮疹引起细菌感染。第三，患儿体温如果达到 38.5℃以上，除进行物理降温外，要遵医嘱给予退热药物进行降温。同时，患儿要多喝温开水，多排体液有助于降温。第四，饮食可以少量多餐，考虑患儿口腔不适，可以进食牛奶、豆浆、米汤等流质食物或泥糊状食物，保证优质蛋白的摄入。第五，注意观察患儿精神状态，如果精神状态良好，除了剧烈活动外，可以散步和做广播体操，出汗也有助于降温；如果患儿精神状态差，持续高热，呕吐，一定及时就医。

4. 肥胖

数据显示，2018 年我国 6—17 岁的儿童、青少年超重率和肥胖率分别为 11.1%和 7.9%，呈逐年递增趋势。若不采取有效干预措施，至 2030 年，0—7 岁儿童肥胖检出率将达到 6%，肥胖儿童数将增至 664 万人，7 岁及以上学龄儿童超重及肥胖检出率将达到 28%，超重肥胖的儿童数将增至 4948 万人。造成肥胖的原因主要是缺乏运动、能量摄入过剩/营养结构失衡、遗传。肥胖不仅会增加骨干和关节的压力，导致骨骼变形，影响儿童生活，还会增加高血压、糖尿病等患病风险，同时给孩子带来体型焦虑，产生自卑心理，影响心理健康。因此在日常生活照护中，要采取有效措施预防青少年肥胖。

预防青少年肥胖（学生版）　　预防青少年肥胖（家长版）

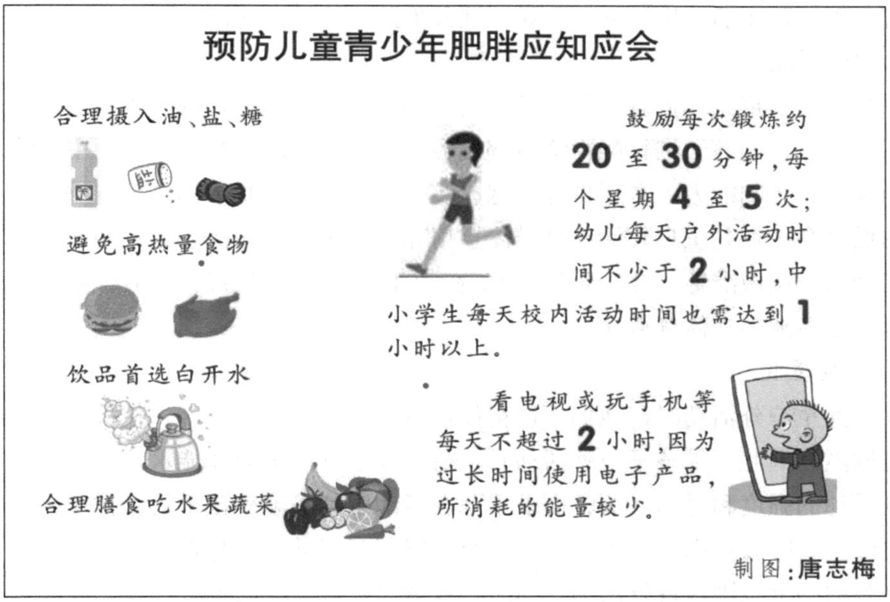

5. 流鼻血

流鼻血是宝宝常见症状，春季和秋冬季发病率较高。部分儿童偶尔鼻出血现象，另一些则反复出现该症状。当孩子流鼻血时，家长首先要冷静安抚孩子，避免孩子恐惧和激动，以免加重出血；其次，用拇指和食指按压两侧鼻翼根部 5～10 分钟；再次，在额头和鼻子周围用冷毛巾或冰袋冷敷；最后，如果出血量较大或者出血时间较长，及时就医。为预防孩子流鼻血，家长可以从这几方面着手：首先，保持鼻腔湿润，特别是在春季和秋冬季干燥时节，房间使用加湿器；其次，及时纠正孩子挖鼻、揉鼻和用力擤鼻的不良习惯；最后，均衡饮食，清淡饮食，多吃蔬菜水果，少吃煎炸等容易上火的食物。

（四）活动照护

“身体是一切发展的基础”“生命在于运动”，教养人要经常带孩子户外活动，以增强体质，促进身体各器官系统的发育。

1. 活动准备

带孩子户外活动，要先热身，以增加关节灵活性，防止受伤；结束后做拉伸整理，减少肌肉酸痛。

一定注意：活动场地要平坦干净，没有碎石、玻璃渣等危险物品，户外体育器械牢固无锈蚀，避免孩子受到意外伤害，确保孩子活动安全。

2. 形式多样

天气好的时候，每天带孩子户外 1～2 小时。即使在襁褓中，也需外出呼吸新鲜空气、接受阳光沐浴，感受环境色彩与声音，促进维生素 D 合成，预防佝偻病。孩子稍大一些，可以利用玩具带领孩子做体育游戏。例如，抛接球、踢球、走直线、骑三轮车、玩飞碟、跳皮筋、袋鼠跳等游戏，既锻炼孩子的基本动作，又愉悦孩子身心。

3. 循序渐进

户外活动的形式和内容要符合孩子的年龄特点。例如，1 周岁以内的孩子还不会走路，可以多帮助孩子进行爬行练习和抚触操练习；1 周岁学走路时，主要练习走路的平衡能力和控制能力，之后再练习跑、跳、上下楼梯等复杂动作，方法由简到繁，难度由低到高。在儿童户外活动时，注重培养儿童参加体育活动的兴趣和习惯，为之后的运动和发展做准备。相关研究发现，在幼儿时期培养良好的运动技能和兴趣的人，成年后会更多地参与体育活动。

4. 强度适宜

少年儿童户外活动时，他们不懂得如何调整自己的运动强度，往往在运动时节奏较快且剧烈。因此，带孩子户外活动时，祖辈要根据孩子的体能水平和身体状况来适当控制活动的强度和时间。这就要求祖辈在活动中细心观察孩子的精神状态，通过面色、出汗量、呼吸频率、注意力、入睡等情况判断活动强度是否适宜，确保孩子在安全和有效的强度范围内进行活动。同时，注意户外活动时间不宜过长，主要以间歇性的方式进行，让孩子调整运动节奏、补充水分等。

观察判断运动量
是否适宜

三、动作练习

《学龄前儿童（3～6 岁）运动指南》建议，儿童全天内各种类型的身体活动时间应累计达到 180 分钟以上，其中中等及以上强度的身体活动累计不少于 60 分钟。这对年迈的祖辈而言几乎是不可能实现的，再加上现代大多数人都居住在狭小的街区、公寓、活动空间有限的单元房，想要运动变得更加困难。但是，动作是一切学习的开始，祖辈要克服各种困难，为儿童创设运动的条件和机会，促进儿童动作发展。

（一）自由爬行

孩子需要自由活动，早期探索运动可影响孩子大脑连接方式，助力抑制原始反射；促进主动作模式发展。当宝宝可以爬行时，家长不要急于牵他们的手走路，爬行对孩子来说是重要的里程碑，它能帮助宝宝主动地感知更大的世界，促进身体和情感发展，与思维技能的提高紧密相关。爬行时宝宝需要四肢、躯干等多个部位的协调配合才能完成，能够加强手、腕、肘、肩、髋、膝等部位的力量，更好地促进运动技能发展；爬行过程中，宝宝的胸廓会充分舒张，有利于锻炼心肺功能；爬行方式可以帮助宝宝了解周围的环境，用不同的方式穿越空间，从不同的角度（远、近）看事物，促进宝宝认知的发展。英国一项研究记录了 62 000 名儿童从出生到上学时的生活，结果发现，那些在 9 个月时运动表现良好的宝宝（换句话说，会爬行的宝宝），学习表现也更好。

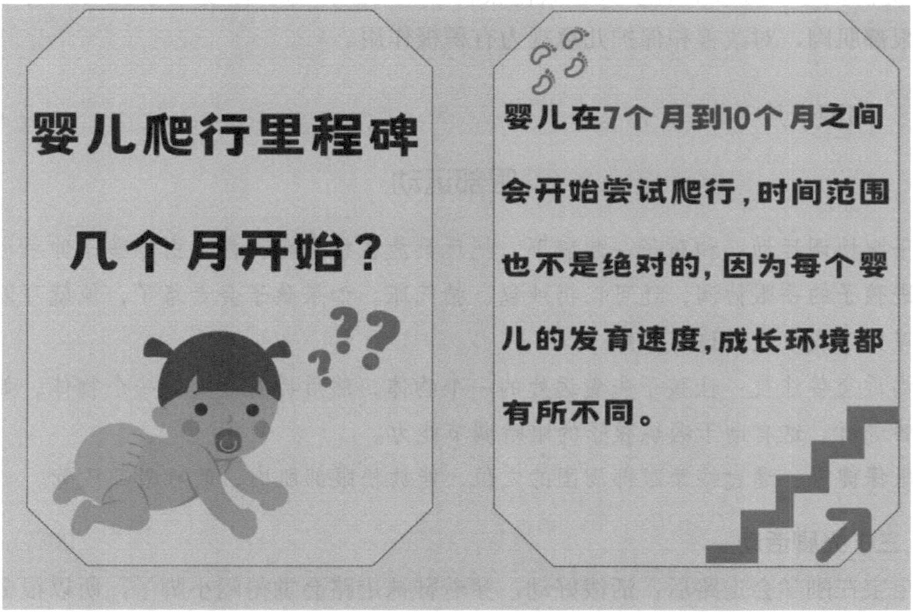

（二）眼部运动

2023 年国家卫健委最新公布的数据显示：“我国儿童青少年总体近视率为 52.7%，其中，小学生为 35.6%，初中生为 71.1%，高中生为 80.5%。近视高发的年龄段已从 8～12 岁提前至 6～10 岁，保护儿童眼健康科普教育工作刻不容缓。”多进行眼部运动、锻炼眼部肌肉，对改善和保护儿童视力有积极作用。

知识卡片

眼部运动

手眼协调运动：和孩子一起躺下，把玩具放在视觉距离内，引导孩子伸手去拿，以促进孩子的手眼协调，还可以扔沙包、拍气球。如果孩子会走路了，他就可以看着你把球抛远或滚近并追着球跑。

远近交替注视：让孩子先看远处的一个物体，然后再看近处的一个物体，如此反复交替进行。这有助于锻炼孩子的眼睛调节能力。

眼保健操：通过按摩眼部周围的穴位，能放松眼部肌肉，改善眼部疲劳。

（三）光脚活动

宝宝在刚学会走路后，活泼好动，穿着鞋袜走路会觉得闷小脚丫，所以很多孩子在家里不爱穿鞋子，喜欢光脚走路和活动。遇到这种情况，老人们一般习惯让孩子穿好鞋袜，其实他们不了解的是，光脚活动对所有年龄段的人都有好处。足底有丰富的神经末梢感受器，光脚走路可以刺激这些感受器，促进大脑发育；光脚行走还可以促进脚部血液循环，增强足底肌肉，提升脚部的灵活性和稳定性，助力形成正确步态。因此，在家里，如果孩子不喜欢穿鞋子，可以在保证地面清洁卫生、平整无湿滑的情况下，让孩子光脚走路和活动，如遇寒冷季节，做好保暖即可。如果条件允许，也可以让孩子光脚走在不同材质的路面上，如地毯、瓷砖、木头、草地、沙地、石头上，形成不同的触觉刺激，促进孩子触觉的开发和利用。

资料卡片

光脚是最好的

（四）精细动作

精细动作技能指个体凭借手、手指等小肌肉（群）运动，配合感知觉、注意等心理活动完成特定任务的能力。精细运动是儿童智能的重要组成部分，是大脑神经系统发育的一个重要指标。生活中抓握、使用工具、绘画涂鸦、生活自理能力是最为基本的精细动作，祖父母可以有意识地进行训练。

1. 针对手部肌力弱的训练

可以使用握力器等器材进行握力练习，手指伸展练习，也可以拧毛巾、开抽屉、用盆端水、搬凳子等。

2. 针对手部灵活度较弱的训练

做手指体操，系绳子、拉拉链、扣扣子、推拉玩具车等。

3. 针对手腕灵活度较弱的训练

手腕旋转练习、手腕拉伸、拧大瓶盖、舀水或倒水、抛扔或转动物品、用勺子吃饭等。

4. 针对手指灵活度较弱的训练

手指锻炼操、蘑菇钉、小纸片、简单的拼插玩具、拧瓶盖、拧螺丝、用钥匙开门、捏东西、拨电话、开水龙头等。

手指操

四、安全防护

资料链接

儿童意外伤害

中国每年约有 4 000 万儿童遭受各类伤害，120 万儿童的正常功能受损，40 万儿童因伤害造成残疾，估计每年经济损失 30 亿元。

从以上数据看出，日常生活中的意外伤害已严重威胁到儿童的生命与健康安全。《3—6 岁儿童学习与发展指南》在“健康”“生活习惯及生活能力”板块，对幼儿教师与家长提出了“提供安全的生活环境和必要的保护措施”“结合生活实际对幼儿进行安全教育”等教育建议。《中华人民共和国家庭教育促进法》明确指出，“关注未成年人心理健康，教导其珍爱生命，对其进行交通出行、健康上网和防欺凌、防溺水、防诈骗、防拐卖、防性侵等方面的安全知识教育，帮助其掌握安全知识和技能，增强其自我保护的意识和能力”。因此，教养人需为儿童创设安全环境，培养安全意识，传授自护常识与意外处理方法，提升其自我保护能力。

（一）创设安全的生活环境

《中国青少年儿童伤害现状回顾报告》显示，家中是儿童伤害最主要的发生地点——46.34%。在家中，儿童经常发生的伤害主要有：跌倒/坠落占 25%，烧伤/电伤占 16.7%，锐器伤占 9.1%，溺水占 5.0%，中毒占 2.6%。其中，跌倒/坠落是儿童青少年门急诊病例的首要原因。因此，为儿童创设安全的生活环境非常重要。例如，高层居住的楼房，窗台和阳台最好有安全防护栏，护栏高度和间距要符合标准，防止孩子攀爬或跌落，远离窗户放置家具——避免孩子借助家具攀爬到窗台；家里插线板放在幼儿拿不到的地方，墙上的电源插座采用带保险的插座，防止幼儿将异物插入插座造成触电事故；烹饪时将锅柄朝内，不要让孩子接触热水壶、暖炉等；家庭药品保管好，避免儿童误食；家里的工具、刀叉等金属器具放在孩子不能触摸的地方；家里儿童活动的区域不能堆放杂物，要保持通畅，确保孩子不会被绊倒造成伤害；无论是泳池还是浴缸，都不能让孩子单独接触。

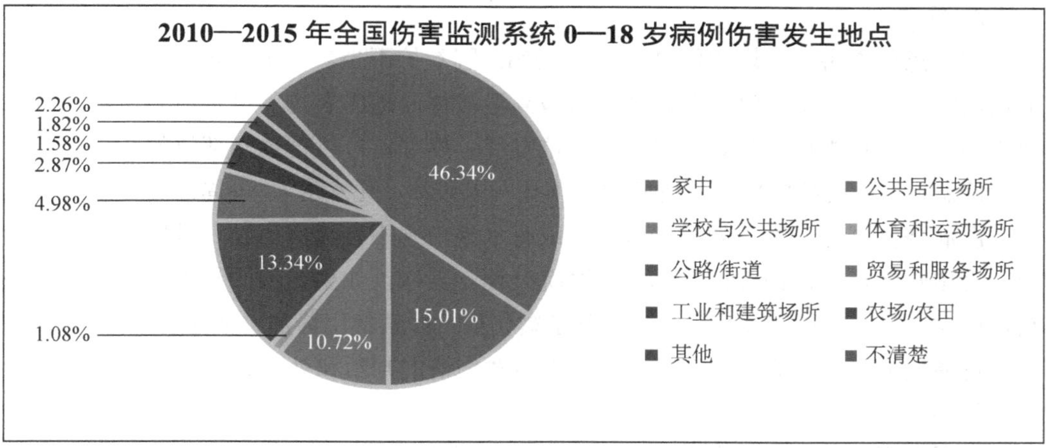

（二）在生活中传授安全知识

日常生活中，祖辈可借助各种契机对儿童开展安全教育，帮助他们积累生活经验。例如：外出时，教育孩子遵守交通规则，不在马路上玩耍；玩滑板车时，佩戴头盔和护具；遵守游乐场管理规则，不让孩子离开视线；在公共场所不接受陌生人给的任何物品，不跟陌生人离开，在公共场所和家人走失时，找穿制服的人员求助；告诉孩子在学校遭受欺凌时要勇敢说“不”，并及时告诉老师和家长；引导孩子上网时不要泄露个人信息，不在社交媒体上结交陌生人，不单独和网友见面；教会孩子认识自己的隐私部位，别人不能摸、不能碰；同时也要告诉孩子尊重他人的身体界限，不随意触摸他人的隐私部位，与他人交往时保持足够的安全距离，避免单独与他人在封闭、无人的环境中单独见面。

（三）掌握一些急救处理措施

孩子在成长过程中磕磕绊绊时有发生，掌握一些意外急救方法可以有效保护儿童生命安全。

1. 出血

儿童时期外伤出血意外常见，小量出血通常无危险，但若伤到动脉则会引发大出血、危及生命。因此，如遇大出血，就要立即采取止血措施：用干净的纱布、药棉垫在伤口上，用绷带包扎，起到压迫止血。同时，用拇指压住出血血管的上端（近心端），阻断血流，并尽快送医院处理。另外，不同部位出血要采取不同的处理办法。

身体各部位止血法

2. 烫伤

家庭意外伤害中，烧烫伤/电伤占16.7%，因看护不当，孩子被开水、热粥等烫伤的情况常见。发生烫伤时，首先要脱去被高温液体浸透的衣物，可用剪刀剪开，但不要用力撕扯以免损伤皮肤。如果烫伤部位发红、疼痛，可以把烫伤部位放在自来水下冲洗降温，缓解疼痛症状，若皮肤发红疼痛（未破溃、无水泡），可局部涂抹京万红软膏、湿润烧伤膏等药物；如果皮肤溃烂或有水泡，则不宜涂抹药物，可以用干净的纱布、毛巾轻轻覆盖烫伤部位，尽快送医院处理。其次，如果烫伤面积大，孩子烦躁口渴，可少量多次饮用淡盐水。最后，孩子烫伤后，严禁使用酱油、猪油、牙膏等涂抹，不仅可能造成患处感染，还会影响医护人员对伤情的判断和处理。

3. 误服毒物

如果发现孩子误服了有毒的东西如药片，要第一时间进行处理，以减少孩子对毒物的吸收。如果发现孩子误服毒物时间较短，首先应进行催吐，让孩子喝些温水，用手指刺激孩子的咽后壁引起恶心，促使孩子将毒物呕吐出来，这样反复喝水、催吐，直到吐出来的是清水。其次，如果将碘伏当成止咳药服用，可以用米汤帮助催吐。米汤中的淀粉与碘发生化学变化，产生像蓝墨水一样的东西，可达到解毒的目的。催吐后，再反复喝米汤，再催吐，直到吐出的米汤不变颜色为止。最后，搜集毒物样本，就医时进行检测，以便医生对症治疗。

催吐

4. 气管异物

一旦发生气管异物，要立即采用海姆立克急救法处理。

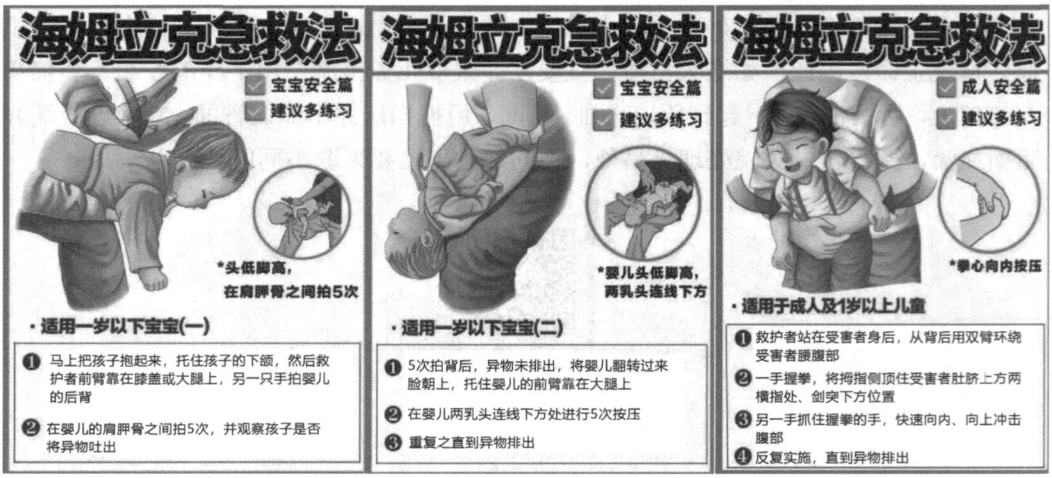

第二节 习惯养成

习惯是长期重复思想行为形成的思维方式与处世态度。习惯的力量是巨大的，人一旦养成一个习惯，就会不自觉地在这个轨道上运行，如果是好习惯，将会终身受益。幼儿期是培养习惯的最佳时期，有一个公式：早期教育花一公斤的气力=后期教育花一吨的气力，这说明了早期培养好习惯的重要性。

一、生活习惯

（一）饮食习惯

1. 定时定量

每天固定时间、固定地点、固定分量用餐，避免孩子暴饮暴食或者吃得太少。定时进餐有助于孩子形成生物钟，规律产生饥饿感与食欲。两餐之间的间隔为4～6小时，胃肠有效消化食物、吸收和排出胃的时间，使消化系统处于有节奏的活动状态，充分消化吸收营养，保持旺盛的食欲；定量饮食则保证儿童营养供给，同时避免过度饱食或饥饿对身体健康造成的不利影响。

2. 细嚼慢咽

隔代教养中，祖辈因牙齿退化，常把食物烹制得过于软烂，不利于孩子的消化吸收和牙齿发育。作为家长应多给孩子提供一些稍微硬一些的食物，如馒头片、杂粮粥和水果等，教育孩子细嚼慢咽，不仅有助于颌骨的正常发育，还可以刺激胃液的分泌，从而促进食物的消化和吸收，有益于身体健康。给孩子盛饭时一次不要盛太多，吃完后再添加；如果食物种类多，不要全部堆在碗里，以免造成孩子贪多嚼不烂。

3. 不挑食、不偏食

婴幼儿生长发育迅速，需要丰富合理的营养保证，平衡膳食是合理营养的唯一途径，不挑食、不偏食是平衡膳食的关键。中国学龄前幼儿膳食宝塔建议，孩子需要摄取五大类食物——谷物、蔬菜、水果、肉蛋类及豆、奶制品，以获取全面营养。不要在孩子面前说这不好吃，那不好吃，或者不断鼓励孩子多吃某种食物，不吃某种食物。对于孩子不喜欢的食物可以变换做法，剁到馅里或者选择其他营养成分相似的食物，不要强迫孩子进食。

4. 独立专心进食

开始添加辅食时，最好用小勺给宝宝喂餐，同时允许宝宝用手抓握食物进餐。9—10个月时，宝宝想独立用勺吃饭，成人要鼓励并满足宝宝的独立进餐意愿。这不仅锻炼孩子的手眼协调能力和精细动作发展，还能促进宝宝自我意识的发展。进餐时要保持专注，感受食物的美味，不能边看电视边进食；家长鼓励孩子按需自由选择食物，不要强迫孩子总是吃自己认为好的东西，给孩子留下愉快的饮食记忆。

5. 杜绝垃圾食品

"垃圾食品"通常是指焦糊、高油、高盐、高糖的食品，营养价值很低。"垃圾食品"影响营养摄取，内含的添加剂、色素和防腐剂干扰儿童的荷尔蒙，影响生长发育，有些还可能增加儿童肥胖的风险，严重者可导致癌症或急、慢性中毒。为维护婴幼儿健康，应杜绝垃圾食品，尽量让孩子食用家庭自制饭菜、饮用白开水，杜绝含糖/含添加剂饮料；选择水果、坚果、酸奶等健康零食。

资料卡片

《中国9城市儿童食品添加剂摄入情况调查报告》显示，1/10的儿童每天食用含添加剂零食3次以上；6%的儿童每天饮用饮料超过3瓶（不包括矿泉水和自制茶水）；6%的儿童每天食用方便面，9%的儿童每天食用薯片，10%的儿童每天食用蜜饯和奶茶，11%的儿童每天食用火腿肠和果冻，15%的儿童每天食用口香糖和饼干，26%的儿童在夏天每天食用冰激凌。

（二）睡眠习惯

1. 规划儿童活动，养成定时起居的习惯

祖辈在照护孩子时，有时会感到精力不济，体力跟不上，多选择在室内安静活动，或者延长孩子午睡时间，这无形中会减少孩子晚上的睡眠时间。研究发现，每天3小时的运动量有助于孩子更快入睡，并且睡得时间更长、睡眠质量更好。因此，祖辈带孩子时，白天尽可能陪孩子去户外活动。

孩子2岁后，教养人应逐步培养其按时起居的习惯，无论周末、节假日都按时入睡和起床，帮助孩子建立固定生物钟，养成自主入睡能力。同时，考虑不同年龄阶段儿童的睡眠需求，适当安排午休时间，确保儿童得到足够的休息。例如，一个5岁的儿童，家长可以安排他在晚上9点左右睡觉，早上7点左右起床，中午午休1小时，保证他有11个小时左右的睡眠时间。

2. 独立安静入睡

从培养孩子独立性和健康的角度考虑，孩子尽可能和家长分床睡。最初在父母房间放置婴儿床，让孩子有自己独立的床铺和被褥；大一些为孩子准备单独的卧室，一开始让孩子抱着喜欢的玩具入睡，逐渐摆脱依恋物让其独立入睡。特别是在孩子年幼的时候，睡前哭闹的时候尽可能不要抱着哄睡，可以轻轻拍打或抚摸孩子，逐渐培养他们独立入睡的能力。

3. 做好睡前准备

睡觉前进行一系列固定的行为，让儿童形成条件反射，为睡眠做好准备。睡前洗漱，让儿童保持身体干净整洁，预示孩子一天的活动即将结束；换上舒适的睡衣，暗示孩子睡眠时间到了；睡前故事，让孩子放松身心；直接语言交流，如"晚安""做个好梦"，直接告知孩子要睡觉了。通过这些行为，帮助孩子建立稳定的睡前程序，做好睡前准备，有助于孩子更好地入睡，提高睡眠质量。

4. 安抚入睡困难儿童

祖辈在照顾入睡困难儿童时，要注意尽量让孩子有固定的睡觉场所，每次在固定的房间和床铺休息，确保房间、床铺舒适、安静、温度适宜；睡前不要让孩子暴露在强光下，光线要柔和、昏暗，怕黑的孩子可以准备声控夜灯；智能手机和其他电子设备屏幕会产生蓝光，干扰人体分泌褪黑素进而影响睡眠质量，因此睡前避免让儿童长时间观看电子屏幕；甜饮料会引起中枢神经、交感神经兴奋，导致失眠多梦，因此睡前注意避免喝含糖、含色素的饮料；睡前洗个热水澡能帮助孩子放松身心和安静下来，尽快入睡。

资料链接

食物与失眠

5. 正确对待尿床

尿床也称遗尿，3 岁以前因中枢泌尿机能发育尚不完善，人们普遍认为 3 岁前的孩子尿床是正常现象，如果上小学后还尿床，孩子就会承受很大的心理压力，家长不能掉以轻心，要认真对待，积极引导和干预。造成遗尿的原因有多种，如睡前过量饮水、遗传因素、夜惊、梦游、学习压力大、焦虑和紧张等。因此，针对以上原因，祖父母应认识到尿床是儿童正常发育现象，多数孩子随年龄增长可自然克服。面对孩子尿床，第一，不要责怪和训斥；第二，帮助孩子建立有规律的排尿习惯，不憋尿，培养孩子的膀胱控制能力；第三，帮孩子减负，找到使孩子紧张焦虑的因素，给孩子合理期望，让孩子感到安全和爱；第四，如果是脊柱格兰特反射太活跃，可以求助专业人士做针对性矫治。

资料卡片

脊柱格兰特反射

精神分析学家眼中的排泄训练

精神分析学家弗洛伊德认为，1—3 岁的宝宝处于肛门期，他们会从排泄中获得快感，所以，排泄训练会带来宝宝与家长之间一定程度的矛盾。而家长在排泄训练活动中所表现出的行为、态度会对宝宝日后人格的发展发挥非常重要的作用。例如，如果家长的态度过于严厉，宝宝将来可能会变得过分清洁、固执、注意小节等；如果家长的态度太过宽松，宝宝将来可能会变得非常邋遢、挥霍无度、放肆等。1—3 岁的确是对宝宝进行排泄训练的关键时期。依据埃里克森的观点，此阶段宝宝控制排泄的过程，是解决“自主对羞耻”心理社会危机的过程。成功的排泄训练有助于宝宝获得自主感，避免体验到羞耻。

（选自张向葵《婴幼儿心理十万个为什么》）

（三）卫生习惯

1. 个人卫生习惯

良好的卫生习惯是一个人成长、实现可持续发展的基础。孩子从小在生活中爱清洁、讲卫生，就能在学习和生活中成为一个自理、细致认真的人。良好的个人卫生习惯包括勤剪指甲、勤洗澡、勤洗手、早晚刷牙等。为培养孩子的卫生习惯，祖父母要以身作则，给孩子提供一个干净整洁的家庭环境，潜移默化地影响孩子养成讲卫生的习惯。此外，祖父母教给孩子正确刷牙的方法，学会独立穿脱衣服，并在生活中引导孩子动手实践。例如，祖父母监督孩子坚持早晚正确刷牙，饭前便后洗手。

2. 收纳整理的习惯

2—4 岁是孩子秩序敏感期，这一时期孩子对物品的摆放位置、事件发生的顺序、人物的呈现、物品的归属等方面，有近乎苛刻的要求。一旦原有的秩序发生变动，便会引发不安、焦虑，甚至可能产生极端的强烈反应。家长可以利用这一特点，游戏结束后让孩子自己整理玩具，为孩子的玩具准备专门的收纳箱或收纳架，并且要让孩子知道每个玩具的“家”在哪里。例如，把小汽车放在红色的收纳箱里，把积木放在有图案的收纳盒里；睡前把衣服折叠好放在固定位置、和家长一起收纳洗干净的衣物，用图片标签来标识收纳位置，袜子放在抽屉里，裤子放在柜子里等，既可以保持环境整洁有序，又能培养孩子独立生活能力。

3. 关心环境卫生

古人讲“一屋不扫何以扫天下”。每天固定一个时间，家长和孩子一起整理孩子的房间，如扫地擦桌椅书架，把图书按照大小或类别放在书架上。对于年龄小的孩子，家长可以示范，让孩子模仿着做；大一点的孩子可以分配给具体任务，如把床铺上的玩具放在收纳架、地上的纸屑打扫干净等。家长带孩子去公园时，引导孩子自己主动将垃圾扔到垃圾桶里，鼓励孩子和家长或者同学一起参与环保活动。例如，可以一起参加小区组织的垃圾分类活动和环境清洁活动，让孩子感受自己的行动对环境的积极影响，增强孩子的社会责任感和成就感。

二、学习习惯

学习习惯，是在学习过程中经过反复练习形成并发展，成为一种个体需要的自动化学习行为方式。培养孩子良好的学习习惯，不仅可以提高学习效率，提升学习成绩，还可以塑造孩子良好的性格，使学生终身受益。

（一）专注与坚持性训练

专注与坚持性是指儿童能将注意力集中在所从事的活动中并持续进行，在遇到干扰或面临困难的时候也能表现出坚持不懈的精神。这种品质不仅对儿童在学习活动中主动获取知识、发展认识能力，以及形成良好个性品质有非常重要的影响，而且对个体一生的发展都具有重大意义。

在学前阶段，孩子天性好玩，很难专心致志地去做某一件事情，专注与坚持性都处于发展之中，能够专注与坚持的事情不会多，时间不会太长，因此进行针对性训练就很有必要，如复述练习、拼图及七巧板练习、多米诺骨牌练习、抗干扰练习等。

专注与坚持性训练

（二）养成读书的习惯

阅读对孩子的影响深远，不仅能教他们知识，帮助他们认识世界，还可促进他们的语言、思维、理解能力发展及性格塑造。良好的读书习惯，将使孩子终身受益。

微课视频：养成
读书的习惯

1. 祖父母自己也要读书

有些祖父母自己很讨厌读书，却希望孩子喜欢。最好祖父母每天能抽出时间关掉手机和电脑，陪孩子一起阅读。可以是亲子共读，也可以孩子看儿童读物、祖父母看自己的书，主要是营造一种阅读的氛围，潜移默化地影响孩子。

2. 把阅读的主动权交给孩子

孩子想要读什么样的书？想要在哪里读书？想要选择什么样的阅读伙伴？这些都交给孩子，让他们自己选择。不要想当然地把家长自己喜欢的或者认为有价值的图书强加给孩子，这样会让孩子觉得读书是一项任务，而不是一种乐趣。

3. 将阅读经验融入生活

如果你和孩子在读一本关于动物的图书，可以把孩子带到动物园进行一次实地考察，把你知道的、整理的所有关于动物的知识告诉孩子。这样的阅读直观形象，不仅仅是阅读，更是亲子互动。

4. 倾听孩子不爱阅读的原因

如果有孩子讲他不喜欢读书，请耐心听他诉说不喜欢的原因：是由于学业任务重，作业量大，考试频繁，孩子没有课外阅读的时间？还是家长对孩子的要求过高，给孩子带来过大的心理负担，影响其阅读动力？还是家长为孩子购买的图书不是儿童感兴趣的内容？弄清楚问题的症结所在，我们才有机会对症下药。

5. 在孩子阅读的时候不要打扰孩子

孩子阅读时勿打扰，让其沉浸在书的世界中；若需喂水、水果，可等阅读结束后进行。孩子自主阅读是非常棒的一件事情，一定要重视，培养孩子专心致志阅读的习惯。

（三）养成自主学习的习惯

1. 营造浓厚的学习氛围

首先为孩子布置一个安静、整洁、光线充足的学习环境，配备合适的学习用品和桌椅。祖父母相对父母来说自由时间较多，但不能当着孩子的面过度使用电子产品娱乐或看电视，可以在孩子学习时拿本书阅读或进行一些有意义的学习活动。

2. 帮助孩子明确学习目标

“水激石则鸣，人激志则宏。”帮助孩子设定明确合理的学习目标，并制订具体学习计划，让孩子在学习过程中有方向感和掌控感。当孩子有了目标时，根据实际情况进行目标分解，将大目标拆解到非常小的目标，小到现在可以做为止。例如，本学期的目标是提高英语成绩，可以将这个目标细化为每周完成一定数量的英语练习，每十天进行一次小测验，每月进行一次阶段检测，每次测验设定预达分数。

3. 挖掘天赋潜能

霍华德·加德纳（Howard Gardner）指出，人类的智能是多元化而非单一的，主要是由语言智能、数学逻辑智能、空间智能等八项智能组成，每个孩子都拥有不同的智能优势组合，祖父母在家庭教养中要有意识地发掘孩子的天赋潜能。

一是在陪伴中观察。观察孩子在玩耍、娱乐或外出旅行中对什么比较感兴趣，擅长做哪些事，从中发现兴趣特长。

二是创造机会和可能。给孩子更多的社会经历体验和尝试的机会，让孩子在有挑战的项目活动、实践锻炼中，显现出潜在优势。

三是关注发展优势学科。在学校学习中，关注了解孩子喜欢什么学科（专业），什么学科最为擅长，将关注点放在优势学科上，而不是一味对弱势学科提要求。

4. 适当留白

不要按照家长的意愿把孩子的时间安排满，要多留一些时间让孩子自己安排。如果孩子还小，想不出自主活动，家长可多提建议让其选择；多鼓励探索，减少不必要的“不准”行为。在孩子专心做一件事情的时候，不要干扰他，尽可能不要催促他，更不要跟在孩子身边不断提醒他不可以这样、不可以那样。在孩子解决问题遇到困难时，不要急于帮助他，可以多给他提些建议；不要急于把结果告诉孩子，要给孩子充分的时间自己去思考、去发现；不要代替孩子做检查作业、收拾书包的工作，也不要养成整天看着孩子做功课的习惯，要让孩子自己去做这些事情。有时候孩子动作慢，家长会不耐烦，其实没有关系，成长本来就要花时间。教养孩子要有耐心，给孩子时间让他去仔细想、慢慢做，不要为了快而替他做完，要抱持着“凡是孩子可以自己做的就不要帮他做”这样的观点，这也是教养孩子的一个重要原则。

（四）培养孩子的记忆力

记忆是知识的宝库，有了记忆，智力才能不断发展，知识才能不断积累。下面提供几则有助于增强儿童记忆力的游戏。

1. 依次说出名称

把 6 样东西按先后次序排列在桌上，让孩子看上几十秒钟，然后遮住，要求孩子凭记忆依次说出这 6 样东西的名称。

2. 辨颜色

让孩子闭上眼睛，说出你穿戴的衣帽鞋袜是什么颜色的。如果你也闭上眼睛说出他穿戴的衣帽鞋袜的颜色，将会引起孩子对这种游戏的更大兴趣。

3. 找物品

当着孩子的面把 8 种不同的小物品分别藏好后，再让孩子将这些物品一一找出来。

4. 看图说话

把 4～8 张不同内容的图片，放在桌上，叫孩子看一会儿，然后盖上。要求孩子把所看到的图片内容尽可能准确地叙述一遍。

三、运动习惯

儿童运动习惯是指儿童在日常生活中养成的定期参与体育锻炼或身体活动的行为模式。良好的运动习惯是健康生活方式的重要组成部分，对儿童的身体健康、心理健康和社会适应能力都有着深远的影响。

（一）选择合适的服装

孩子比成人运动量大，因此和祖父母相比，他们非但不会冷，还会感觉有些热。年龄越小的孩子，神经系统尚未发育完善，调节功能较弱，运动时很容易出汗，因汗液蒸发带走背部的热量而受凉感冒。如果穿着太厚也不利于孩子活动。因此运动时尽量给孩子穿着宽松、舒适的运动服装，厚薄适宜。

1. 观察判断

1 岁以内的孩子无法表述自己的冷热感受，祖父母可以通过观察孩子的表现、摸一摸孩子后背来帮助判断孩子的冷热。如果孩子面色发红，头发微湿，后背有汗，说明孩子穿多了；如果后背发凉说明孩子穿少了，及时为孩子增减衣服，防止出现“捂热综合征”。

2. 由孩子决定

孩子活动量大，具体穿什么衣服因人而异。3 岁以后的孩子可清楚表达冷热，所以穿衣需听孩子的，可随身携带一件，随时增减。因此，孩子的穿衣核心原则是冷就穿，热就脱，孩子怎么舒服怎么来。

人民网有一则新闻《有一种冷叫奶奶觉得你冷！#5 岁娃被奶奶穿了 5 条裤子#》：2022 年 10 月 19 日，湖北潜江。一幼儿园老师发现 5 岁的女孩被奶奶穿了 5 层裤子保暖。廖老师称，当时孩子做早操时喊热，后来发现她奶奶给她穿了 5 条裤子，不仅做操时活动受限，还热出一身汗。

（二）选择合适的运动项目

不同年龄段的孩子适合不同类型的运动项目。对婴幼儿来说，多选择一些基本动作练习的运动项目，如走、跑、跳、攀爬、投掷、平衡等，这些动作是儿童未来掌握更多运动技能的基础；稍大一些的孩子，可以增加体能训练的内容，如游泳、骑自行车、跳绳等有氧运动；足球、篮球、乒乓球等球类运动是大多数儿童喜欢的运动，不仅锻炼儿童的身体协调性和反应能力，还能培养孩子的合作精神和竞争意识。

（三）运动中融入游戏元素

游戏是儿童最爱，对幼儿而言，如同空气与飞翔于鸟儿般关键。游戏能使他们的情绪愉快，身心愉悦，能力得到锻炼，潜能得到开发。将运动与游戏相结合，可以增加运动的趣味性，吸引儿童参与其中，在玩耍中悄然进行锻炼。例如：

1.《抓泡泡》（1—3 岁）

游戏目的：跑跳结合，发展孩子跑的动作及反应敏捷性。

游戏内容：大人吹肥皂泡，让孩子抓泡泡。东吹吹，西吹吹，逗引孩子来回跑、跳。

2.《翻饼（炒黄豆）》（3—6 岁）

游戏目的：练习钻的动作；发展幼儿协调能力。

游戏玩法：两个孩子相对站立手拉手，左右摇动，同时念儿歌：“翻饼、烙饼，油炸馅饼。”或念：“炒炒、炒黄豆，炒好黄豆翻跟斗。”念完后立即高举一手，两人的头向里钻，同时转体 360°（转体时要钻过举起的手，相背时两手高低交换）。

（四）确保运动安全

安全是儿童运动的首要考虑因素。在进行任何运动之前，首先确保有安全的运动场地，场地要宽阔平坦，远离医院、停车场；活动前戴好头盔、护具；运动过程中不要给孩子吃东西，以免引起消化不良，可随身携带温开水，运动后及时补水。运动中监督孩子，教导他们正确的姿势和技巧，以减少受伤的风险。例如，在跑步时要注意脚的落地姿势，避免脚跟先着地导致膝盖受伤；在做力量训练时要注意动作的规范性，避免因用力过猛或姿势不正确导致肌肉拉伤或关节扭伤；运动后做一些放松动作。

（五）避免专项化训练

儿童心血管供血功能较弱，运动量过大会导致心率急速上升；同样的运动，儿童的呼吸频率要比成年人高很多。因此，儿童运动时要考虑这些生理特点，着重培养孩子对运动的兴趣和爱好，以速度和灵活性为主，不能过早进行专业化训练，一味追求运动竞赛的成绩和竞技结果。即使参加运动比赛，也要避免过度竞争，家长要引导孩子在比赛中享受运动的乐趣，树立正确的竞争观念，尊重对手，遵守比赛规则，胜不骄、败不馁。

例如，有位家长让孩子练足球，进行双腿跳 6 级台阶训练，这种做法是不合适的。因为儿童的骨骼较软，长骨两端的骨骺有非常丰富的血管神经，还未愈合，为继续生长做准备，如果此时运动量过大，局部压力强度过高，膝关节下面出现疼痛，很可能造成骨骺炎。

各年龄段运动
项目建议

四、道德行为习惯

（一）承担责任的习惯

责任感是对自身行为后果的认知与承担，是孩子成长过程关乎自我管理、社交及职业发展的重要品质。责任心是社会对其成员的基本要求，如军人的责任是保家卫国，教师的责任是教书育人，公务员的责任是为人民服务……只有敢于担责的人，才是对社会有用的人。没有责任感的孩子，行动拖拉磨蹭，做事容易半途而废；与人交往时自我中心，不顾及他人感受；有责任感的孩子，行动自律，体谅感恩家人，与小伙伴相处时，能包容、原谅他人，不仅对自己的行为负责，还能对家庭、集体、社会、国家负责，成长为一个有担当的人。培养儿童承担责任的习惯，可以从以下几个方面入手。

1. 分配家务劳动

家长根据孩子的年龄和能力，给孩子分配适当的家务劳动。首先，从个人责任开始，先让孩子自己的事情自己做，做好自我服务，如自己整理书包、自己穿衣、整理自己的床铺、换洗的袜子自己洗等。其次，让孩子承担一些家庭责任，如洗碗、打扫卫生、做饭、照顾弟弟妹妹等，为家人服务，提高自我管理能力。最后，可以给孩子委派一些专项任务，如把家里倒垃圾、喂猫喂狗、给绿植浇水等任务由孩子专人负责，锻炼孩子独立做事的能力。

美国专家通过对 456 名少年儿童进行长达 20 年的追踪研究发现：爱干家务的孩子与不爱干家务的孩子相比，长大后的失业率为 1:15，犯罪率为 1:10；爱干家务的孩子平均收入要比不爱干家务的孩子高出 20%。

链接：https：//wenku.baidu.com/view/f080ace566ce0508763231126edb6f1afe00711a.html

2. 鼓励孩子做事有始有终

交给孩子的任务，家长不能当“甩手掌柜”，哪怕是很简单的任务，家长也要督促检查，引导孩子善始善终，持之以恒。当孩子遇到困难时，家长可以提供建议或指导，但不能包办代替，让孩子想办法克服困难坚持完成任务。

3. 鼓励孩子自主决策

自我决定理论认为，当孩子感到自己的行为是自主选择的结果时，他们更有可能感到满足和责任感。因此，在日常生活中鼓励孩子自主决策，如选择穿什么衣服、吃什么早餐、做什么运动、周末是先出去打球回来再写作业还是先写完作业再出去打球等，让孩子自主决策。这种决策会让孩子有一种掌控力，掌控力越强，他的责任感就越强，就会有更多的承担。

4. 做错事主动道歉

孩子犯错时，家长勿姑息，应引导其承认错误并主动道歉，为自己的行为担责。如孩子玩闹时将小朋友的玩具摔坏了，家长若一味打骂，孩子易撒谎逃避。所以，家长要让孩子明白人都会犯错，重要的是从错误里吸取教训努力改正，即便再犯，只要持续改进，也是成长。面对上述情况，理智的做法是让孩子承认错误并主动道歉，用自己的零用钱买新的玩具赔给小朋友，这有助于培养孩子负责任的品质。

（二）尊重他人的习惯

1. 尊重他人隐私

首先向儿童解释隐私是指个人的私人信息、个人空间和私人事务，这些内容不应该被随意侵犯或公开。例如，个人的日记、信件、房间等都属于隐私，未经主人允许，他人不得随意查看和进入。一方面引导儿童学会保护自己的隐私，在社交媒体上不随意透露个人信息；另一方面引导儿童尊重他人隐私，在需要查看他人的私人物品时，要先征得他人的同意。

2. 尊重他人劳动

家长应该引导孩子了解各行各业的劳动价值，让孩子明白每一个平凡岗位上的辛苦付出，他们都是社会运转不可或缺的一部分。例如，可以带孩子参观工厂、农场，体验每一种工作对我们的生活都很重要。此外，在各种场景下引导孩子尊重他人，如在家里教育孩子尊重家长的劳动，爱护家庭卫生；在餐馆进餐时尊重服务员的劳动，对他们的服务说谢谢；乘公交车时尊重司机的劳动，听从司机的指导，在相应区域站立或就座。

3. 尊重他人意见与选择

家长要尊重孩子的意见和选择，不随意否定孩子的想法。此外，当孩子遇到与自己不同的意见和选择时，要教育他们尊重与理解他人。例如，当孩子同伴选择了不同的运动项目时，要教育孩子尊重同伴的选择，可以提建议，但不排斥。如果遇到意见冲突时，要引导孩子采取恰当的方式进行沟通和协商，不能采取争吵和暴力的方式。

例如，可以通过投票表决、轮流等方式解决问题，让每个人都有机会表达自己的意见和选择，同时也要尊重他人的选择。

《3—6 岁儿童学习与发展指南》——关心尊重他人教育建议

（三）遵守规则的习惯

张永霞（2024）研究指出，隔代教养儿童的日常行为更容易出现不遵守公共秩序、不遵守公共行为规范的倾向。因此，家长应从小对儿童进行社会规范教育，帮助儿童掌握适宜的道德规范、交往规范、集体规范和安全健康规范，增强孩子的规则意识，形成良好的行为习惯和品德素养，为将来的学习和生活打下坚实的基础。

1. 从生活细节入手

孩子不懂事、不守规则，因缺乏生活经验与社会经历，不知正确做法，且天性活泼好动，言行易随意无拘。祖父母要从日常生活的小事开始，引导并帮助孩子在学习和生活中，了解基本行为规则，体会规则的重要性，学习自觉遵守规则。例如，经常和孩子玩规则游戏，共同遵守游戏规则。外出时根据情境向孩子介绍一些必要的社会行为规则，以及为什么遵守规则，如乘坐公交车时排队上车、依次投币（刷公交卡）、给老人让座等；在图书馆或电影院不能大声说话、打闹；在超市收银台或游乐场排队时，不随意插队；在家长与客人谈话时不能随意打断他人讲话等。

2. 参与制定规则

和孩子协商，一起制定规则，如作息时间、家务分工、活动规则等。规则应该简洁明了，确保孩子能够理解，如晚上 9 点前必须睡觉、在超市不能见到玩具就买等。

3. 树立榜样

父母和祖父母是孩子最初的学习对象，应该以身作则，带头遵守社会规则，为孩子树立良好的榜样，如爱护公共环境、不随意插队、尊重他人等。如果家长说一套做一套，言行不一，让孩子感到困惑。

例如，在山西大同的云冈石窟景区，有个老人不给超高孩子买票，还辱骂检票员十来分钟，行为恶劣，给孩子造成不良影响。

4. 积极强化

对孩子表现出遵守规则的行为要及时鼓励肯定，违反规则的行为及时纠正。例如：耐心等候家长与客人谈事情时及时表扬；集体活动中，不按顺序轮流玩玩具，争抢玩具时，家长要及时制止并引导孩子道歉。

表扬可以是口头的，也可以是一次额外的外出活动或一个小玩具。表扬要具体，不能总是泛泛地表扬，如：“你真聪明！”“你真棒！”表扬越具体效果就越好，如：“你安静地等奶奶和阿姨谈完事情再让我给你拿水喝，真懂礼貌！”表扬要考虑孩子的年龄特点，幼儿多喜欢物质奖励，青少年更喜欢精神奖励。

《3—6岁儿童学习与发展指南》——遵守行为规范教育建议

第三节　情绪管理与社会性教育

从出生时起，婴幼儿就是一个社会的人，被包围在各种社会物体、社会刺激之中，形成和发展着人的情绪情感、社会行为和关系等。家庭教育最重要的目的之一是培养孩子积极健康的情感和促进儿童社会性的发展。祖父母应从爱的教育、培养孩子移情能力、情绪管理能力、点亮儿童好奇心等几方面着手，促进儿童全面发展。

一、爱的教育

李玫瑾教授在她的《心理抚养》中指出，爱是儿童情感发展的基础，来自父母、家庭和社会的爱，不仅能够为他们提供安全感和归属感，还能让孩子在面对外界的挑战和困难时，拥有更强大的心理承受能力。在爱的滋养下成长起来的儿童，开朗、乐观、自信，在学校、职场以及社会生活中能够很好地与他人和谐相处与合作；相反，在缺爱的环境中成长起来的儿童自卑、孤僻，难以融入集体。真正的爱是双向的爱，能接受也能付出。当下孩子受家人关爱多却不会付出，因家长在成长中只关注付出爱，无意拒绝孩子付出，久了孩子便不习惯付出。陈鹤琴先生指出：“父母应该训练小孩有爱人的精神。小时候如有爱人的精神，将来才能够爱社会，爱国家。”因此，在对孩子的爱的教育中，不仅要给予孩子爱，更要培养孩子爱的能力。

（一）培养有爱心的孩子

1. 创设充满爱的环境

为孩子创设一个充满爱的环境，首先，家庭成员之间互相关心、互相支持、互相爱护，让孩子耳濡目染，潜移默化中感受到爱的存在。其次，高质量陪伴。尤其在完全隔代教养模式下，祖辈更要给予孩子高质量的陪伴，不仅仅照顾孩子的饮食起居，更重要的是与孩子建立深厚的情感联结，给予孩子足够的关爱和照顾，多用肯定、真挚及善意的言语，让孩子感到温暖和被接纳了。最后，花更多时间与孩子谈心交流，了解孩子的心理需求和困扰，特别是当孩子遇到挫折时，祖辈给予他们适当的支持和指导，帮助他们克服困难。

2. 适当示弱

适当向孩子示弱，这不是家长无能，而是一种教养的智慧，可以激发孩子的责任感和爱心，调动他们的积极性，让他们学会面对和解决问题。祖父母在一些日常小事上，可以寻求孩子的帮助和建议，如可以问："这个医保 App 我之前正常使用，今天怎么不行了？"这样的求助，可以让孩子意识到他们也能为祖父母提供帮助，自信心和成就感油然而生，这种积极的体验会促使他们在其他方面更加努力。

3. 接纳孩子的爱

很多祖父母习惯付出，面对孩子爱的反馈，常因心疼"拒绝"，实则伤害孩子表达爱的积极性。例如，一个孩子放学回来吃奶奶削好的苹果，结果家里停水了，为了冲洗卫生间，奶奶拎着水桶去外面接水。孩子说："奶奶你歇会儿，我去接水吧。"奶奶说："你赶紧去写作业，我去接就行了。"孩子很失望，因为爱是双向的情感交流，孩子接受了奶奶的爱，也希望给奶奶以爱，但是奶奶没有接受孩子的爱，孩子没有得到情感上的满足。久而久之，就会遏制了孩子表达爱的萌芽，让孩子认为祖父母不需要他们的爱。时间长了，孩子就会因为家长的拒绝而退缩，不再主动表达爱。因此，当孩子主动表达爱时，家长要欣然接受，并表示感谢和肯定。

4. 以身作则

在与孩子相处的日常生活中，祖辈要表现出对他人的关心、尊重与帮助。例如：主动帮助邻居解决困难，无论是临时帮忙照看孩子还是搬运重物，让孩子感受到助人为乐；在与年轻同事相处时，既保持礼貌尊重，又及时指导，让孩子感受团结协作；对遇到的弱者，如流浪动物或者需要帮助的人，给予力所能及的帮助，让孩子感受同情和怜悯。通过生活中的小事，祖辈以身作则，丰富孩子对爱的理解，让孩子学会如何以实际行动去表达爱、传递爱。

（二）爱的教育需要避免几个误区

1. 溺爱

俗话说"隔代亲"，很多祖父因为溺爱孩子，对孩子有求必应，不让孩子受任何委屈，特别是完全隔代教养家庭，为了弥补父母不在身边的缺憾，祖父母更是不遗余力地过度满足孩子物质和情感上的需求。例如，孩子想要什么就买什么，犯了错也不舍得批评指正，结果导致孩子自我中心，缺少责任心，自私任性，不懂得感恩和珍惜。

2. 过度依赖物质奖励

一些祖辈为了激励孩子，常常用物质作为奖励，如："你如果好好学习，考试有进步就给你买变形金刚。""你放学先写作业就给你买游戏卡。"过度的物质奖励影响孩子内在学习动机的激发，只为了获得奖励做事，难以培养对事物本身的兴趣和学习的内在动机，孩子越来越功利，缺少坚持性。

3. 缺乏界限感

有些祖辈在情感教育中缺乏明确的规则意识，对孩子的一些行为无条件包容，如在公众场合大声喧哗、随意打断别人讲话、允许孩子随地大小便等，不懂得尊重社会规范。这种纵容行为导致孩子缺少自我约束能力，缺乏界限感，在集体环境中难以适应。

4. 忽视孩子情感需求

在隔代教养家庭的环境中，祖父母身兼数职，不仅负责日常的家务活动，还要教育和抚养孩子。因此常常因忙于家务没有足够时间与孩子进行深入的情感沟通和交流，在这种情况下，孩子的情感需求往往被忽视，导致孩子在情感发展方面遇到一些障碍。

二、培养移情能力

移情指设身处地理解、欣赏他人感情，也称同理心，是理解他人感受的能力。本章导读案例中的小军之所以冷漠无情，究其原因是缺乏对他人情绪的感知与理解，也就是缺乏“同理心”或者“移情能力”。

微课视频：培养移情能力

（一）移情能力对儿童的影响

（1）移情能力可使孩子更有同情心，能增强孩子对他人的理解和尊重，表现出更多的亲社会行为（如宽容、体贴、合作、分享、尊重、善良等），减少攻击行为（如冷漠、任性、自私、攻击、歧视、嫉妒等）。

（2）它作为一种心理品质，对一个人形成良好的人际关系和道德品质，保持心理健康，乃至走向成功都有着重要的作用。

妈妈感冒发烧躺在床上休息，小军吵着要妈妈陪他捉迷藏，妈妈说：“妈妈生病了，身体不舒服，小军自己玩积木吧。”小军不乐意，一直拉着妈妈的手，硬要妈妈起床陪他玩，妈妈被缠得没办法，只好忍病起床陪小军玩。

上述案例中的孩子对于生病的妈妈，体会不到她的痛苦，所以才冷漠拒绝妈妈的请求。孩子长大后对于社会上的成功者，由于看不到这些人奋斗的艰辛，可能会产生嫉妒；而对于社会上的弱者，由于理解不了他们的痛苦，就会放任自己的歧视。

（二）培养移情能力的方法

1. 情景体验

利用孩子日常生活中的情景，强化孩子情感体验。根据真实生活中自然发生的情景，如看望生病的小朋友、生日会、庆祝会等，让孩子真切地体验移情；让孩子在模拟的情境中体验他人的情绪。例如，扮演《小熊生气了》的故事，让孩子体验小熊的愤怒，然后引导他们找到解决愤怒的方法，如深呼吸、找朋友倾诉等；还可以让孩子通过照顾家里的小宠物或是小植物，或是照顾和他们比更无助的事物来学会关心与移情。

2. 同伴交往

家长为儿童创设更多接触同龄玩伴的机会，这样他们在玩耍中能感受到他人的想法和态度，移情能力逐渐提高。爱哭的孩子没人喜欢跟他玩，不肯分享的孩子更没人喜欢跟他玩。斯劳特（Slaughter）等人的研究发现，与受拒绝幼儿相比，受欢迎幼儿能够更好地理解他人的心理状态。同伴交往既可以促进儿童学习、了解、遵守团体规则，又可以帮助儿童掌握人际交往的方法和技巧。例如，小伙伴们一起玩可能会为玩具分享发生争执，家长可以引导孩子换位思考，如“如果别人不让我玩这个玩具，我心里会怎么想”，从而理解他人的感受。

3. 游戏活动

游戏是儿童所爱，尤其是角色游戏，是对现实生活的积极主动再观察，也是培养移情能力的有效方法。孩子在参与娃娃家、医院、超市和警察等角色游戏时，家长可以与孩子一起扮演不同的角色，如让孩子扮演医生，家长扮演病人，在游戏过程中，孩子换位思考，体验到病人的痛苦和照顾病人的责任感，学会关心和爱护优雅人，增强同理心。

4. 故事分享

阅读绘本或故事时，引导孩子讨论角色的情绪反应，既能增强孩子的情绪识别能力，又能提升其同理心。例如，日本著名童书作家五味太郎的优秀绘本《鳄鱼怕怕牙医怕怕》讲的是：“小鳄鱼牙痛不得不去看牙医，心里害怕。牙医不得不给鳄鱼看牙病，心里也是害怕。两人心里都在打鼓，又不得不做。……好不容易拔了牙的小鳄鱼心想：‘真痛啊，我明年真的不想再看到他……’那边牙医也在寻思：‘（鳄鱼的嘴好可怕啊！）我明年真的不想再看到他……’”若能看懂这个故事，说明孩子已经具备了一定的移情能力。

三、情绪管理

研究表明，孩子有效应对和管理各种情绪的能力，是其今后学习、工作与人际交往中很重要的能力，也是高情商的基础。这种能力并不是天生的，而是需要后天习得的，而教养人无疑是孩子学习这项能力的第一任老师。

（一）感知与识别情绪

感知与识别情绪，是情绪管理的第一步，也是调节情绪的基础。在学习与生活中，儿童常常会遇到各种挫折和压力，如考试成绩不理想、好朋友不支持自己竞选班长、家长不给买心仪的玩具、个子矮小等，良好的情绪感知与识别能力有助于儿童及时察觉自己的情绪状态，然后运用恰当的方法及时调整，始终保持积极乐观的情绪。反之，如果不能感知与识别情绪，儿童可能会一直沉浸在消极情绪中，出现大哭大闹、歇斯底里的情况，难以自拔长期积累下来可能导致情绪障碍甚至抑郁。同时，感知与识别情绪能力强的孩子，更容易产生同理心，更能够理解他人的感受，在社交互动中更受欢迎。因此，祖父母在教养过程中要采取合理方法促进儿童感知与识别情绪能力的发展。

1. 祖父母要正确对待儿童的情绪

情绪表达是本能，家长要明白情绪无对错，如孩子笑或哭都不应阻止。所以，当儿童表达出不同情绪时，祖父母要跟他们共情，不应先入为主地把情绪分出优劣高下，更不应刻意去让孩子回避某些情绪。尤其是面对孩子的负面情绪，祖父母不要大声责备打骂孩子，也不要试图给孩子讲道理，而是耐心倾听，了解出现情绪问题的真正原因，理解孩子的感受，接纳孩子的情绪。

2. 玩情绪匹配游戏

祖父母在教养过程中可以利用情绪表情卡片和孩子一起玩情绪匹配游戏。例如，在绘本阅读时，如果出现情绪场景，如“小朋友奔跑时摔倒了，疼得哇哇大哭”，就可以让孩子从情绪表情卡片中找到对应“伤心”的表情卡片。也可以反过来，祖父母先出示情绪表情卡片，然后让孩子描述在什么情况下会出现这种情绪，如看到“开心”的表情卡片，孩子会描述“妈妈给我买了变形金刚玩具时我很开心”。通过这种配对游戏，引导孩子将情绪和具体情境联系起来。

3. 情绪角色扮演

祖父母给孩子讲故事或者读绘本时，可以和孩子一起进行角色扮演，帮助孩子感知与识别情绪。以《气呼呼的帽子》为例，祖父母扮演拉维，孩子扮演妹妹，拉维被妹妹惹恼了，拉维很生气，一脚就把妹妹的小汽车给踩坏了，这时祖父母可以做出捶胸顿足的生气愤怒动作，让孩子说一说这是什么情绪，把妹妹的小汽车踩坏了，让孩子说一说自己什么心情，再引导孩子做出相应的表情和动作。

（二）恰当表达情绪

当孩子能正确感知与识别情绪后，才能慢慢学会通过表情、声音和身体动作等适当的方式表达自己的情绪。例如，奶奶正在家里弯着腰收拾散落的玩具，爷爷接宝宝放学回家，奶奶站直身体用手拍打着腰部去给宝宝削苹果，宝宝走过去一边帮奶奶捶背一边说“奶奶你腰又疼了，不要收拾了，我来收拾吧”。可以看出，宝宝从奶奶的动作识别出奶奶腰疼，为了让奶奶舒服，宝宝安抚奶奶自己来做，这说明宝宝识别与表达情绪的能力较好。而有些孩子不但不能从他人的反应中正确认知自己和他人的情绪，甚至对外部刺激做出不恰当的反应，如大哭大闹等。

1. 允许儿童表达各种情绪

在家里，与孩子共处时，祖父母需营造宽松包容氛围，给予无条件的爱，以温和、耐心的态度相待，让孩子获得安全感。例如，孩子辛辛苦苦拼搭好的乐高积木被弟弟撞坏了哭闹时，祖父母不要急于制止，而是先抱抱孩子，用柔和的语气说：“宝贝，乐高积木撞坏了你很伤心难过，奶奶知道。”这种接纳和理解能让孩子放松，愿意表达更多的情绪。

2. 提供表达情绪的空间

在家里为孩子设置一个“秘密基地”。可以是个小帐篷，放置一些柔软的靠垫或者是孩子喜欢的毛绒玩具，当孩子情绪激动时，引导孩子到他的秘密基地，把心里不开心的事情说给玩偶听。例如，当孩子竞选班长落选，且得知最好的朋友没有投他票时，孩子很生气，回到家伤心哭泣。此时，祖父母可以引导他来到秘密基地，说“去你的秘密基地待会儿吧，把不开心的事情讲出来”。在那里，孩子可以大声说出自己的不满，也可以通过拍打靠垫等方式来宣泄情绪。

3. 教给孩子情绪表达小技巧

当孩子遇到情绪问题时，教给孩子多使用第一人称“我觉得……”“我很伤心……”这样的句式来表达。例如，弟弟把哥哥的积木撞坏，可以让哥哥说：“我觉得你撞坏了我的积木，我很难过，因为是我辛辛苦苦拼了好几天才拼好的。”这样的表达方式可以让孩子清晰地表达自己的感受，避免了一味指责“你撞坏我的积木，你太讨厌了”。这样既可以避免矛盾冲突，也可以让弟弟更容易理解和接受哥哥的愤怒与伤心。

4. 鼓励孩子梳理情绪产生的原因

对于年龄稍大的孩子，家长可以引导孩子讲出造成情绪的具体事情。例如，孩子数学考试没考好很沮丧，祖父母和他谈心，帮助孩子梳理造成这次考试不理想的具体原因：“你能讲一讲哪些题目不会吗？是计算题还是应用题？”孩子分析道：“计算题和应用题还好，就是选择题和填空题错太多了，一些细节没注意。”通过这样的分析，孩子能更好地查找原因，梳理自己的情绪，家长也能给予针对性指导。

微课视频：任性宝宝变形计

（三）控制调节情绪

相对于成年人而言，儿童的情绪具有易变、易冲动、易传染等特点。他们常常因为外部刺激而非常兴奋或者非常难过，难以控制自己。随着大脑的发育，情绪的冲动性逐渐减弱，调节控制能力逐渐增强，情绪逐渐稳定。因此，调节和控制情绪是儿童情绪发展的高级阶段，是儿童社会化过程中的一项重要能力。例如，情绪调节能力强的儿童更容易受到同伴的喜爱，更容易与人交往。研究表明，当儿童感受到积极情绪时，他们在记忆测试和分类任务中做得更好，并在问题解决过程中表现出更具创造性和更灵活的学习能力。因此，家庭教养中，应教导孩子运用自身的力量，采取恰当的方法来调节和控制情绪，摆脱、减少和消除不良情绪，保持积极稳定情绪。

1. 设置情绪宣泄的出口

大部分家长希望孩子永远开心，远离不良情绪。但“人生不如意十之八九”，挫折失望难避免，若孩子当下不良情绪没有得到释放，积累到一定程度终会宣泄。当孩子委屈时被家长要求“不许哭”“不许叫”，常出现两种极端：一是外放式，借肢体撒泼打滚、打人咬人；二是内敛式，因情绪不被认可，自认有错，进而焦虑、自卑甚至抑郁。因此，当孩子有不良情绪时，不要堵住孩子情绪宣泄的出口，允许孩子将不良情绪宣泄出来。

2. 绘画宣泄情绪

弗洛伊德说：“一切被压抑的东西都要寻求表达。而人们通常呈现四种表达方式如躯体化、行动化、言语化、艺术化。”脑科学的研究表明，儿童左脑的逻辑思维能力尚未充分发展，绘画等艺术活动成为他们宣泄情绪、处理内心冲突的重要途径。因此，家庭中为孩子准备一些绘画工具是很有必要的。当孩子情绪复杂难以诉说时，通过绘画，让孩子借助画笔和色彩来表达自己的情绪和感受，从而释放内心的冲突和压力，让自己平静下来，回归理性思考。

3. 运动宣泄情绪

《世界日报》上发表过一项研究，经常运动者比“四体不勤”者快乐感多出 52%；足够运动者的快乐感，比不运动者多 29%。通过运动分泌的多巴胺、血清素等“快乐素”，是治愈情绪的良药。当孩子情绪不佳时，可以鼓励孩子选择一些适当的运动，如跳绳、跑步、打篮球等，通过运动释放身体里的紧张能量，让孩子逐渐平静下来。

4. 深呼吸和冥想

孩子情绪激动时，可教其深呼吸、冥想来平静情绪。例如，让孩子静坐闭眼，想象身处美丽花园，慢吸慢呼，摒弃杂念专注呼吸，放松身心，恢复内心平静。

《3—6 岁儿童学习与发展指南》——情绪安定愉快教育建议

四、点亮好奇心

儿童的好奇心主要是指儿童具有好奇感，有寻求新信息的兴趣，有对新知识的敏锐等。陈鹤琴先生认为好奇心是儿童的天性之一，与好动、模仿、游戏等天性一起，构成了儿童发展的基础。儿童好奇心常体现为好问：幼儿期多问“是什么”，小学阶段转向“为什么”“怎么样”，到初中则对复杂社会现象、科学原理（如宇宙探索、人工智能）及抽象概念等产生强烈兴趣。

（一）积极回应孩子提问

当孩子提出问题时，无论这个问题多么简单或是古怪，家长都要给予积极回应。即使有些问题不能马上给出准确的答案，也要如实告诉孩子自己也不太知道，可以和孩子一起用手机或电脑查找答案，满足孩子的好奇心。切忌用“不知道”“你问这个无聊的问题干什么”来敷衍孩子，这样会挫伤孩子提问的积极性。

成人的态度对儿童好奇心的影响

（二）引导孩子深入思考

人思考时大脑多区域血流上升、神经元活跃。孩子说不会或问为什么时，不要马上告诉他答案，让他先思考，因思考越深效果越好、记忆越牢。有时确需大人回答问题时，在回答完孩子的提问后，可以进一步引导孩子深入思考。例如，带孩子外出，孩子问：“为什么汽车玻璃窗上有雾气？”回答了孩子的这个问题后，可以接着问孩子：“那你知道怎么样才能不让汽车玻璃上有雾气吗？是开冷风还是开热风？”这样孩子从一个简单的问题开始，持续探究，进行更深入的思考，不断拓展他们的视野。

（三）鼓励孩子进行探索

在家里放置一些科学探究的器材，如放大镜、显微镜、望远镜、动植物标本、磁铁、图书等，引导孩子观察平时肉眼看不到的奇妙世界，进行一些初步的科学探索小实验，如彩虹实验、磁铁吸铁等，思考现象背后的科学原理。日常玩耍中，孩子遇到问题时，鼓励其自己想办法解决。例如，几个小朋友在沙池里玩沙，需要用一个漏勺把沙子装进一个酸奶瓶子里，但勺子有洞，会把盛起来的沙子漏掉，瓶子很难装满。这时候孩子会向大人求助，如果大人直接教给孩子怎么做，孩子玩两下就不玩了，因为没有新奇感和挑战性。如果大人让孩子自己摸索，一开始他可能不会，但摸索一会儿后，他会发现把瓶子拿近些，勺子虽然会漏，多盛点沙子一下子漏不完，还是会装进瓶子里一些，多装几次瓶子就满了，装满后孩子很高兴，体验到探究的乐趣和成就感，这种主动探究会让孩子在沙池里玩上很长一段时间。

（四）允许孩子犯错

当孩子在好奇心驱使下进行探索不小心犯错时，家长不能简单粗暴斥责孩子，而是和孩子一起查找错误的原因，鼓励孩子敢于尝试，呵护孩子尝试的勇气，帮助孩子积累经验，不断进步。例如，孩子在做科学小实验时，因为操作不当导致实验失败，把家里卫生弄得一团糟。家长可以和孩子一起打扫，分析是哪一个环节出了问题，然后重新进行实验。这样孩子不仅能够满足好奇心，还能培养解决问题的能力。

第四节　文化传承

文化传承是维系一个国家、一个民族精神血脉的关键途径。在全球化浪潮冲击下，多元文化思潮交汇碰撞，传统文化遭遇前所未有的冲击与挑战。隔代教养作为一种普遍存在的家庭教养方式，肩负文化传承的特殊使命。祖辈们积累了丰富的文化知识和生活智慧，他们对传统文化有着更为深刻的理解与认同，有责任且满怀热情，将宝贵的文化财富传递给年轻一代，增强年轻一代对传统文化的认同感与自豪感，帮助他们在多元文化背景下坚守本民族的文化根基。

一、隔代教养的文化使命

祖辈在文化传承中扮演着重要的角色，他们不仅是家族历史的见证者，更是传统文化的守护者与传播者。

（一）祖辈是家族历史的见证者

祖辈是家族历史的见证者，他们亲身经历了家族的发展与变迁，对家族的奋斗历史、传统习俗、家风家训、方言及家族成员之间的关系有着深刻的记忆和理解。这些记忆是他们向孙辈传授家族文化的重要素材，通过向孙辈讲述家族历史、习俗和家族的重大事件，不仅让孩子了解家族的历史起源和发展，更增强他们对家族的归属感和自豪感。

（二）祖辈是传统文化的守护者

祖辈对传统文化理解深刻，是传统文化的守护者。他们深知传统文化是民族精神血脉、基因，连接过去与未来。因此，他们不遗余力地坚守这份宝贵的遗产，拱卫精神家园。

蓝印花布技艺的
守护与传承

（三）祖辈是传统文化的传播者

祖辈不仅是传统文化坚定的守护者，还是传统文化的传播者。他们通过讲述传统故事、庆祝传统节日、传授传统技艺等多种方式将传统文化传递给孙辈，帮助他们在多元文化背景下坚守本民族的文化根基。

案例小故事

传统文化的传播者

李爷爷可是个厉害人物，他对那些老传统、老手艺，宝贝得不得了。

每年春节，村里都要舞龙舞狮。这舞龙的手艺，李爷爷那是精通得很。有一年，村里年轻人都外出打工了，春节回来得晚，眼看就要到舞龙的时候了，还没人组织。李爷爷着急了，挨家挨户地敲门，把村里的小伙子们都叫到了一起。然后，李爷爷就开始手把手地教大家。他先给大家讲舞龙的规矩和技巧，耐心地一个一个指导纠正。在李爷爷的指导下，那次的舞龙表演特别成功，赢得了大家的阵阵掌声。

李爷爷用他的热情与坚持，守护并传播着我们的传统文化。

二、家风的传承

（一）家风的定义与构成

家风又称门风，指的是家庭或家族世代相传的风尚、生活作风，即一个家庭当中的风气。家风是给家族成员树立的价值准则，主要包括价值观念、生活态度、行为准则、传统习俗和道德伦理等方面。这些要素相互作用，共同构成了一个家族独特的文化氛围和精神风貌。

（二）家风对儿童成长的深远影响

家风是家庭文化的核心，是孩子成长重要环境因素，影响深远。优良家风不仅有助于营造良好家庭环境，促进儿童家庭关系和睦，保障儿童身心健康；更是孩子树立正确世界观、人生观、价值观的重要依托，对弘扬中华民族传统美德意义深远。例如，崇尚自立自强的家风，能培养儿童独立思考、自我管理的能力及承担责任的品质；强调清廉俭朴的家风，能培养儿童吃苦耐劳、勤俭节约的品质。优良家风不仅有助于儿童个人成长，还能以千万家庭的好家风汇聚成社会好风气，为社会和谐发展筑牢支撑。

（三）家风建设的实践路径

1. 确立家风的价值导向

家风的价值导向是家风建设的核心与灵魂，决定着家风建设的方向与目标。新时代语境下，家风建设既是传统文化的传承发展，也是塑造弘扬民族精神、增强文化自信的重要路径。因此，家风建设需坚守传统美德传承，让年轻一代在多元文化冲击下，厚植对传统文化的认同感与自豪感，筑牢文化自信根基。此外，要将社会主义核心价值观（富强、民主、文明、和谐；自由、平等、公正、法治；爱国、敬业、诚信、友善）深度融入家风建设，使这些价值准则成为家庭成员的行为标尺。

2. 在日常生活中培育践行优良家风

第一，梳理家族故事，提炼适配当代家庭的家训，如诚实守信、勤劳节俭、崇德向善等内容，张贴在家中醒目位置，潜移默化提醒家庭成员。

第二，在日常生活中，注重引导儿童践行传统礼仪，像尊老爱幼、文明用餐；长辈有需求时，主动施以援手，如搀扶、拎重物等，培养感恩与助人意识。

第三，在家庭生活场景中，倡导勤俭节约、勤劳致富理念，以光盘行动、节约用水用电、崇尚劳动等为指引，提醒家人珍惜资源、摒弃奢靡。

第四，在家庭人际交往中，倡导团结和睦氛围。强调兄弟和睦、夫妻恩爱、邻里友善，注重和谐。日常生活中，兄弟姐妹之间要互相谦让、少起争执；夫妻间彼此尊重、携手同行；邻里间互相帮助、和谐相处。

第五，借家庭聚会、户外郊游契机，组织参观博物馆、纪念馆，观看爱国影片，游览大好河山等，培养年轻一代的家国情怀，激发爱国热忱，深化政治认同。

案例导读

吴奶奶的家风——严贤慈善

在一处普通社区，住着备受尊敬的吴奶奶。吴奶奶秉持“通情达理、关爱晚辈、团结邻里、家庭和睦”的理念治家，将儿子培育成优秀军人，儿媳成长为银行骨干，孙女荣获区级“美德少年”称号。吴奶奶坚信，家庭和睦的关键在于包容尊重，教育子女时，以“严以律己、贤德立身、慈怀待亲、善泽他人”为准则。

生活中，吴奶奶积极投身社区活动，对年轻人满怀尊重，家庭氛围民主开明。作为移风易俗志愿者，她倡导文明风尚。吴奶奶全家人坚持传承传统美德，践行现代文明，彰显了家风建设对家庭和谐与社会文明的重要作用。

三、传统技艺的传承

（一）传统技艺的介绍与学习

传统技艺是中华民族传统文化的重要组成部分，涵盖手工艺、音乐、书法等多种形式。祖辈通过亲身示范和指导，将这些传统技艺传授给年轻一代。

例如，王爷爷是一位六十多岁的老木匠，木雕技艺非常精湛，他的孙子王强自小跟在他身边，看着一件件精美的木雕作品在王爷爷手下诞生，令王强十分惊叹，萌发了对木雕的浓厚兴趣，常常缠着王爷爷教他。王爷爷就从最基础的工具使用开始，逐步教王强雕刻简单的图案。通过王爷爷的系统训练和教导，王强的木雕作品也时常获奖。通过学习木雕，王强不仅锻炼了动手能力，还懂得了木雕是中国传统文化的重要组成部分，有着悠久的历史和丰富的文化内涵，增强了对传统文化的认同感。

（二）传承传统技艺的实践路径

在隔代教养模式下，祖辈通过言传身教将传统技艺教授给孙辈，这种传承不仅丰富了孩子的知识和技能，还增强了家庭的文化底蕴。

1. 充分利用祖辈资源

不同的家庭资源不同，有的祖辈长于书法，有的长于剪纸，还有的象棋水平精湛，再加上祖辈有更多的时间陪伴孩子，因此祖辈可以结合自身所长，利用生活中的碎片时间，指导孩子学习传统技艺，像教孩子练书法、剪纸、弹琵琶、拉二胡等。

2. 尊重孩子兴趣

传统技艺的学习需要长期坚持，不能仅靠祖辈的优势和资源，要注重激发孩子的兴趣，祖辈应多鼓励孩子，避免因强迫导致孩子产生抵触心理。例如，祖辈可以经常带孩子观看演出、画展，有机会的话还可以让孩子参与一些简单的表演，增强孩子的成就感和学习兴趣。

3. 循序渐进练习

孩子的骨骼发育尚未成熟，不能长时间固定姿势、固定动作练习，练习的时间也不宜过长，建议采用动静结合的方式，以免影响骨骼发育。根据不同年龄段的孩子，选择难度不同的技艺循序渐进练习。例如，戏曲练习，祖辈应从简单的发声技巧、步伐动作开始教，避免急于求成。编织技艺也是如此，对于年幼的孩子，应从简单易学开始，如折纸、剪纸、玩教具编织等。随着孩子年龄的增长，可以逐渐增加难度，如尝试毛线编织、刺绣等。

4. 结合故事和文化背景

每一项传统技艺都蕴含丰富的文化内涵，有着独特的风格和精湛的技艺。祖辈除了教孩子学习一些基础的知识与技能外，可以结合传统技艺的文化背景和故事进行讲解，让孩子了解蕴含其中的历史、文化内涵和工匠精神。例如，祖辈陪孩子下象棋时，可以结合楚河汉界讲授有关刘邦项羽的历史故事；教孩子学古筝时，可以讲授伯牙子期的故事；教孩子刺绣时，可以讲一讲养蚕、缫丝到织造、印染，每一步都体现着工匠的勤劳和智慧。

5. 游戏化教学

越是年幼的孩子越喜欢游戏和寓教于乐，因此祖辈可以结合游戏活动，让孩子在轻松愉快的氛围中学习和体验传统技艺。例如，张爷爷是京剧票友，他经常带孙子张元强参加社区组织的京剧活动。活动中张元强被京剧的鼓点吸引，张爷爷就在家里用玩具小鼓教张元强敲简单的节奏。通过游戏互动，张元强逐渐对京剧乐器产生了浓厚的兴趣，并开始跟着爷爷系统学习。

四、传统节日与习俗的传承

中国传统节日是中华文化重要组成，承载千年历史记忆和文化内涵，是中华民族精神象征及文化传承纽带。祖辈利用传统节日庆祝活动，讲述传统节日的由来和习俗的意义，让孩子们深刻理解和感受到传统文化的魅力和家庭的温暖。许多年轻父母由于生活方式和生活环境的改变、多元文化的冲击以及生活节奏的加快，对传统节日及习俗的认知有所淡化，祖辈无疑在传统节日文化传承中承担更多责任。

（一）营造节日氛围，增强感性认知

年幼孩子以直接感知、亲身体验和实践操作为主要学习方式。传统节日来临时，祖辈可带孩子布置家庭环境、制作节日美食，增强其对习俗的感性认知。例如，端午节挂艾草、春节贴春联、元宵节挂灯笼等，借仪式感让孩子直观感知习俗。另外，祖辈可以和孩子一起采购食材、制作节日特色美食，如端午节和孩子一起洗粽叶包粽子，中秋节做月饼，腊八节熬腊八粥，春节时包饺子等，既让孩子亲身体验节日气氛，又通过实际操作锻炼动手能力，融洽祖孙感情。

（二）讲述节日故事，感受文化内涵

传统节日作为民族情感与民族精神文化的载体，为中国人提供了文化认同感，每一个传统节日有着不同的起源、表象作用和教育意义。但现实生活中，一些孩子对传统节日的了解，只限于吃什么、放几天假，远远没有领悟传统节日蕴含的伦理道德、价值观念等文化内涵。因此，祖辈在过节时，给孩子讲述与节日有关的故事，向孩子介绍节日的历史背景，让孩子体验祖先的历史、智慧、想象、道德观和价值观。例如，端午节讲屈原的故事，让孩子通过故事感知屈原热爱国家、热爱人民，人民也热爱他，怀念他。讲一讲过年前，要理发沐浴、打扫房屋、“小民虽贫者，亦需新洁衣服”，让孩子感受辞旧迎新中蕴含的中国人坚韧、乐观的社会文化心理。

（三）参加节日庆祝活动，启蒙传承兴趣

家庭内，可带孩子参加传统节日的仪式，如春节祭祖拜年、清明扫墓、重阳登高等；也可参加社区活动，如元宵猜谜、舞龙舞狮、英歌舞等，不仅让孩子感受节日欢乐祥和的气氛，让孩子在参与中感受传统文化的庄重和神圣，还能启蒙孩子对传统民俗活动的兴趣，为文化传承注入新鲜力量。

出圈的英歌舞女孩

五、家族文化的传承

健康正向的家族文化是家族的精神财富，凝聚着成员共同的记忆与信仰，更是孩子成长中潜移默化、浸润心灵的优质环境，被誉为“最奢侈的传承”。中国古代的家族文化灿若星河，如曹操、曹丕、曹植，历史上号称“三曹”，都是著名的文学家；东晋王羲之和王献之，都以书法闻名于世；唐宋八大家中的苏门三学子——苏辙、苏轼、苏洵，皆以诗礼传家举世盛名；现代大名鼎鼎的为中国科学事业做出卓越贡献的“三钱”——钱学森、钱伟长、钱三强。

家学渊源育良才

（一）整理家族文化

有条件的祖父母，可梳理家族重要人物、重大事件与成就，将老照片、家书、奖状等按时间顺序整理，标注清晰时间、地点、人物及事件；再把家书、证书扫描或拍照，转成电子文档储存。还可借助现代信息技术，制作家族专属公众号或网站，定期发布家族故事、历史资料、成员动态等内容。

（二）鼓励年轻一代参与家族文化传承

祖父母可带孩子到自己的工作坊（工作室）现场观摩，激发孩子对家族文化的兴趣，进而鼓励孩子参与家族文化的研究和保护。例如，在晾晒药材时，祖父母可教孩子辨认药材、判断晾晒是否到位，讲解不同药材功效，让孩子帮忙翻动、收纳、储存，在实践中渗透家族文化。

（三）创新传承方式

祖父母可以将家族文化与年轻一代的兴趣爱好结合，不断探索新的传承方式。家族文化传承，过去靠日常教导、言传身教、口耳相传，如今可借数字技术、VR 技术，重现历史场景，让后辈沉浸式体验。例如，利用视频制作软件，将家族故事、老照片、视频、音频等资料整合编辑，制作成家族文化短视频，上传到家族网站或视频账号上，便于家族文化的保存和传承，扩大家族文化的影响。

本章小结

关键词

隔代教养；科学照护；习惯养成；文化传承；科学喂养；情绪管理；家风传承

课后思考

一、单项选择题

1. 在婴幼儿科学喂养中，6 个月内婴儿如果是纯母乳喂养，(　　)。

A. 需要大量补钙

B. 不需要额外补钙，但要多晒太阳和补充维生素

C. 需补充大量维生素

D. 需添加鲜奶补充营养

2. 下列说明孩子可以添加辅食的情况是 (　　)。

A. 看到大人吃饭无反应　　B. 顶舌反射未消退

C. 能独立坐稳并控制头部　　D. 体重未达到出生时两倍

3. 为培养孩子的阅读习惯，下列做法正确的是 (　　)。

A. 强制孩子阅读家长选的书

B. 孩子阅读时频繁打扰

C. 家长以身作则，营造阅读氛围

D. 不考虑孩子意见安排阅读时间

二、多项选择题

1. 隔代教养中，培养孩子良好睡眠习惯的方法有 (　　)。

A. 规划儿童活动，有规律地就寝

B. 建立睡前程序

C. 孩子夜间哭闹立刻抱起安抚

D. 正确对待尿床现象

2. 下列属于培养孩子移情能力的方法有 (　　)。

A. 情景体验　　B. 减少同伴交往

C. 实践活动　　D. 故事分享

3. 传承传统技艺的实践路径包括 (　　)。

A. 充分利用祖辈资源　　B. 强迫孩子学习

C. 循序渐进练习　　D. 结合故事和文化背景教学

三、简答题

1. 简述在隔代教养中如何进行有效的安全防护。

2. 简述如何培养孩子良好的饮食习惯？

3. 简述情绪管理中帮助孩子控制调节情绪的方法。

四、案例分析题

明希的父母工作繁忙，他一直和外公外婆生活。最近，明希对学习产生了抵触情绪，经常不按时完成作业。外公外婆很担心，苦口婆心地劝导明希，但是效果不明显。请根据隔代教养的相关知识，给明希的外公外婆提出合理的建议，帮助明希改善学习状况。

参考答案

第五章

不同类型家庭的隔代教养

学习目标

知识目标

了解核心家庭、主干家庭、单亲家庭、留守儿童家庭、重组家庭的结构特点，理解不同类型家庭开展隔代教养时面临的挑战；熟练掌握各类家庭隔代教养的实施要点。

能力目标

能依据不同类型家庭的结构特点与实际需求，针对性提供隔代教养建议；精准识别各类家庭隔代教养中出现的问题，运用专业知识进行有效干预和引导。

素养目标

引导学生树立正确的家庭观念，尊重不同家庭结构中的成员；培养学生的社会责任感，关注家庭隔代教养问题，为构建和谐家庭积极贡献力量。

思维导图

- 第五章 不同类型家庭的隔代教养
  - 第一节 核心家庭的隔代教养
    - 核心家庭的特点
    - 核心家庭的挑战
    - 核心家庭中隔代教养的要点
  - 第二节 主干家庭的隔代教养
    - 主干家庭的特点
    - 主干家庭的挑战
    - 主干家庭中隔代教养的要点
  - 第三节 单亲家庭的隔代教养
    - 单亲家庭的特点
    - 单亲家庭的挑战
    - 单亲家庭隔代教养的要点
  - 第四节 留守儿童家庭的隔代教养
    - 留守儿童家庭的特点
    - 留守儿童家庭的挑战
    - 留守儿童家庭隔代教养的要点
  - 第五节 重组家庭的隔代教养
    - 重组家庭的特点
    - 重组家庭的挑战
    - 重组家庭隔代教养的要点

案例导读

丽丽是一个很要强的孩子，平日里喜欢画画、跳舞、讲故事，在班级里深受同伴的喜欢。丽丽无论学什么都很投入、很自信。中班下学期，常接送她的奶奶悄悄告诉老师，丽丽的父母离婚了，她被法院判给了爸爸，爸爸因工作忙，把孩子托付给爷爷奶奶带。原本活泼开朗的丽丽在集体面前变得容易哭鼻子，一旦有人说她不好时就会闹脾气。奶奶说她在家里也很犟，做一些小事情总是讨价还价，喜欢跟大人对着干。每当爸爸回来看她时，她连打招呼都不愿意。爸爸非常希望女儿能够和自己多多交流，但女儿生硬的态度让爸爸很失望。妈妈再婚又生了小弟弟，也很少来看望丽丽。因此，照看丽丽的生活与学习的重任都落在了祖辈身上。眼看丽丽快大班毕业了，奶奶也不懂如何教育丽丽，担心教不好丽丽，上小学跟不上，索性让丽丽开始学习拼音、识字、计算等内容。

这个案例中，同学们发现是什么原因造成丽丽的变化？该怎么帮助丽丽呢？学完本章内容后，同学们可以尝试给丽丽的奶奶和父母提供一些专业性的教养建议和指导。

由血缘和婚姻关系组建起来的家庭，由于其成员间的关系不同，便有了不同的结构类型，不同的家庭结构以其独特的环境氛围对孩子的发展产生不同的影响。费孝通结合我国国情，将家庭结构划分为核心家庭、主干家庭与不完整家庭（亦称残缺家庭，涵盖单亲家庭、留守儿童家庭等）。家庭系统理论强调，家庭环境构建了一个安全系统，对青少年的情绪和行为产生深远影响。家庭系统不仅受到个体行为的影响，还会对其行为产生影响。

第一节 核心家庭的隔代教养

核心家庭指由一对夫妇与他们的未婚子女组成的家庭。根据第七次人口普查的数据，两代户的核心家庭是我国目前家庭结构的主要类型。这种家庭结构类型在现代社会中具有独特的优势和特点。

微课视频：核心家庭的隔代教养

一、核心家庭的特点

（一）结构简单

核心家庭成员数量少，一般由一对夫妇和他们的孩子构成，因此家庭关系比较简单。这一结构特性赋予了核心家庭独特的优势，首先表现在家庭成员数量少可以提升交流和决策的效率，有利于家庭成员保持一致的教育理念和教育行为。其次，由于家庭规模较小，父母更易聚焦孩子的教育发展，依据其个性特点因材施教。例如，在孩子的教育过程中，核心家庭中的父母更容易达成一致意见，避免因家庭内部成员教育理念分歧而对孩子产生的不利影响。最后，简单的家庭结构减少了因复杂亲属关系造成的冲突与矛盾，为孩子营造了一个更加和谐的成长环境，有利于孩子全面健康成长。

（二）独立性强

核心家庭的独立性特征显著，集中体现为对家族其他成员的依赖程度相对较低。无论是家庭事务的处理，还是日常生活方式的选择，核心家庭更多是由夫妻双方自主协商决定，不必依赖其他家族成员的意见。这种独立为核心家庭带来了自主性，使其能够紧密围绕自身的实际需求与价值取向，对子女教育进行合理规划，有效规避了家族传统观念和陈旧习俗所带来的潜在压力，为子女的个性化发展提供了广阔空间。例如，在为孩子选择幼儿园或者学校时，夫妻双方可以充分结合自身的职业发展规划、通勤条件，以及经济承受能力等因素做出合理选择，无需过度考虑其他家族成员的看法；在子女教育方法的选择上，核心家庭同样可以依据自身的教育理念，根据孩子的实际情况，灵活做出选择和调整，减少外界不必要的干涉。

（三）家庭关系直接

在核心家庭中，家庭关系的核心是亲子关系，父母与子女之间的互动和影响更加频繁与直接。例如，在孩子选择补习班方面，父母可以依据自己的知识体系和家庭的具体状况，直接决定孩子是否要参加补习班，以及选择哪一种补习班。在教育观念方面，父母也不用像主干家庭那样与祖辈进行沟通协调，可以直接把自己的教育理念应用到孩子的教育实践中，使得亲子关系在核心家庭中占据主导地位，孩子与父母的情感联结也变得更加紧密。

（四）灵活性高

与杂居家庭和主干家庭相比，核心家庭由于家庭成员数量少、结构相对简单，因此在做决策时更加高效，并能根据社会大环境的变化灵活调整其生活方式和教育方式。例如，当社会发展对教育的要求发生改变时，核心家庭能够及时选择最适合其子女的教育资源和方式；当夫妻中的一方面临离职时，他们可以通过共同协商，调整消费策略或寻找灵活的工作机会以增加收入，从而确保家庭经济的稳定；在教育方面，核心家庭可以根据孩子的实际情况，选择适合他们的教育方法，而不是被传统的教育模式所束缚。

二、核心家庭的挑战

在现代社会，核心家庭已成为一种常见的家庭结构，由父母与未婚子女组成，虽然具有诸多优势，但也面临着一系列挑战。例如，代际关系弱化、教育资源不足和教育观念单一等问题，对家庭的稳定和谐与子女的成长产生影响。

（一）代际关系弱化

核心家庭的人员少、结构简单，通常由父母与未婚子女组成，很少有祖辈参与。这样的家庭结构在一定程度上提升了家庭决策效率，却也弱化了代际关系。在核心家庭结构里，缺少祖辈与孙辈的日常交流，使得代际间的相互帮助变难，可能让老年人情感孤独，也剥夺孩子从祖父母处学习传统价值观与生活经验的机会。

另外，随着社会流动性增强、城镇化加快，核心家庭代际分离现象愈发突出。许多年轻人为求更好的职业发展，远离家乡在大城市定居，导致农村出现众多“空巢老人”现象，城市独生子女家庭也面临养老压力增大、代际支持不足问题。这种代际关系弱化，不仅影响家庭内部情感，还可能给整个社会养老制度带来深远影响。

（二）教育资源不足

教育资源不足也是核心家庭面临的突出问题。具体表现在以下方面：现代社会竞争激烈，父母为了给孩子提供更好的生活条件，往往忙于工作，每天早出晚归，甚至加班加点，孩子放学回家后只能独自学习，缺少父母的监督与引导，在学习上容易出现松懈和敷衍。另外，教育成本的不断上涨也给核心家庭带来了沉重负担，导致核心家庭可能因经济压力无法为孩子提供丰富的教育资源和个性化教育指导服务，如无法为孩子购置先进的学习设备及各类课外书籍、学习软件等。

（三）教育理念单一

核心家庭还存在教育理念单一的问题。许多年轻的父母受现代教育和社会思潮的影响（如鼓励孩子多元发展、培养独特技能等），更注重培养孩子的综合素质和个性发展，经常花大量时间和金钱让孩子学习钢琴、绘画、围棋等现代课程，导致孩子没有时间去了解和学习传统文化相关的内容。然而，祖辈有着丰富的生活经验和传统的价值理念，如勤劳节俭、艰苦奋斗等，他们往往能够通过日常生活中的言传身教，向孩子传递这些价值观和传统文化。但在核心家庭中，祖辈参与的机会较少，孩子对传统文化的了解只限于书本、电视和网络媒体，缺乏实际体验与情感认同，不利于孩子的全面发展和文化传承。

（四）经济压力大

在现代社会家庭结构的研究范畴中，核心家庭作为由父母与未婚子女组成的基本家庭类型，在家庭教育方面承受着日益凸显的经济压力。随着社会对高素质人才要求的不断提升，优质教育资源的成本持续走高。在幼儿时期，为了让孩子赢在起跑线上，家长往往需要支付高昂的私立幼儿园学费。进入小学，虽然义务教育减免学费，但各类辅导班、兴趣班及素质拓展活动的费用成为家庭的一项重要开支。再者，有些家长为了孩子能够接受更好的教育，会选择在优质学校周边购置天价学区房，这无疑加重了年轻父母的经济负担。这种经济负担如果长期得不到缓解会使父母产生负面情绪，甚至会传递给孩子，进而对孩子的成长与发展产生潜在的不利影响。

三、核心家庭中隔代教养的要点

（一）沟通与协作：构建和谐教养环境的基石

核心家庭的隔代教养模式里，祖父母与父辈间的有效沟通和协作至关重要。一方面，因核心家庭里孩子与父母生活在一起，日常教育以父母为主，祖辈扮演协助者角色，侧重填补父母职场时间缺口，在父母出差、加班时，承担生活照料、接送孩子上下学等事务。另一方面，因祖辈与父辈经历不同时代，教育理念与方式有显著差异，若沟通不畅，易引发家庭内部矛盾冲突，给孩子成长带来负面影响。此外，核心家庭以父母教育为主，祖父母多临时帮忙，务必保持信息畅通，信息偏差或遗漏可能造成麻烦。例如，妈妈周末加班，交代姥姥陪孩子去舞蹈班，舞蹈班老师临时调课并通知妈妈，妈妈未及时转告姥姥，致使姥姥带孩子白跑一趟，浪费一上午时间。

案例导读

刘女士的儿子健健三岁，日常教养主要由刘女士夫妇负责，夫妇俩偶尔加班、出差时，姥姥会过来帮忙。本来和和美美的一家人，因为孩子的教育问题不时出现些小摩擦。例如：以前健健喝水一点儿不费劲，一杯凉开水几口就喝了。姥姥又放糖又放果珍，健健再看见白开水就摇头。还有健健本来已会自己穿鞋袜，姥姥非要包办代替，使得健健的自理能力完全退化。刘女士对自己的妈真有点头疼了，这样下去儿子还不被她宠坏了。刘女士就专门找了个时间和姥姥开诚布公地交流了一下健健的教育问题，姥姥表示接受刘女士的建议和观点，试着改进。

案例来源： https：//baobao.baidu.com/article/7a7d11ca002473c8cba551502386a825.html

（二）尊重与理解：跨越代际鸿沟的桥梁

在祖辈与父辈之间，相互尊重与理解构成了实现和谐教养的关键因素。首先，父辈应当尊重祖辈的教育经验和传统观点。祖辈在长期工作与生活中积累了宝贵的生活智慧和经验，对孩子成长意义重大。其次，祖辈也应该理解并接受现代教育观念。传统观念更加注重孩子的服从和学业成绩，而现代教育则更加强调培养孩子的创新思维和团队协作能力。因此，在幼儿园和学校布置的作业中，经常会有一些任务需要孩子动手操作和团队合作来完成。有些祖辈认为这些作业都是“无用”的，可以不做。在这种情况下，父辈需要耐心地向祖辈解释现代教育的目标和意义，以及这些活动对孩子成长的作用。最后，对祖辈的协助心怀感恩。当祖父母协助抚养教育孙子孙女时，父母要对祖辈心存感激，感谢他们的无私付出。平时，父母有机会要多陪祖辈聊聊天、散散步，在聊天散步过程中自然而然地沟通交流家教理念和做法；经常向祖辈表示赞赏，如多夸赞他们做的饭菜、家中的整洁、孩子的照顾等。

（三）适度放手：给予孩子成长的空间

建构主义的观点认为，孩子在积极探索周围环境时，通过主动探究、操作物体，能获得关于世界的具体与抽象知识，这有助于他们的身心得到发展。因此，在孩子的成长过程中，他们应该通过不断地探索、尝试来更好地理解这个世界并实现个人成长。如果孩子一直生活在成人的保护下，会削弱动手实践能力，导致孩子在成长过程中缺乏体验感。例如，当孩子想要自己尝试穿衣的时候，有些祖辈可能会觉得孩子动作太慢，导致上学迟到，于是会直接帮助孩子穿衣。尽管这类做法为孩子节省了时间，却剥夺其练习机会，长此以往，孩子自理能力易受制约，长大后可能过度依赖他人、丧失独立生活能力。因此，祖辈在协助父母教养孩子时，要做到适度放手。

首先，祖辈需要转变观念，明白孩子的成长需要各种历练，需要不断地吃一堑长一智。当孩子有尝试新事物的意愿时，只要没有危险，祖辈就要积极地鼓励他们去尝试。例如，当孩子想要自己炒蛋时，祖辈可以在一旁给予指导，教他们如何打蛋、开燃气灶、如何防止热油溅到身上，让孩子能够自己动手完成。即使咸淡掌握不好，也要给予肯定和鼓励，让孩子体验到成就感。

其次，祖辈要为孩子创设一个安全的探索环境。例如，在家里为孩子设置一个专门活动的区域，铺设柔软的地垫，并放置一些适合孩子玩乐的玩具、读物。在这片区域里，孩子可以毫无拘束地玩耍、探索，完全不必担心会受到伤害。带孩子外出游玩时，让孩子自己收拾行李，在确保周围环境没有潜在危险时，允许孩子自由活动，以培养他们的独立思考与自主能力。

最后，适度放手并不代表对孩子不管不顾，而是在孩子遇到困难需要帮助时及时出现，给予支持和指导。例如，当孩子在搭建积木时遇到困难，无法拼搭出想要的形状，祖父母可以适时地提供一些建议，帮助孩子尝试解决问题。

（四）慢下来：让孩子按照自己的节奏成长

在祖父母眼里，孩子的动作太慢，因此浪费了很多时间，所以会不停地催促孩子。殊不知，这是孩子自身的节奏，祖父母为何要用成人标准要求他们呢？孩子需花时间体验成人习以为常的活动。例如，成人吃饭多是单纯的进食行为，孩子吃饭时却会体会食物的颜色、形状、味道，让大脑、眼睛、嘴巴协同工作，练习用语言描述食物。这些对年幼的他们都需要时间。

祖父母在不断地催促孩子时，就打破了他们自己的节奏，干扰了他们正在进行的一系列活动。更关键的是，成人在催促时会表现焦虑的情绪，长此以往，这种情绪就会传染给孩子，最终可能导致孩子出现两种极端的表现：要么变得容易焦虑，要么会通过更加拖拉的方式来反抗催促。为此，祖父母可以提前预留出一些时间给孩子，如提前 15 分钟叫孩子起床，让孩子慢慢来。如果孩子拖拉磨蹭，适当让孩子承担迟到的后果。因为孩子是活在当下的，如果不体验后果，他们就无法理解为什么祖父母对自己有这个要求。

孩子只能体验到祖父母的催促、紧张和焦虑，他们不喜欢这些情绪，自然就会选择逃避；他们体验到的只是家长想控制他们，他们不喜欢被人控制，自然就会选择反抗。这就是大人越着急孩子越磨蹭的根本原因。

拓展阅读

罗静：养育孩子慢即是快，家长何不静待花开？

现代社会中，核心家庭具有显著的优势，但也存在不足。隔代教养可以弥补其在教育资源、代际互动方面的短板，不过需要在教育观念与方式上有效沟通协调，实现家庭教育最优效果。

第二节　主干家庭的隔代教养

导读案例

诺诺上幼儿园后，父母因工作忙，将接送孩子的事交给爷爷奶奶。最近王老师发现诺诺碰到动手操作的事情就说“我不会”，为了得到玩具经常攻击同伴，犯了错误不愿意承认。于是王老师前去家访，了解了实际情况：当诺诺摔跤时，爷爷奶奶急着去抱诺诺，不停地安抚他，爸爸妈妈则宁愿他哭，也一定让他自己爬起来；在诺诺吃饭时，爷爷奶奶急急忙忙喂他吃饭，爸爸妈妈的原则是不吃就不吃，要吃就得自己动手吃；当诺诺穿衣时，爷爷奶奶怕他受凉穿很多，爸爸妈妈却说少穿才能体质好。

上述案例同学们是否熟悉？家庭内部两代人教育观念常存差异，易抵消家庭教育合力、引发孩子逆反心理。

一、主干家庭的特点

主干家庭是我国较普遍的家庭结构，又称直系家庭，由父母和一对已婚子女，或由父母、一对已婚子女及该子女的子女等亲属组成。研究发现，主干家庭能够提供更多教育资源，有利于青少年更全面健康地发展，减少青少年抑郁症状的发生。这种家庭结构类型在现代社会中具有独特优势。

（一）家庭成员多

主干家庭由祖父母（或外祖父母）、父母和子女组成，这种多代同堂的家庭结构造成了家庭成员相对较多，主干家庭的成员人数往往超过 5 人，有时还会更多。家庭成员的增多不仅为家庭带来了更多的活力，也为孩子的成长提供了更多的帮助支持与互动机会。在这种家庭环境下，孩子有机会与祖父母、父母及兄弟姐妹进行充分交流，建立深厚的情感关系。

（二）人际关系复杂

家庭成员的增多造成了主干家庭中人际关系复杂，包括祖父母与父母、父母与子女、祖父母与子女等多种不同的关系。这种复杂多样的关系为孩子提供了学习与处理人际关系的机会。例如，在与祖父母的相处过程中，孩子有机会学习尊老敬老的传统美德和优秀传统文化；在与父母相处中，可以感受现代教育理念的影响；在与兄弟姐妹相处中，可以培养谦让、互助、合作与竞争精神。通过多层次、多维度的交往，孩子可以逐步明白尊重他人的想法与习惯是维持良好家庭关系的关键，同时也学会了如何在不同的角色中找到自己的定位，为未来步入社会处理复杂人际关系奠定坚实基础。

资料卡片

家庭人际互动定律

美国的研究者波沙特（Poussart）提出了一个家庭人际互动定律，旨在揭示家庭成员数量如何影响家庭内部的人际关系。依据波沙特的公式，家庭内部的人际关系数与家庭成员数量在数学上呈现出一种计算关系。具体公式为：$N=n(n-1)/2$，其中 N 代表家庭关系数，而 n 则代表家庭的总人数。

按照这个公式，当核心家庭由三名家庭成员组成（即夫妻双方和一个孩子）时，这些家庭成员之间会形成三种不同的关系模式，分别是夫妻关系、父子关系和母子关系。在主干家庭中，如果有祖父母、父母以及一个孩子，也就是五名家庭成员时，那么家庭成员之间的关系数量会迅速扩展到十种。因此，随着家庭成员数量的增加，家庭关系会变得更加错综复杂和多样化。

波沙特的家庭人际互动定律揭示了家庭规模的大小或人口数量将直接影响到家庭成员间的互动的方式和内容。该理论在解析家庭内部的人际关系的动态变化以及家庭结构的演变如何影响家庭关系方面具有重要意义。

（三）家庭结构稳固

多代同堂的居住模式，造就了主干家庭相对稳定的结构，能够为孩子提供较为稳定的生活环境。这种稳定性体现在以下方面。

第一，祖父母可以在经济上给予父母支持，减轻父母的育儿压力，特别是当家庭遭遇经济困境时，三代人可以齐心协力，共同分担，增强家庭抗风险能力，提高家庭生活质量，为孩子健康成长提供坚实的物质基础。第二，祖父母在生活照料上给予支持，如照顾孩子的生活起居、接送上学、日常陪伴，帮助父母更好地处理工作与家庭的关系。当夫妻之间有意见分歧时，祖父母还可以从中调解，化解矛盾。这种生活上的支持使得家庭在日常生活中更加有序，为孩子成长提供温馨有爱的精神支持。第三，祖父母与父母共同为孩子提供情感支持，让孩子感受到更多的鼓励和关爱。这种情感支持有助于孩子形成安全感和信任感，为孩子的心理健康发展提供有力保障。第四，主干家庭中有祖父母的参与，家风家规系统自然地影响年轻一代，有助于培养孩子的品德和行为规范。这种家风家规的传承与影响，不仅涵养了孩子的精神世界，还为孩子的成长提供了正确的价值指引。

（四）人际互动频繁

依据家庭人际互动定律，三口之家的人际关系数为 3，四口为 6，五口为 10。相较于核心家庭，主干家庭的人际互动更为频繁。主干家庭一般包括祖父母、父母和子女三代，不仅有核心家庭所具有的夫妻关系和亲子关系，还增加了祖孙关系和父母与祖父母之间的代际关系，人际关系更复杂，进一步使得人际互动更频繁。例如，在日常生活中，祖父母会分享生活智慧，指导父母的工作和生活，也会给孙辈传授生活技能，助力孩子成长；父母与子女之间也会共享亲子关系，彼此支持，互相陪伴；无论是一日三餐，还是家庭的重大决策，都极大地增加了人际互动的频率。这种频繁的互动不仅丰富了家庭成员的情感体验，也有助于传承家庭文化和价值观，进而对家庭的和谐稳定发展起着重要作用。

二、主干家庭的挑战

（一）教育观念差异

在当今社会，家庭结构与教育理念不断发展变化，祖父母与父母在孩子教育观念上往往存在着较大差异。祖父母成长于传统氛围浓厚的时代，观念深受传统价值观（如尊崇长幼有序、谦虚有礼、勤奋刻苦等）影响。在他们看来，传统价值观是孩子为人处世的基本准则。因此，在生活中祖父母会格外注重教导孩子遵循传统的礼仪规矩，希望孩子能将这些传统规范代代相传。而父母这一代，成长于信息爆炸和多元文化交流碰撞的时期，他们更清楚在竞争激烈的现代社会中，团结协作和创新思维对孩子未来发展的重要性。父母会鼓励孩子积极参与各类团体竞赛，支持孩子学习编程、机器人等新兴科技知识，培养孩子解决问题的能力和创新思维。他们期望孩子能够凭借自身能力独立思考、勇于尝试，开拓属于自己的发展道路。

（二）教育方法不一致

教育观念的巨大差异，不可避免地会引发教育方法的不一致。

在教育孩子时，祖父母习惯用老一辈的经验来引导孩子。例如，孩子放学后，倾向于用命令式，让孩子先完成作业再休息；学习上遇到困难，让孩子机械重复练习来巩固知识。而父母则可能用更科学的教育方法，如借助线上教育资源，帮助孩子自主学习，探索解决问题的途径与方法。祖父母与父母在教育方法上的不一致，让孩子感到困惑，导致孩子无所适从，难以形成良好的学习习惯和一致的价值判断标准，最终影响到他们的学业成绩和个性发展。

（三）代际冲突

由于代际之间在思想观念、价值理念、生活方式等方面存在差异，容易产生矛盾冲突。例如，在生活方式上，祖父母习惯早睡早起，清淡饮食，生活较有规律；而父母这一代，由于竞争激烈，工作压力大、社交活动比较丰富，应酬较多，晚上还可能熬夜加班、追剧。这种生活方式不一致导致生活节奏不同。有时父母早晨为了多睡一会儿没有时间吃祖父母早起辛苦准备的早餐，让祖父母感到劳动被无视，不被尊重，时间长了难免产生不满情绪，造成代际冲突。这种代际冲突会造成家庭氛围的紧张，让孩子缺乏安全感，变得敏感、内向，阻碍其心理的健康发展。

（四）溺爱问题

因隔代亲的情感因素，祖父母对孙辈疼爱有加，常过度宠溺，表现为日常生活中无条件满足孩子要求。例如，孩子想要某个玩具，尽管家里已有很多类似的玩具，祖父母也会满足孩子的要求。孩子犯错时，祖父母不能客观评判，常以“孩子小，长大就好了”推脱。这些无原则的溺爱给孩子成长带来诸多不良影响。例如，在和其他小朋友相处时，以自我为中心，独占玩具，不愿意分享，稍有不如意就大发脾气，导致其他小朋友都不愿意和他一起玩耍，严重影响了孩子的同伴交往及社会性发展。同时，有些祖辈觉得孩子是子女的，一旦照顾过程中出现安全问题，无法跟子女说清楚、作交代。因此，在隔代教养中，他们特别注意安全问题，限制孩子的户外活动、集体活动，处处包办，导致孩子缺乏锻炼机会，使得孩子的生活自理能力受到影响，无法独自面对学习和生活。

三、主干家庭中隔代教养的要点

（一）建立统一教育理念

祖父母与父母成长于不同的时代背景，有不同的教育经历，因此有着不同的教育理念。祖辈在教育孙辈时更注重传统价值观的塑造，要求孩子谦逊顺从、遵循传统礼仪规范；父母则更注重培养孩子的创新能力、国际视野和批判思维。如果观念不一致，容易造成代际冲突和家庭氛围的不和谐，也会让孩子感到无所适从。例如，在孩子画画时，祖父母会要求孩子画得像，父母则要求孩子发挥自己的想象力，自由作画；孩子在学校被同学打，祖父母会叫孩子打回去，父母更倾向于弄清原因，由老师公平处理。为建立统一教育理念，祖辈与父辈应时常交流教育心得。例如，家长会后，祖辈与父辈可以根据孩子近期的学习情况和综合表现进行原因分析，祖辈可以向父母介绍孩子放学后做作业的表现、帮忙做家务的态度，父母可以向祖辈分享孩子在学校里的具体情况，共同规划下一步的教养重点和方向。此外，祖辈与父辈应加强相互学习借鉴。尽管两代人有不同的理念，但是又各有优势。祖辈有丰富的生活阅历和教育智慧，在培养孩子的生活习惯和道德品质方面，言传身教的力量往往比父母苦口婆心的教导效果更好。父辈的教育方法和理念更先进，特别是对现代信息技术的应用、对线上教育资源的利用方面更具优势，双方可以相互学习，取长补短，共同提高隔代教养的实效。

（二）明确教育分工责任

祖辈与父辈利用各自的优势进行分工，明确责任范围，可以有效避免代际冲突的产生。通常来说，父母在孩子的学业规划与未来职业发展上更具前瞻性。所以在学习辅导上，父母可以利用晚上检查孩子作业完成情况，针对薄弱知识点进行辅导。祖辈则可以在孩子放学回家后，提醒孩子及时完成作业，为孩子准备安静整洁的学习环境。在引导孩子的兴趣爱好方面，父母了解各种升学政策和社会发展对不同类型人才的需求趋势，基于这些信息为孩子选择合适的兴趣班，以促进孩子的未来发展；祖父母主要负责孩子的接送，为孩子提供陪伴和情感支持。在进行品德教育时，父母通过各种活动，如实践拓展、实地参观等，来培养孩子正确的价值观与道德观念。祖父母可以通过分享历史、家族故事和身体力行的方式来培养孩子的优良品质。在培养习惯方面，父母负责制定规则，如作息时间表和家务值日表等，祖父母需要在日常生活中对孩子执行这些规则进行监督，以促进孩子形成规律、自主且健康的生活方式。

（三）促进亲子关系融合

主干家庭隔代教养易致亲子相处时间少、关系疏离，父母应借碎片化时间和机会增进亲子感情。第一，利用睡前亲子时光。每晚睡觉前，父母可以留出 15～20 分钟和孩子进行互动，既可以给孩子讲一个睡前小故事，也可以与孩子分享他们在幼儿园或学校发生的有趣事情，了解孩子的快乐和烦恼，并为孩子提供有针对性的建议，让孩子真切地感受到父母的关爱与陪伴。第二，参与孩子的活动。当孩子的兴趣班组织了表演或写生活动时，父母可以抽出时间陪孩子一起参加，这不仅有助于了解孩子在兴趣班的学习情况，还能加深与孩子的互动交流，让孩子感受到父母对自己的关心和支持。第三，尊重孩子的选择。当孩子有自己的小秘密或者想要自己做决定时，父母应该尊重孩子。例如，当孩子打算去参加同学的生日聚会时，他们可以自行决定购买什么礼物，父母可以提建议，但不能强迫孩子服从。当孩子与父母分享秘密时，父母要认真倾听，确保为孩子守口如瓶，让孩子感受到自己被尊重。第四，利用科技手段保持联系。当工作繁忙时，父母可以在午饭时间或者放学后，给孩子打个电话或发个信息，询问孩子的近况，或者与孩子分享自己工作中的趣事，增加亲子交流。

（四）提升祖辈教育能力

现代社会快速发展，各种新理念、新方法层出不穷，祖辈传统的教育方法在教育孩子时，有时会显得力不从心。例如，在辅导孩子学习时，祖父母倾向于机械重复训练和死记硬背，但是现代教育理念更注重孩子对知识的理解与应用，祖父母这种方式不仅效果不佳，还会影响孩子的学习积极性。因此，为提升隔代教养效果，可通过线上线下多种途径提升祖辈教育能力。第一，可以借助优质教育类短视频平台。一些教育专家、育儿博主利用短视频平台，定期分享生动有趣的短视频，宣传现代教育理念和教育方法。例如，有的博主讲解、演示科学喂养的知识，有的分享孩子大脑发育的知识及科学养育方法；祖辈每天花一点时间来观看这些短视频，可以学到实用的教育技巧。第二，可以参加线上教育课程的学习。一些在线教育平台开设了针对家长和祖辈的教育课程，内容涉及婴幼儿心理学、情商培养、多元智能、学科辅导等，由专业人员授课。祖父母根据自己需要选择合适的课程，学习现代教育理念和方法，提升自己的教育能力。第三，参加老年大学或社区教育活动。各地都设立了老年大学和社区学校，专门为家长与祖辈提供终身学习的机会和场所。例如，开展亲子教育实践活动，让祖父母在实践中学习如何与孩子交流、互动；同时，可以分享隔代教养的经验与做法，互相学习，共同进步。第四，在农村，祖辈可以在接送孩子时多与学校老师交流，学习了解先进的教育理念与科学的教育方法，也可以与其他家长多交流，分享教养经验、讨论教育难题，互相学习借鉴，在交流中不断提升自己。

第三节 单亲家庭的隔代教养

单亲家庭指仅有父亲（或母亲）一方，与其不具备独立生活能力、18 周岁以下或已满 18 周岁但正在接受全日制教育的未婚子女共同生活的家庭。根据形成的原因和表现形态，刘鸿雁将单亲家庭分为丧偶式单亲家庭、离婚式单亲家庭、未婚式单亲家庭和分居式单亲家庭。随着婚育观念的变化，离婚率的提高，离婚式单亲家庭的占比大幅度上升。2016 年，国家卫健委（原国家卫计委）开展的中国家庭发展追踪调查的数据显示，5 岁以下儿童中有 3.1%处于单亲家庭环境，而 6—17 岁青少年中则有 72%为单亲家庭。

一、单亲家庭的特点

（一）家庭结构不完整

结构功能理论强调家庭是一个具有特定结构的系统，其中每个成员都发挥着独特且不可替代的功能。父母作为家庭结构中的关键角色，分别承担着经济支持、生活照料、行为示范等重要职责。完整的双亲家庭能够为孩子提供更为全面和优越的成长环境，对孩子的健康成长有着积极的促进作用。

与之相比，单亲家庭的出现意味着孩子在成长过程中缺失了一方父母的功能支持（如经济支持、生活照料、行为示范等）。父母离婚后，孩子与非监护人之间的联系，无论是在频率还是质量上，都明显减弱。从时间、精力、能力及资源的分配来看，原本由父母双方承担的职责由父母一方承担，这必然会导致亲职支持的大幅下降，增加孩子出现各种问题的风险。同时，离婚还会削弱亲职权威结构，降低父母对孩子的教育与监督力度。以上种种都可能对孩子的身心健康、学业成就和社会交往等方面产生负面影响。

综上所述，由于家庭结构不完整，削弱了父母对孩子行为的社会控制与规范作用。单亲父母在独自支持与教养孩子的过程中，承受着巨大的压力，这也在一定程度上影响了他们给予孩子足够的关注和教育，进一步加剧了孩子成长过程中的困难与挑战。

（二）缺乏经济资源

单亲家庭普遍缺乏经济资源，在就业竞争与经济收益上处于弱势。徐安琪、叶文振的调查显示，上海单亲家庭生活水平较从前有所下降。徐安琪研究显示，单亲家庭在职在岗状况低于双亲家庭，而单亲女性的在业状况又明显低于单亲男性；在收入方面，单亲家庭的年均收入是双亲家庭的 70%，生活质量明显低于双亲家庭；63%的单亲家庭希望有关部门在经济就业和生活方面给予帮助。分析其原因主要在于单亲父/母往往需要独自承担起既当爹又当妈的多重角色，独自面对孩子的经济抚养、生活照料和学习辅导，需要付出双倍的时间和精力。因此，许多单亲父母难以全身心地投入工作，可能为了照顾子女而放弃一些高薪职业，或者错失晋升机会，甚至在经济结构调整变化过程中被辞退、提前退休，造成经济收入减少。经济剥夺论强调离婚给家庭带来经济上的压力，而这是孩子面对父母离婚时所遭遇的基本状况，也是导致孩子问题的基本原因。据统计，在中国，90%的单亲家庭是以女性为主。单亲母亲家庭普通面临经济压力，这是存在的社会现象，这种经济压力可能给孩子的营养和健康带来负面影响，贫穷的单亲母亲无法为孩子提供玩具、请家教、上兴趣班等有利于提高孩子学业成绩的机会。

（三）单亲家长角色超载

完整家庭中，正常夫妻关系与角色分工对家庭和谐、孩子身心健康至关重要；单亲家庭里，父母常被迫同时承担多个关键角色，易致时间、精力、情绪、体力透支。首先，单亲家长需独立承担家庭全部经济支出。国家统计局 2023 年数据显示，单亲家庭月平均收入较完整家庭低 42%，为维持生活开支，单亲家长不得不通过延长工作时间或兼职来增加收入，挤占家长的休闲娱乐时间和亲子时间。其次，单亲家长或因离异或因丧偶，本身遭遇了情感创伤，仍要面对和满足子女在家庭结构剧变后产生的情感需求，如共情回应、冲突调节、创伤修复等，这种高强度的情感付出加重了其作为情感支持者的角色负担。最后，单亲家长作为孩子的教育引导者，因其时间、精力、情绪超载，难以系统实施教育督导策略，导致教养质量难以保证。

二、单亲家庭的挑战

微课视频：单亲家庭的挑战

双亲家庭在功能提供方面比单亲家庭全面而优越，对孩子的成长有正面作用，而单亲家庭则给孩子的社会化带来负面影响的可能性较大。林红等指出，相较于非单亲家庭的青少年，单亲家庭的青少年在强迫症状、偏执、敌对、人际关系敏感、抑郁等心理因子上的得分显著更高，表现出更为严重的心理问题（如强迫行为、人际疏离、情绪低落等）。

（一）负面情绪明显

一个结构完整、氛围和睦的家庭，可以为家中每一个成员带来安全感与归属感。在这样的家庭里，孩子有稳定的情感支持，逐渐建立起积极的自我认知，培养出良好的人际关系与健康的心理。然而，单亲家庭的结构和气氛被破坏，给孩子带来一定的心理压力，这种压力可能妨碍他们健康成长，还会增加出现心理问题与行为偏差的风险。由于父母离异，单亲家庭孩子的信任感和安全感被破坏，产生被遗弃感。有些父母离异后相互怨恨，将孩子视为发泄和报复的对象，对孩子漠不关心，灌输仇恨思想，这使得孩子悲观失望、性格扭曲，在社会生活中经常持有消极和怀疑的态度，表现出更高水平的焦虑情绪。

1. 孤僻

由于青少年心智尚不成熟，认知水平有限，难以理解父母离异的原因及背后复杂的现实处境。这种认知上的局限，导致他们在情感上抗拒与父母接触，进而使亲子关系受到影响。从社会心理层面上来看，青少年在人际交往中表现出强烈的自我认知和社交偏好，生活在不完整家庭的青少年，常常在潜意识里觉得自己的家庭不如他人，从而产生低人一等的心态。同时，社会上一些人存在对离异家庭孩子的刻板印象，以另类的眼光看待他们，出于自我防御本能，他们在与人交往时持有戒备心理，不能敞开心扉，让人感到不够真诚。在行为模式上，这类青少年由于内心敏感，害怕遭受他人伤害，选择独来独往，将自己封闭起来，逐渐形成孤僻的性格，长此以往，既影响正常社会交往，又会引发抑郁、焦虑等心理问题，对心理健康造成负面影响。

2. 逆反

对于成长中的孩子来说，他们认为家庭结构的残缺是造成自身不幸的根源，对健全家庭的孩子表现出羡慕之情，随着时间推移，这种情绪容易演变为嫉妒。从认知偏差的角度来看，他们总认为周围人在嘲笑、欺负自己。例如，当他人借东西忘记归还时，孩子便认为这是故意的欺辱行为，将每一件令自己不满的事件，都解读为他人对自己的针对性轻视，久而久之，极易形成逆反心理，不接受家长、老师、好友的善意，严重破坏其人际关系和社会适应能力，对其身心健康和未来发展产生不利的影响。

3. 自卑

家庭作为社会的细胞，父母在子女成长过程中扮演着启蒙者的重要角色，对青少年的健康成长起着决定性作用。在亲子活动和家族聚会等活动中表现尤为明显，单亲家庭子女因父母一方缺席，目睹其他同学父母到场，会产生强烈失落感与孤独感。这些负面情绪长期积累，致使其情感脆弱，缺乏自信心，情绪波动剧烈，学习时注意力难以集中，影响学习效率和学业成绩。

（二）学业与认知发展滞后

李晓杨在对单亲家庭子女的智力发育研究中发现，离异家庭儿童的智力发展明显落后于完整家庭儿童，学习成绩总体上显著低于完整家庭儿童。这些差异在 7—13 岁儿童中表现得十分明显。刘春怡研究发现，与完整家庭的子女相比，来自单亲家庭的青少年儿童的学习问题较为严重，对学习文化课程没有过多兴趣，存在许多不良行为习惯等。

分析单亲家庭儿童学业与认知发展滞后的原因，主要有以下几点：首先，缺少必要的激励与指导。《中国家庭教育支出报告 2023》显示，由于缺少经济资源，单亲家庭课外辅导参与率较完整家庭下降 21%，为缓解经济压力，单亲家长每日工作时长平均延长 2.7 小时，无形中减少了亲子共处的时间，对孩子学业上的激励与指导也随之减少。其次，父母离异前的冲突造成孩子情绪焦虑，大脑用于这种焦虑情绪调节的认知资源占比高达 37%，挤占注意资源，削弱了学习的专注力，上课喜欢做小动作，注意力不集中，影响学习效率和成绩。同时，这种焦虑情绪容易导致压力激素皮质醇水平升高，造成海马体体积缩小，影响记忆力。最后，教养模式失序。调查显示，63% 的单亲家长存在教养方式两极分化的情况，工作日忙于工作对子女采取放任型教养，休息日又觉得愧对子女采取过度干预补偿，到处送孩子去补习或在家做辅导，加重孩子学业负担，难以构建良性学习支持系统。

（三）犯罪风险增大

Loeber 等人发现在 40 篇有关儿童犯罪或攻击性行为与破裂家庭关系的研究中，33 篇研究显示两者存在统计学上显著的正相关，来自单亲或继父母家庭的儿童往往由于社会化水平低而较易受犯罪的影响（如接触不良社会环境、缺乏正向引导等）。Bowlby 特别强调孩子与母亲的关系，认为母爱剥夺是犯罪行为最主要的原因，与反社会行为有关。

在中国，路琦等学者 2017 年调查数据显示，在青少年犯罪中，高达 35.8%的青少年罪犯来自单亲家庭。究其原因，一是情绪暴躁易冲动。由于家庭破裂和父母离异，很多孩子容易遭到同伴的歧视和嘲笑，内心变得敏感脆弱，长期压抑这些愤怒和痛苦，很容易出现失控，有时甚至因为一句话一个不经意的推搡动作，打人甚至伤人。正所谓压垮骆驼的最后一根稻草。二是性格内向偏激。由于经常遭到同伴的歧视，这些孩子逐渐变得内向，不爱与人交往，为人处世畏手畏脚，胆小怯懦，对同伴形成“情感放大器效应”，变得偏激，很容易发生伤害他人的事情。三是认知能力差。正如前文所述，单亲家长由于角色超载，缺少对孩子的教育与引导，孩子在出现行为偏差时得不到及时纠正，因此对犯罪行为没有清晰正确的判断，以致在错误的道路上越走越远，最终走上犯罪的道路。

拓展阅读

家庭结构的变化与儿童的行为问题

有研究者采用美国家庭的国家样本数据，考察了0—12岁儿童的家庭结构变化与儿童行为问题之间的关系。结果表明，与儿童后期的家庭结构变化相比，儿童早期发生的家庭结构变化，特别是从双亲家庭到单亲家庭，更有可能导致儿童出现更多的行为问题。不过，研究也发现，对于高收入家庭的孩子来说，进入重组家庭可能会有利于他们的行为发展。

三、单亲家庭隔代教养的要点

（一）给予充分的爱与安全感

在单亲家庭中，因家庭结构不完整，孩子易缺乏安全感，相较于完整家庭，祖辈给予的爱与安全感对孩子就显得特别重要。日常生活中，祖辈要善于向孩子表达爱意，一句温暖的问候，一个热情的拥抱，让孩子感受到家庭的温暖。日常交流中，多使用肯定和鼓励的语言，正面评价孩子，让孩子感受到自己被认可、被重视。周末或节假日，祖辈尽可能抽出时间为孩子准备爱吃的美食、带孩子外出游玩，增进与孩子的情感，填补因家庭不完整带来的情感空缺。

另外，稳定的生活环境是孩子成长的重要保障。由于家庭结构的变化，单亲家庭中的孩子面对生活环境的变动缺乏安全感。因此，祖辈应尽可能保持家庭生活的规律和稳定，让孩子在熟悉的环境中感受到安全与舒适。例如，离异后搬家，祖辈为孩子布置新房间时，摆放孩子之前喜欢的玩具和照片，营造一种熟悉感；生活起居方面，保持之前的作息时间，维持以前的生物钟，避免孩子因生活规律的改变而产生不适，让孩子在稳定有序的环境中获得安全感。

（二）不诋毁贬损对方

夫妻离异后，矛盾可能难以调和，一方有时会当着孩子的面诋毁贬损另一半，这种做法对孩子的伤害不亚于离异本身。心理研究表明，孩子在自我认同的过程中，对父母的认同，会让他们将父母的优缺点内化成自己的个性。互相诋毁贬损对方，不仅无法让孩子形成正确的自我认同，还会让孩子变得自卑、敏感，缺少安全感。李献林等人研究发现：“夫妻离异虽然冲突摩擦难以避免，但夫妻之间的婚姻冲突是否影响到子女则在很大程度上取决于这些冲突是否暴露在子女面前。” 因此，夫妻离异后，无论有什么冲突矛盾，都要尽量避开孩子，特别是不能当着孩子的面诋毁贬损另一方，更不能把不让见孩子作为对对方的惩罚和发泄怨气的筹码，双方应从有利于孩子成长的角度出发，保持良好沟通，共同为孩子健康成长保驾护航。

例如，蒋明一的父母离异前几乎天天打骂，给孩子心理造成不利影响。父母离异后，蒋明一跟随爸爸和奶奶生活，奶奶不允许他与妈妈联系，还常说妈妈坏话。这让蒋明一很为难，既思念妈妈又觉有负担，因矛盾心理无法安心学习，加之缺少妈妈督促，成绩快速下滑，性格也从活泼开朗渐渐变得孤僻内向。

（三）培养孩子的积极心态

家庭结构的不完整对于孩子来说是一次重大的挫折，祖辈要教育孩子积极乐观应对，引导孩子多关注生活中的美好事物，放学后和孩子聊一聊学校发生的开心事、看到的美景、感受到的温暖故事。在价值观引导上，祖辈可以给孩子讲述名人故事、身边的励志人物，让孩子明白挫折是成长的必经之路，遇到困难不要退缩，要学会积极地看待问题，从中获得进步和提升的机会。同时，祖辈要鼓励孩子迎难而上，勇于尝试，让孩子体会努力付出后的成就感。

案例阅读

10岁的晓妍在父母离异后由爸爸抚养，但是爸爸由于工作原因经常出差，就跟随爷爷奶奶生活。起初，晓妍因家庭结构的变化变得沉默寡言，在学校总是独来独往，也不参与集体活动。察觉到晓妍的变化后，爷爷每天放学后都会和她聊天，给她讲笑话，陪她看喜欢的动画片。有一天，晓妍提到在学校花坛看到了盛开的向日葵，爷爷便顺着这个话题，和她一起讨论向日葵向着太阳生长的积极姿态。

学校组织运动会，晓妍虽然有些犹豫，但在爷爷的鼓励下勇敢报名参加跳远比赛。她花费大量时间锻炼，请教练辅导，最终获得第三名。这次经历让晓妍体会到努力付出后的成就感，整个人也变得更加开朗自信，积极参与学校的各项活动，主动和同学们交流，成功走出家庭变故带来的阴霾。

（四）加强学业与品德教育

考虑到单亲家长角色超载、任务繁重，祖辈参与孩子教养需付出更多精力。为此，祖辈和父/母应构建代际教育互补方案，各司其职。

在学业引导方面，父/母负责制订学习计划和检查作业完成质量，祖父母负责营造安静的学习环境，督促孩子按时完成任务，鼓励其积极进取，助力孩子解决学习困难、激发学习兴趣，培养自主学习能力。当孩子学习时，祖辈尽可能不要打扰孩子；当孩子遇到不会的问题时，祖辈可以和老师、父/母沟通，通过视频或电话帮孩子厘清解题思路。当孩子对某些项目或科目表现出浓厚的兴趣时，祖父母要给予支持和肯定，带孩子购买相应的书籍或送去兴趣班；当孩子取得进步时，可以带孩子去看电影以示奖励。

在品德教育方面，父/母负责核心价值观引导，祖父母以身作则，向孩子传递诚实守信、尊老爱幼、勤俭节约等传统美德。在教育孩子时，祖辈应把握好严格与宽松的度，既不能放任溺爱，也不能过于严厉，要根据孩子的年龄和性格特点，采取适宜的教育方法，帮助孩子形成良好的行为习惯和道德观念：对于年龄较小的孩子，在培养生活习惯上要严格一些；对于性格内向的孩子，在社交及参加活动方面要求可以宽松一些，多鼓励多引导多陪伴；对于性格活泼外向的孩子，在遵守规则秩序方面要求应严格一些。与此同时，祖辈根据孩子的年龄特点，教孩子做一些力所能及的家务，培养孩子的生活自理能力和责任感。

拓展阅读

离异家庭，如何让孩子健康快乐成长？

第四节　留守儿童家庭的隔代教养

2016 年 2 月发布的《国务院关于加强农村留守儿童关爱保护工作的意见》将留守儿童定义为“父母双方外出务工或一方外出务工另一方无监护能力、不满十六周岁的未成年人”。本文提到的留守儿童是学界常用的关于留守儿童概念的界定“单亲或双亲外出半年以上的在老家生活的未成年人”。

一、留守儿童家庭的特点

（一）亲情饥渴

在儿童成长过程中，亲情的抚慰与关怀发挥着不可替代的重要作用，特别是在身心快速发展的关键时期（如童年期、青春期），儿童在自我认知、人际交往等方面逐渐形成独特的认知体系，同时也不可避免地遇到诸多烦恼与困惑。此时，来自父母的倾听、理解与支持，成为他们应对成长挑战、构建健康心理的有力支撑。

留守儿童群体在成长过程中面临着严峻的亲情缺失困境。他们正处于身心发展的敏感期，在面对生理与心理的快速发展及日益复杂的人际交往时，需要情感的宣泄与亲情的抚慰。然而，由于父母长期在外务工，长期与子女分离，使得亲子间的亲情纽带难以维系，父母无法及时了解孩子的内心世界，难以在孩子面临问题时给予有效的引导与关怀，倾听他们的烦恼与困惑。这种亲情缺失的成长环境，不仅影响留守儿童的情感表达与人际交往能力，还可能对其心理健康、自我认同及未来的社会融入造成深远的负面影响。

（二）亲子关系疏离

西部某劳务输出大省在一县域内的调查显示，70%的父母年均回家不足 3 次，有的甚至几年才回家 1 次；近 30%的留守儿童与父母通话、通信频率月均不足 1 次。父母长期与孩子处于分离状态，致使亲子间的交流沟通存在严重障碍，亲情陪伴极度匮乏。在孩子成长的重要时刻，诸如生日、亲子活动、家长会及毕业典礼等，父母频繁缺席，使得亲子关系逐渐疏远；孩子在成长过程中遭遇困难与挫折时，也不愿向父母倾诉内心的想法，导致对父母产生陌生感，信任感也随之缺失。

留守儿童长期面临的亲情陪伴不足与亲子关系疏离问题，不仅容易引发儿童的焦虑、抑郁等不良情绪，还可能阻碍其正常的心理发展，影响其未来在社会中的人际交往和融入能力。心理学家库珀・史密斯通过研究发现，对儿童自尊产生显著影响的是儿童与其生活中起重要作用的成人之间的相互关系。在家庭中，儿童能够感受到父母的支持、关爱、尊重、帮助，容易形成积极的自尊，也懂得尊重他人。张文新、吴怡欣等研究表明，在亲子关系中，儿童受到父母的情感温暖和理解越多，其自尊水平越高。父母在孩子的自尊发展方面扮演着非常重要的角色，良好的亲子关系是儿童建立积极自尊的重要条件，亲子关系的疏离影响儿童自尊的形成。

此外，亲子关系的疏离，也不利于孩子正确价值观的形成。父母在孩子的品德教育、行为规范等方面有着不可替代的作用，亲子关系的疏离会使这些教育难以有效开展，影响孩子的未来发展。

（三）安全隐患较多

农村留守家庭父母的外出降低了亲子互动频率，破坏了有利于儿童安全成长的环境，增加了儿童遭受暴力的风险。

据统计，80%以上的留守儿童由祖父母隔代监护或亲友临时监护，年事已高且文化素质较弱的祖辈监护人缺乏防范意识，再加上留守儿童属于未成年人，缺乏自我保护的意识和能力，对突发事件也缺少应变和急救能力，因此，农村留守儿童容易受到意外伤害。例如，他们在玩耍、上下学途中及使用电器、燃气等方面，更容易发生意外事故。农村河流、道路等环境也增加了溺水、交通等安全隐患。公安部门统计数据显示，被拐卖儿童群体中，第一位是流动儿童，第二位是留守儿童。更令人痛心的是，某些地区甚至发生了针对留守女童的恶性欺凌事件。

资料卡片

留守儿童受侵害问题

农村留守儿童是最为脆弱的儿童群体，也最有可能成为受侵害对象。随着人口城镇化进程的加速和乡村空心化现象的出现，不仅减少了留守儿童与同龄伙伴玩耍的机会，也减少了成年人的看护与监管，使得他们的休闲娱乐生活较为匮乏，因意外事故而伤亡的事件也时有发生。更为严重的是，农村留守儿童身处缺乏安全感的生活环境，可能产生厌学、厌世情绪，性格内向懦弱的留守儿童容易成为欺凌的目标，而一些成绩较差、厌学或对寄宿制学校管理方式难以适应的学生则可能形成小团体，对弱小同学实施欺凌。曾经遭受过欺凌的留守儿童，也可能因心理扭曲而成为新的霸凌者。由于父母不在身边，与祖父母/外祖父母沟通难度较大，加之害怕报复等原因，受欺凌的留守儿童容易选择隐忍，无形中助长了霸凌者的气焰，使得欺凌行为不断升级，后果愈发严重。

二、留守儿童家庭的挑战

（一）隔代教养力不从心

在留守儿童家庭中，隔代教养现象极为普遍。调查显示，超80%的留守儿童家庭采取隔代教养模式。然而，祖辈的文化程度普遍偏低，大多为文盲或半文盲，这使得他们在与孙辈交流时存在较大障碍，很难理解孩子的精神需求，无法为孩子提供契合身心发展的教育与引导。从时间和精力上看，有些祖辈忙于干农活以维持生计，对孩子的学习无暇顾及；有些祖辈年老体弱且多病，自身生活都需要他人照料，根本无力监护孩子；还有些祖辈同时照看多个孙辈，分身乏术，难以给予每个孩子细心的照料。

在教育理念上，祖辈缺乏科学的家庭教育知识，更多关注孩子的物质生活需求，缺少对孩子精神道德教育，甚至不能对孩子在思想上进行正确的引导，如在“别人打你你就打回去”等方面进行错误导向，使得孩子在世界观形成时受到误导。祖辈综合素质的高低直接决定隔代教养成效的优劣。高素质的祖辈可以利用自身的知识、修养等对孩子的品德、习惯、学习产生积极的影响。相反，综合素质较低的祖辈，不能正确把握教育的方向与方法，不利于孩子全面发展。如在错误教育理念引导下，有的孩子被娇生惯养，养成任性、自我中心的性格；有的则因缺乏管束而放任自流，行为失范，价值观扭曲。

这些问题不仅影响了孩子当下的学习与生活，更可能对其未来的职业选择、人际交往及家庭关系等方面造成不良影响。

（二）心理健康问题突出

2021年，中国科学院心理研究所国民心理健康评估发展中心发布的《乡村儿童心理健康调查报告》显示，留守儿童的心理健康风险更大，其抑郁检出率为28.5%、过度焦虑检出率为27.7%，均高于非留守儿童。研究者指出，农村留守儿童，由于父母长期外出务工，更易表现出较低的自我认同感，缺乏自信，心理弹性较差，以及焦虑、冲动、恐惧、敏感和孤僻等心理特征。闫雪开展的一项针对农村留守儿童的研究表明，由于长期与祖辈生活在一起，得不到父母直接的关爱和引导，很多孩子表现出明显的自卑和抑郁。

（三）社会适应困难

在社会适应层面，留守儿童因缺乏完整家庭支持体系，往往面临着诸多棘手的挑战，且因家庭结构不完整，缺少稳定情感支持和人际互动模式参考，在与人交往时，不能恰当把握社交尺度与表达社交需求，不知道如何与他人建立良好的关系，如何处理冲突等。在学校这一重要的社会化场所中，留守儿童往往面临着来自同伴群体的误解与偏见。这些负面态度使得他们在融入集体的过程中举步维艰，长期处于这种社交困境下，他们极易被群体边缘化。随着时间的推移，这种边缘化状态会进一步强化他们内心的社交恐惧与孤立感，严重阻碍其社会适应能力发展。家庭作为个体社会化的第一个环境，对个体社会适应能力的塑造起着奠基作用，留守儿童由于家庭结构的缺陷，在社会化进程中遭遇重大挫折，造成其社交障碍和社会适应困难，还可能对其未来的社会角色定位、职业发展造成不利影响。

（四）行为偏差

在行为规范的学习上，留守儿童可能会面临一些挑战，如果缺乏有力的引导和监督，他们可能会出现一些行为偏差。留守儿童一旦得不到家庭的关爱和教育引导，会去寻求家庭温暖和父母关爱以外的慰藉，如旷课、逃学去网吧、KTV 等场所，以发泄内心的压抑情绪。高可馨、李沛瑶等研究发现，农村留守儿童普遍有网络成瘾倾向。万国威调查发现，7—16 周岁留守儿童平时和假期使用手机或平板电脑一小时以上的比例分别为 38.7%和 80.7%，每天三小时以上的比例分别可达 5.7%和 36.8%，且以抖音、快手等社交软件作为最主要的网络应用软件，主要用途为“看动画片”“看短视频”。究其原因，一方面是因为祖辈年龄大，无法严格监管孩子的上网行为，另一方面是因为留守儿童借助社交媒体、网络游戏等虚拟世界，寻求情感上的满足以获得归属感。还有些留守儿童在社会上结交一些不三不四的“铁哥们”，不思进取，自由散漫，甚至为哥们义气违法乱纪，企图实现自我成就感，得到一些补偿。在面对社会规则时，他们可能因缺乏足够的家庭指导而难以适应，甚至做出一些破坏公共秩序的举动。这些行为不仅给他们带来不良影响，还会进一步阻碍其融入社会的进程。如果不及时加以干预和引导，将会对他们未来的学业与职业发展产生不利影响。

拓展阅读

我国农村留守儿童面临的
风险及对策建议

三、留守儿童家庭隔代教养的要点

微课视频：留守儿童
家庭隔代教养要点

（一）注重饮食营养与健康

调查发现留守儿童的营养状况普遍较差，且留守儿童的大部分营养素摄入量低于非留守儿童。留守儿童普遍存在营养不良、贫血、缺乏微量元素等问题。其主要原因是贫困，家庭无法为孩子提供充足丰富的食物。此外，缺少父母教育和引导，部分留守儿童偏食、挑食，导致营养摄入不均衡。再者，农村的饮食结构往往以淀粉类食物为主，缺乏蛋白质、脂肪、维生素和矿物质等营养素，加上祖辈年事已高，缺少科学的教养知识，生活负担重等多重因素，往往无暇对孩子的饮食进行合理搭配和安排，容易造成孩子营养不良。

为此，祖辈在忙碌之余，应合理安排孩子的饮食，保证孩子摄入充足营养以促进身体发育。早餐可以为孩子准备鸡蛋、牛奶、馒头、杂粮粥等，为孩子提供充足的蛋白质和碳水化合物；午餐荤素搭配，量要多于早餐，包括肉类、豆制品、蔬菜、米面类、水果等，以满足孩子下午学习和活动的需要；晚餐清淡易消化，多吃蔬菜，适当进食五谷杂粮，这类含丰富 B 族维生素的食物（如白菜、菠菜、莴笋、芹菜、燕麦、小米、大米等）可以调节孩子的精神状态，提高睡眠质量，缓解紧张情绪。同时，祖辈也应在用餐时教导孩子细嚼慢咽，不挑食不偏食，不食用垃圾食品，不边看电视边进食，培养孩子良好的饮食习惯。

（二）防止意外伤害

作为未成年人，相较于成年人缺乏自我保护的意识和能力，对突发事件也缺乏应变和自救能力，没有父母的监护，容易受到不法分子的侵害和利用。特别是一些农村留守儿童上学路途较远，经常起早摸黑赶路，容易发生危险。因此，作为祖辈，要提高警惕，防止意外伤害的发生。对于年龄较小的孩子，祖辈要保证家具的安全，确保桌椅板凳稳固、家具无尖锐边角，衣柜、书架等较高的家具要摆放牢固；孩子外出时，引导孩子遵守交通规则，注意出行安全。平时，祖辈注意向孩子讲授常见的危险场景和应对方法，如遇到陌生人搭讪时不要理会，不吃陌生人给的食物，不跟陌生人走；让孩子了解火灾发生时要弯腰用湿毛巾捂住口鼻，沿着安全通道逃生；夏天不私自去池塘或水库游泳。

（三）向霸凌者说不

留守儿童由于长期缺少父母的陪伴，与祖父母沟通不畅，胆小怯懦，容易成为被欺凌的对象。作为祖父母，需留意孩子日常言行，若发现孩子出现身体无法解释的伤痕、创伤后应激障碍（如不敢走某条路）、突然拒学、哭诉被起外号或被孤立等情况，需提高警惕。如果发现以上情况，祖父母就应怀疑孩子是否遭遇了欺凌。第一，耐心安抚孩子，表明无论发生什么，家长都会全力支持他，第一时间给予孩子情感支持；第二，和孩子沟通了解事情真相，与学校沟通；第三，如果欺凌行为给孩子造成的伤害比较严重，考虑走法律途径，维护孩子的权益；第四，教育自己的孩子，如果有同学要来欺负他，就直视那个同学的眼睛，告诉他“我不犯你，你不犯我，如果你来犯我，我必犯你”，向他人宣示自身不可被欺负的态度。

向霸凌者说不

著名心理学家帕特森做了一个实验，用于观察幼儿园里儿童受欺负的情况，实验对象是18个男孩和18个女孩，共观察33次，每次2.5小时。

实验详细记录了受害者的反应态度对打人者的行为影响。研究发现：

被打后选择不还手的孩子，下次还会受欺负，当再次遭遇欺负时，还是会继续退让、妥协。而打人的孩子会用同样的方式去对待别的儿童。

相反，如果一个孩子被欺负时立即给予反击或者寻找老师帮助，那打人的孩子就会收敛，或者行为发生改变，另觅欺负对象。

而反击成功的孩子会在下一次被欺负的时候，继续选择反击，保护自己。

这个实验告诉我们，一味地忍让和妥协，只会让孩子身心继续受创，甚至变身暴力实施者，造成严重的人格缺陷。

向霸凌者说不

家长，要做孩子坚强的后盾；
只有家长敢于出手保护孩子，
孩子才敢维护自己，反抗欺凌。

华南师范大学迟毓凯教授教的吵架句型

“你才是……你就是……你长得就像……”
比如说，人家说你大坏蛋，你就说，“你才是大坏蛋，你就是大坏蛋，你长得就像大坏蛋！”
“你说别人是什么，你自己就是什么。”
这句杀伤力比上一句还大，简称阿Q式的精神胜利法。

（四）关注孩子的情绪变化

研究显示，隔代家庭和留守家庭的青少年在家庭中更容易受到情感忽视，进而表现出更多的抑郁症状。

留守儿童心理防御系统相对脆弱，容易产生各种情绪问题，主观幸福感低，常表现出孤独、焦虑、内心封闭的状态，比同龄人更自卑。祖辈需保持敏感，从孩子日常行为异常变化中察觉孩子的情绪波动。例如，原本活泼开朗的孩子突然变得沉默寡言，原本规律的生活起居变得毫无规律甚至失眠，这些都可能是情绪出现问题的信号，一旦发现，祖辈要及时与孩子沟通，探寻问题的症结，鼓励孩子打开心扉表达内心感受，给予安慰与指导，帮助缓解不良情绪。

（五）社交能力培养

1. 鼓励孩子与同龄人交往

留守儿童由于在情感上缺少父母的关爱和陪伴，时常感到失落和孤独，遇到困难、挫折或生活中出现差错均无法从父母处获得感情支持与及时纠正指导，久而久之，容易形成心理行为问题，如自暴自弃、焦虑自闭、缺乏自信等。因此，祖辈应多鼓励孩子与同龄人交往，帮助孩子被同伴接纳、建立友谊，进而获得同伴的赞许与尊重，感受同伴给予的温暖和友爱，满足其被爱与被尊重的需求，获取安全感与归属感。这种积极情感对儿童的心理健康和社会适应能力有着重要影响。

2. 引导孩子参加集体活动

根据孩子的兴趣爱好，祖辈可以帮助孩子选择合适的社团，如篮球队、足球队、书法小组、轮滑小组等，为孩子提供和同伴交往的场所与机会。社团组织集体活动时，祖辈应鼓励孩子积极参与，引导其分享活动经历、交流感受，强化集体活动积极体验，助力孩子在活动中学会沟通合作，培养孩子的社交能力与团队精神。

3. 引导孩子正确处理冲突

当孩子在同伴交往中遇到问题，祖辈及时给予指导和帮助。例如，孩子和小伙伴发生争吵，祖辈首先安抚孩子的情绪，等孩子冷静下来后，鼓励孩子表达自己的感受和需求，引导孩子讲清事情原委，不急于评判对错。其次，帮助孩子分析冲突的原因，让孩子认清自己在事件中的角色和责任，鼓励孩子自己提出解决矛盾的办法；最后，如果存在恶意欺凌行为，祖辈引导孩子寻求学校、老师帮助，妥善处理。

第五节　重组家庭的隔代教养

重组家庭是指由离异或丧偶的男女，重新与他人组建而成的家庭。由于家庭结构的变化，需要家庭成员重新调整自己在家庭中的角色和彼此的关系。对于年幼的儿童来说，面对被抛弃的感觉、分裂的忠诚感，以及在两个家庭之间来回居住产生的不安全感，是较大挑战。

一、重组家庭的特点

（一）家庭结构复杂

重组家庭涉及多重父母角色，包括亲生父母、继父母，还有不同孩子间的兄弟姐妹关系。与初婚家庭相比，重组家庭的结构要复杂得多，它可能包括多个原生家庭和之前的婚姻体系。举例来说，再婚的家庭可能包括丈夫、妻子、继子女、子女，还有他们各自的原生家庭和前任配偶的家庭。

（二）情感关系复杂

由于经历了离婚或失去配偶，家庭成员间的情感和期待可能会产生差异。在重组家庭中，再婚夫妻除了要处理好彼此之间的感情，可能还会面对与前任配偶之间的复杂纠纷，以及继父母和继子女之间可能存在的情感隔阂或防备心理。此外，继父母对于前婚子女也存在着各种复杂的情感，如愧疚、怀念等。

（三）家庭氛围微妙

父母关系的疏离、陌生监护人的出现，加上家庭结构的变迁，使得重组家庭中的儿童很容易产生排斥心理，很难接受新的家庭成员，这种排斥心理便会使家庭气氛变得压抑。再婚夫妇有时会把对前任配偶的感情或尚未解决的问题带入新的婚姻关系中。例如，他们可能会不自觉地拿现任与前任进行比较，也可能把尚未解决的财务纠纷、子女抚养权等问题，变为再婚夫妇埋下矛盾的导火索，使得家庭氛围变得微妙。孩子也可能因觉得再婚父母对继子女关心远超过自己而产生嫉妒；或因对继父母存在不适应、排斥，形成心理隔阂，进而致使亲子间缺乏信任理解，产生抵触，令家庭氛围紧张。

二、重组家庭的挑战

（一）关系重建

重组家庭中儿童被动地接受了亲生父母关系的破裂、家庭结构的变迁和家庭新成员的加入，这些都对儿童心理造成一定程度的伤害和压力，对建立和谐家庭关系造成一定障碍。

第一，他们与亲生父母感情深厚，既害怕失去亲生父母的爱，又担心接纳继父母是对亲生父母的背叛。这种矛盾心理使得他们难以与继父母建立亲密的情感联结与融洽的关系。

第二，由于新家庭成员的加入，新家庭环境、氛围和习惯与原生家庭有较大差异，孩子已经形成的行为模式与继父母的教育理念和方法不同，容易引发冲突，让孩子排斥继父母。如果孩子正处于青春叛逆期，更容易将继父母视为原生家庭的“入侵者”从而产生敌视心理，为建立信任关系增添又一道阻碍。

（二）角色定位模糊

重组家庭里，继父母与继子女之间的角色定位常常模糊不清，双方不知如何和谐相处，易产生陌生感与距离感。例如，继父母在教育继子女时会困惑：管得太严怕被误认为是“后妈后爸”式严苛，管得太松怕被指失职。

王敏和张伟重组家庭后，张伟的女儿小悠跟他们一起生活。一次，小悠在学校和同学发生了冲突，老师请家长，恰巧张伟出差在外地，王敏就去学校处理。但是回家后却不知如何教育小悠，既担心言辞太严厉引起小悠和张伟的抵触与误解，轻描淡写又担心没尽到家长的监管责任。结果小悠觉得她不是自己亲妈，对自己的管教不是出于真心，只是做表面文章。两人小心翼翼地相处，气氛很尴尬，可是又不知如何打破彼此间的隔阂，建立和谐亲密的关系。

（三）孩子心理压力大

重组家庭的孩子心理经历了双重压力：一方面是孩子失去亲生父（母），他们寄希望从另一方父母身上得到补偿，渴望得到更多的关爱；另一方面，继父（母）的介入让孩子感到自己受了威胁，随时可能再失去仅有一方的父（母）爱。这双重压力引发孩子对继父母的敌意和反抗，同时，也会导致孩子心理出现异常，如情绪波动、焦虑、神经质等，影响其身心健康和学习生活。

拓展阅读

重组家庭的教育困境

三、重组家庭隔代教养的要点

（一）坚持公平公正

重组家庭可能存在亲生父/母、继父/母、亲子女、继子女等多重角色，关系网较原生家庭更复杂。若再婚夫妻均有孩子，孩子易因怕在新家庭中失去原有地位而产生矛盾。因此在重组家庭中，祖辈对继孙子孙女、亲孙子孙女的态度应保持一致，给予关爱与教育，这样可以减少孩子因感受到不公平待遇而产生心理问题和矛盾。当孩子之间发生争执和矛盾时，祖辈要明辨是非，一碗水端平，避免偏爱或忽视。

以李奶奶家为例，儿子再婚后，家里既有亲孙子浩浩，又有继孙女清清。平日里儿子儿媳忙于上班，李奶奶就帮忙照顾孩子和简单做些家务。

为一视同仁，李奶奶给浩浩买玩具时，也会给清清挑选一份她喜欢的礼物；做饭时，会同时兼顾两个孩子的口味，分别为他们做爱吃的饭菜。有一天，两个孩子玩拼图时发生了争吵，互不相让。李奶奶耐心询问事情的经过，了解到是浩浩抢了清清正在拼的图片。李奶奶批评了浩浩这样做是不对的，让浩浩给清清道歉。随后又劝导清清原谅浩浩，告诉清清浩浩是想帮她快速拼好，因为妈妈已经喊吃晚饭了。在李奶奶的调解下，两个孩子重归于好，继续开心地玩拼图。

正是有了李奶奶的公平公正，才使得重组家庭中的一些小矛盾得以化解，进而令家庭氛围温馨和谐，一家人逐渐亲近。

（二）营造和谐的家庭氛围

家庭氛围对孩子的成长影响深远，祖辈需努力营造和谐温馨环境。即便夫妻感情有问题，也别在孩子面前争吵，因家庭关系破裂时，孩子易产生本能恐惧，变得敏感焦虑。父/母再婚家里可能要增加一个新人时，孩子往往感到不安，会产生一种本能的抵触情绪，这些都需要父母事先与孩子沟通好，把孩子妥善安置好。祖辈与父辈之间因教育理念不合发生冲突矛盾时，双方要自觉避开孩子，私下沟通协商。在教育过程中，孩子父母要经常与祖辈沟通交流孩子的情况，了解祖辈在教养孩子过程中是否遇到困难和麻烦，是否感到疲倦、是否有经济压力，要体谅祖辈，关心祖辈，感恩祖辈，让孩子在充满爱与温暖的家庭环境中健康成长。

（三）家庭成员保持良好合作

心理学研究表明，强迫切断孩子与亲生父母的联系或避谈亲生父母，会让孩子陷入更强烈的心理冲突。继父母唯有充分尊重、信任孩子的亲生父母，允许孩子与其保持稳定亲密关系，孩子才愿意对继父母敞开心扉、接纳并建立新的家庭关系。因此，在重组家庭中，祖辈要与其他家庭成员保持密切的联系和良好的合作，共同助力孩子的成长，形成教育合力。家庭成员之间要增进彼此之间的信任。对于孩子来说，面对家庭结构的改变和家庭新成员的加入，可能会有不安与抵触情绪，家长要给予孩子足够的耐心、爱心，让孩子感受到被爱，建立起对新家庭成员的信任。此外，尊重孩子的个性化选择。祖辈应主动与孩子沟通，倾听孩子的感受，尤其是继孙女孙子的想法，熟悉孩子原有的教育模式，给予孩子一定的自主空间，对孩子的学习成绩、兴趣培养、品德教育等方面的问题，尊重孩子的意愿。

8 岁的子轩生活在一个离异重组家庭。爸爸再婚后，新妈妈和奶奶一开始在教育子轩的问题上存在分歧。新妈妈注重培养子轩的才艺，给孩子报了很多兴趣班；而奶奶则更关心子轩的饮食起居，认为孩子压力太大。

这种分歧导致家庭氛围有些紧张，子轩也变得小心翼翼。爸爸发现后，周末吃过晚饭主动把大家聚集起来，真诚交流，表达各自的想法。爸爸先感谢了新妈妈对子轩成长的关心，也肯定了奶奶对子轩的生活照料。随后，根据子轩本人的意愿，保留子轩真正感兴趣的绘画班，减少其他不必要的课程，让孩子有更多自由玩耍和休息的时间。

除此之外，新妈妈还经常和子轩聊天，了解他的想法，带他一起看喜欢的电影，慢慢地，子轩对新妈妈的抵触情绪消失了。奶奶也主动帮忙接送子轩上绘画班，分担家务。经大家共同努力，子轩逐渐适应了新的家庭环境，性格也变得更加活泼开朗，在学校的表现也越来越好。

（四）培养孩子开放、包容和感恩的心态

在重组家庭，培养孩子开放、包容和感恩的心态非常重要，这种心态有助于增强孩子的心理韧性，减少心理问题和行为偏差。

首先，开放的心态是基础。家长要引导孩子面对父母离异的现实，当父母再婚时要接纳家庭结构的改变和家庭新成员的加入，不能一味抵触与排斥新成员，让孩子知道要开始一种新的生活，虽然和以往不同，但是大家都会保护孩子爱孩子。

其次，包容的心态能帮助孩子更快地适应新家庭环境。引导孩子尊重和接纳家庭新成员，包容新成员的习惯与理念，不能凡事都和亲生父母比，要理解新成员的差异。

可以多组织一些家庭活动，如郊游、看电影、运动等，在活动中增进孩子对家庭新成员的了解，逐渐接纳新家庭。

最后，感恩的心态有助于促进重组家庭的和谐。在重组家庭中，教育孩子学会珍惜和感恩，体谅继父/母的辛苦和善意，对继父/母的付出报以敬爱。具体来说，例如，帮继父/母做些力所能及的家务、送个生日小礼物、照顾弟弟妹妹等，彼此相互温暖，共建和谐家庭。

本章小结

关键词

家庭结构；主干家庭；核心家庭；单亲家庭；重组家庭；留守儿童家庭

课后思考

一、单项选择题

1. 核心家庭的主要成员构成是（　　）。

A. 祖父母、父母和子女　　B. 一对夫妇与他们的未婚子女

C. 父母和一对已婚子女　　D. 父母、一对已婚子女及该子女的子女

2. 依据波沙特的家庭人际互动定律，一个五口之家（祖父母、父母和一个孩子）的人际关系数是（　　）。

A. 3　　B. 6　　C. 10　　D. 15

3. 核心家庭中，父母为了给孩子提供更好生活条件，忙于工作，导致孩子放学回家后独自学习，这反映了核心家庭面临的（　　）问题。

A. 代际关系弱化　　B. 教育资源不足

C. 教育理念单一　　D. 经济压力大

4. 单亲家庭中，孩子在自我认同过程中，父母互相诋毁贬损对方，可能导致孩子（　　）。

A. 变得自信开朗　　B. 形成正确自我认同

C. 自卑、敏感，缺少安全感　　D. 对父母更加亲近

5. 重组家庭中，继父母在教育继子女时，担心管得严格被误认为是“后妈/后爸”行为，管得宽松又被认为没尽到职责，这体现了重组家庭面临的（　　）挑战。

A. 家庭关系重建　　B. 角色定位模糊

C. 孩子心理压力大　　　　　　D. 教育观念冲突

6. 留守儿童家庭中，孩子因父母长期外出务工，缺乏亲情抚慰，容易出现（　　）。

A. 亲情饥渴　　　　　　B. 亲子关系亲密

C. 安全感增强　　　　　　D. 心理健康问题减少

二、多项选择题

1. 核心家庭的特点包括（　　）。

A. 结构简单　　B. 独立性强　　C. 家庭关系直接　　D. 灵活性高

2. 主干家庭面临的挑战有（　　）。

A. 教育观念差异　　　　　　B. 教育方法不一致

C. 代际冲突　　　　　　D. 溺爱问题

3. 单亲家庭的特点有（　　）。

A. 家庭结构不完整　　　　　　B. 缺乏经济资源

C. 单亲家长角色超载　　　　　　D. 家庭氛围和谐

4. 留守儿童家庭隔代教养的要点包括（　　）。

A. 注重饮食营养与健康　　　　　　B. 防止意外伤害

C. 向霸凌者说不　　　　　　D. 关注孩子的情绪变化

5. 重组家庭隔代教养的要点包括（　　）。

A. 加强自我成长　　　　　　B. 营造和谐的家庭氛围

C. 家庭成员保持良好合作　　　　　　D. 坚持公平公正

三、简答题

1. 简述核心家庭中隔代教养的要点。

2. 分析主干家庭结构稳固的表现有哪些。

3. 留守儿童家庭有哪些特点?

四、案例分析题

景亮生活在一个主干家庭，爷爷奶奶非常疼爱他，经常无条件满足他的所有要求，景亮的父母则认为应该培养孩子的独立能力，对景亮的要求比较严格。因此，家里经常因为景亮的教育问题产生矛盾。

最近，景亮在学校和同学发生冲突，抢同学的课本，还不愿意归还；体育课故意冲撞同学。老师联系了景亮的家长，要求家长关注孩子的问题并合理教育引导。

请结合材料内容，分析景亮家庭中存在的教育问题，并提出相应的解决建议。

参考答案

第六章

隔代教养与亲子教育的平衡

学习目标

知识目标

了解隔代教养的现状；理解隔代教育的优势和劣势；掌握协调隔代亲与亲子爱的方法和策略；理解隔代教养的边界问题；掌握教育责任的划分与执行；理解隔代教育中的心理问题和支持策略。

能力目标

协调隔代教养场景下代际关系的实践能力；制定边界与规则的技能；解决冲突的策略应用；心理支持干预能力。

素养目标

增强跨代际同理心及文化敏感度；.强化家庭责任感与协作意识；提升批判性思维与伦理决策能力；加强终身学习与社会责任感。

思维导图

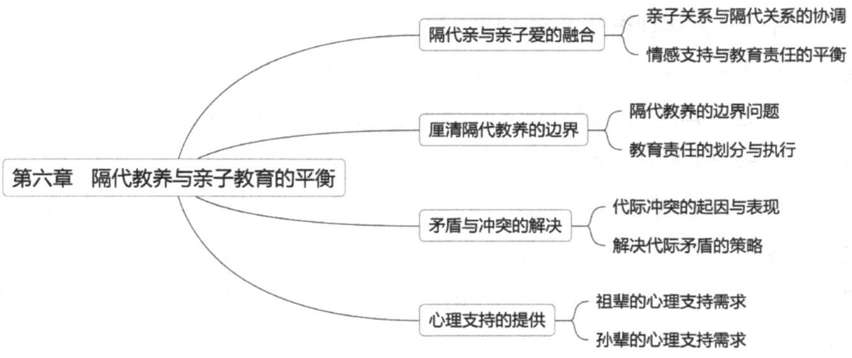

案例导读

法国有本书名叫《祖父母的春天》，书中写道：从 1962 年至 1988 年法国的双职工家庭数增加了一倍，每三个上班妈妈中就有一个要托老人照管孩子。过去的“礼物奶奶”如今变成了“星期三妈咪”，意指往昔孙儿们想见祖父母是巴望得到一份礼物，而今是因为星期三时值法国小学放假日祖父母成了临时保姆，替代母亲角色。在美国，老年人向儿孙们提供的援助项目，比例最高的是“看管孙子”，占 54%。在日本，老年父母所承担的家务，除烧饭外，比例最高的是“照看孩子”。男性老人承担这份工作的占 22.1%，女性老人则更是高达 39.7%。

在我国，超一半老人与子女同住，双职工年轻父母有的因市场竞争激烈、知识更新周期短，需花大力气“充电”。他们缺乏育儿知识和经验，也缺乏陪伴孩子的时间。老年人搭把手，早晚接送幼儿入托或上学，中午准备一顿午餐，放学后督促做功课，可以解除双职工父母的后顾之忧，又有益于孩子健康安全。部分年轻父母重孩子吃穿住行，认为物质满足就是尽责，却忽视孩子情感交流需求，让在物质优渥却缺情感滋养环境里的独生子女变得孤独冷漠。

有的年轻父母教育方法简单粗暴，他们满心希望孩子成龙成凤，但并不知道应该采取什么方法来有效培养孩子茁壮成长。孩子学习成绩不理想，他们不问青红皂白，动辄打骂。孩子不敢申诉学习困难，得不到及时的、有针对性的帮助，只能重新带着疑虑投入第二天的学习，当然不可能改变学习落后局面，又会招致更严厉的惩罚。久而久之，孩子的自卑心理越来越严重，不敢向别人表露真情，说真心话，不敢与同学交往，不敢面对老师和家长。老年祖父母（外祖父母）疼爱孙儿，常常会细心观察孩子的表情，不仅是面部的表情，还包括孩子语音、语调、语速等言语变化，手、脚四肢动作及形体姿态的变化，来揣摩孩子不自觉流露出来的内心情感活动，以便对症下药予以疏导、劝解，帮助孩子培养自尊感，发展独立性、进取心。

例如，有个名叫海海的男孩，平时每天放学刚进家门就问：“有没有好吃的？肚子已经饿了。”可有一日放学回家却不声不响，径直走到书桌边打开作业本埋头做功课。细心的外婆注意到孩子一反常态的乖巧，剥了个茶叶蛋送到书桌旁，边细声慢语地与孩子打听学校里的事情，终于弄明白，原来孩子在期中检查时，有一门功课考砸了。外婆故作轻松地说：“哪能以一次成败论英雄呢？”继而让孩子自己仔细分析考卷，错在什么地方，是什么原因造成的。孩子父母下班回家，外婆找机会跟他们沟通情况。晚上孩子主动向父母讲了考试情况，分析了自己做错题目的原因。父母鼓励其好好学习，争取下次考出好成绩。外婆的关怀和引导，化解了一场可能发生的“家庭风暴”，也引导孩子掌握正确的学习方法。

家庭是经由婚姻、血缘或收养关系所组成的社会生活的基本单位，通常由父母和他们的孩子所组成。家庭就像一个无限延长的链条，每一段开端是父母，与上一节链条也就是祖辈相连接，他们的孩子通常是家庭系统的终端成员。每一位父母都有他们的父母，而每一位孩子也终将成为父母，如此循环往复，生生不息。家庭既是生命代代相传的结果，也是文化、情感、血缘的传承形式。

心理学意义的家庭通常包括三代家庭成员：

（1）我们自己和我们的兄弟姐妹；

（2）我们父母和父母的兄弟姐妹；

（3）祖父母和外祖父母。

当今的中国社会，许多家庭教育的过程中，不可避免地要面对祖辈与孩子、父母与孩子的教育，以及由此产生的隔代亲与亲子爱带来的复杂关系及影响。

第一节 隔代亲与亲子爱的融合

2017 年，中国教育学会家庭教育专业委员会“中国城市家庭教养中的祖辈参与问题研究”课题组在北京、广州、成都等 6 个城市针对隔代养育现状展开调查，发现以下几个现象：一是近八成城市家庭祖辈参与孩子的教养；二是城市中祖辈参与孩子教养总体比例高，但纯粹隔代养育，即完全由祖辈负责孩子养育比例并不高；三是近三成祖辈参与孩子教养，但祖辈与孩子不同住，且 36.5%的家庭中存在为照顾儿童而“老漂”的祖辈。由此可见，隔代养育在中国是非常普遍的现象，处理好亲子关系与隔代关系，就成为一个重要的议题。

一、亲子关系与隔代关系的协调

（一）隔代养育的优势

隔代养育作为一种普遍的社会现象，具有不可替代的优势。研究表明，祖辈在儿童早期成长中的陪伴和教育能够在一定程度上促进儿童的认知与社会性发展。在现代社会中，祖辈不仅承担了育儿的角色，还在家庭关系和社会发展中发挥着重要作用。

1. 终身学习，与孙辈共同成长

部分退休的高知老人因长期投身职场，退休后自我价值感易下降，可能滋生抑郁、焦虑情绪。然而，养育孙辈为他们提供了一个重新定位自我价值的机会。现代祖辈越来越关注科学育儿，他们积极学习新知识，如阅读育儿书籍、参加教育课程，以跟上社会发展的步伐。他们不仅通过网络、书籍学习最新的儿童心理学和教育方法，还经常参与社区的育儿交流会，以便与年轻父母保持一致的教育观念。这种终身学习的态度不仅有助于祖辈自身的心理健康，也使他们能够更好地辅助年轻父母养育孩子。

2. 坚实后盾，为年轻人提供支持

在竞争激烈的社会环境下，年轻人往往面临事业与家庭的双重压力。研究指出，祖辈的支持能够有效缓解育儿压力，使年轻父母能够更好地平衡职业发展与家庭责任。

祖辈的帮助，既减轻了年轻父母的时间与精力负担，又在经济上给予支持，助力提升家庭的生活质量与稳定性。例如，在双职工家庭中，祖辈接送孩子上下学、照顾日常生活，使年轻父母能够专注于工作而无后顾之忧。此外，祖辈还能够在家庭突发状况时及时提供帮助，如孩子生病时的照料、假期托管等。

3. 心理优势，成为育儿合伙人

老一辈人历经丰富的人生阶段，对生活有更深刻体悟。他们学会了接受生活的变迁，以更加平和的心态面对未来。同时，许多祖辈在心理上展现出“返老还童”的特质，能够更自然地与孙辈建立亲密关系。这种天然的心理优势，使他们能够充当育儿合伙人，为孩子提供稳定的情感支持。

研究表明，祖辈带养的孩子在情感依恋方面表现良好，他们更容易建立安全型依恋关系，从而促进社交能力的发展。此外，祖辈的耐心与宽容有助于培养孩子的同理心，使其在未来的社会交往中更加自信和稳定。

4. 经验资源，智慧与耐心并存

祖辈拥有丰富的育儿经验，他们在养育自己的子女时积累了大量的实践知识。对育儿过程中出现的问题，他们通常能够更加从容地面对，同时具备足够的耐心与爱心照顾孩子。

不同于年轻父母容易因孩子的情绪波动而焦虑，祖辈通常能够以更加稳定和包容的心态处理孩子的需求。例如，在孩子哭闹时，祖辈往往会耐心安抚，而不是急于制止，从而帮助孩子更好地调节情绪。此外，祖辈擅长讲故事、传授传统文化，使孩子在潜移默化中接受人生智慧与家庭价值观。

5. 情感财富，祖辈的陪伴更具深远影响

与保姆或托育机构相比，祖辈更愿意投入精力与情感照顾孙辈，使儿童在亲密关系中获得安全感。此外，祖辈的养育方式也影响着孩子对家庭关系的理解，使他们更容易体会父母在成长过程中所经历的教育方式。

祖辈的陪伴不只是日常看护，更是家庭文化传承。他们通过讲述家族故事、教授传统习俗，让孩子在耳濡目染中建立文化认同。此外，祖辈无条件的爱与接纳，为孩子成长提供情感支持，有助于其心理健康建设与自尊心正向发展。

隔代养育在现代社会中发挥着重要的作用，祖辈不仅提供了时间、经济和情感上的支持，还通过终身学习、耐心陪伴和经验传承，助力孙辈健康成长。然而，隔代养育也需要与年轻父母的教育方式相协调，以确保孩子能够在科学合理的教育环境中成长。因此，建立良好的沟通机制，使祖辈与年轻父母形成互补，共同为孩子创造最佳的成长环境，是隔代养育成功的关键。

（二）隔代养育的劣势

尽管隔代养育具备很多优势，但如果脱离父母，完全由祖辈养育孙辈也是不可取的。谁都无法消除宝宝与父母分离的焦虑，谁也无法取代亲生父母与孩子的骨肉亲情。

1. 教育观念的代际差异

祖辈的育儿观念往往受到其成长时代的影响，与现代科学育儿理念可能存在较大差距。例如，部分祖辈仍然持有“棍棒底下出孝子”或“娇惯溺爱”的育儿方式，而这些观念可能与现代强调儿童独立性与自我发展的教育理念相悖。

研究表明，祖辈在带养过程中更容易纵容孩子，使孩子在行为规范、规则意识、独立能力等方面存在不足。祖辈的教育观念往往受自身所处时代与环境的限制，可能较为陈旧，难以适应当下儿童成长的需求。例如，一些祖辈认为“孩子听话就好”，为了让孩子安静，会将孩子交给手机游戏或电视动画片，这可能导致孩子形成不良的行为习惯，甚至影响心理健康；还有一些祖辈过度保护孩子，不让他们做家务或独立解决问题，导致孩子缺乏自主能力。

2. 亲子关系的疏离

隔代养育可能导致孩子与父母之间的情感联系减弱，影响亲子关系的稳定性。特别是在祖辈长期承担主要育儿责任的情况下，孩子可能对祖辈产生更深的依恋，而对父母的依恋相对较弱。

例如，一些研究发现，在祖辈养育下长大的孩子可能更倾向于向祖辈寻求情感支持，而不是向父母倾诉自己的想法和感受。这可能导致父母在教育孩子时面临更大的挑战，甚至可能引发家庭内部的冲突。

宝宝若长期离开父母，完全由祖辈代养，可能出现与父母情感疏离，失去对父母的依恋，安全感被破坏、自尊心受创，这类负面感受或沉淀于潜意识中。没有父母高质量的陪伴，宝宝的内心极易叛逆和分裂，性格也会受到影响，结果可能让其成长伴随较多心理困扰。

3. 溺爱与规则意识缺失

因祖辈往往更加疼爱孙辈，易在育儿过程中出现溺爱现象。例如，祖辈可能在孩子哭闹时立刻满足其要求，导致孩子缺乏规则意识和延迟满足的能力。

此外，祖辈的养育方式可能与父母的养育方式不一致，导致孩子在家庭中接收不同的信息。例如，父母要求孩子遵守纪律，而祖辈则在孩子犯错时轻易原谅，导致孩子在规则执行上产生混淆。

离开父母的宝宝易因分离产生焦虑、孤独情绪。若祖辈观念陈旧、无原则溺爱，会让孩子是非不分，日后回归父母身边重建是非观时，易无所适从。

对孙辈的溺爱，会让祖辈原则“失效”。宝宝易被惯出以自我为中心的问题，叛逆期更会表现出无礼、任性，老人若不懂引导，坏毛病会愈发严重。

4. 健康与精力问题的影响

随着年龄的增长，祖辈的身体状况可能逐渐下降，有些老人带孩子的过程中可能出现精力不足或体力透支的问题。长时间照顾幼儿可能导致祖辈的健康问题加重，如慢性疾病、关节疾病等。

此外，由于祖辈的反应速度较慢，他们在紧急情况下可能无法迅速应对。例如，在孩子发生突发状况（如跌倒、烫伤等）时，祖辈可能无法像年轻父母那样迅速采取适当的急救措施。

很多祖辈精力有限，一方面因操持家务、照顾宝宝，身体状况难支撑；另一方面，子女买的儿童绘本，也无法做到每天读给宝宝听。面对宝宝的任性，有些老人会依据经验，认为“才”要么是天生的，要么是棒打出来的，不打就成不了“才”。而采取棍棒教育的结果，只会使宝宝更加难以管束，教养缺失。

5. 文化传承与现代社会的适应问题

祖辈的教育方式可能更倾向于传统文化，而现代社会的多元化发展需要孩子具备更强的社会适应能力。

例如，一些祖辈可能会强调传统的性别角色观念，如男孩应该坚强、女孩应该温顺，而这可能与现代社会提倡的性别平等教育理念存在冲突。此外，祖辈可能更倾向于让孩子接受传统观念，而忽略培养其创新能力与批判性思维能力。

6. 育儿方法陈旧

祖辈的育儿方法可能过于依赖传统经验，缺乏对现代育儿理念的了解。例如，面对孩子的哭闹或情绪问题，祖辈可能倾向于简单粗暴的方式，而不是通过科学的方法进行引导。这种做法可能导致孩子在情绪调节与社交能力方面出现问题。

生活习惯的差异可能对育儿方法也造成较大的影响。例如，有的祖辈生活在小城镇或者农村，与大城市相比，他们固有的生活环境缺少专门的婴幼儿活动场所，也没有给宝宝每天洗澡、游泳的环境，日常生活中没有太多的讲究。宝宝大便以后，老人仅用卫生纸擦拭、不清洗屁股，宝宝不洗手就吃饭、外出玩耍后不洗澡就睡觉，是老人带孩子常见问题。

很多祖辈对科学饮食知识了解不足，喂养宝宝大多依靠个人喜好，既不懂得所谓的“膳食金字塔”，又不知道怎样进行科学的营养配比，就连控制宝宝的食盐摄入量也很难做到。这些老人常会将自认为好吃的东西、好喝的饮料都喂给宝宝，盲目饮食的结果就是造成宝宝三天两头生病，这在无形中也会造成宝宝体质下降。

7. 家庭边界模糊

祖辈与年轻父母在育儿过程中可能缺乏清晰的边界，导致育儿分歧甚至家庭矛盾。例如，年轻父母刚对孩子提出要求，祖辈可能偷偷违反，甚至与孩子形成统一战线对抗父母。这种行为不仅影响孩子的成长，还可能破坏家庭和谐。

8. 安全处置能力不足

许多儿女们生活在大城市，居住小区和周围环境安全系数相对较高。若老人居住的条件较差、周围环境安全保障欠缺，会无形中给宝宝增加不少安全隐患。

宝宝养育过程中，无论宝宝出现什么样的闪失，这份责任和风险都是祖辈承担不起的。近几年有不少儿童安全事故的背后都是父母的缺席与情感的忽略造成的，父母不能一味地指责帮忙看护宝宝的老人，而是要痛定思痛，认真思考造成这些安全问题的根源所在。

可见，隔代养育既有优势，也有明显的挑战。在现代社会中，如何平衡祖辈的帮助与父母的教育责任，建立良好的沟通机制，是隔代养育成功的关键。年轻父母需要与祖辈保持密切沟通，确保教育理念的统一，同时帮助祖辈掌握科学育儿知识，以实现对孩子最优的养育方式。

（三）协调隔代亲与亲子爱之间的关系

《上海教育科研》2012年4月刊登的《近十年国内外隔代教养研究综述》中指出，大部分祖辈家长有充裕的时间和精力，有丰富的养育经验和人生阅历，有平和宽容的心态等。这些都是隔代教养的优势。北京大学儿童心理研究所黄海波教授就指出，祖辈带大的孩子身体素质好，生活照料与安全保障优于其他教养方式。祖辈家长将充分的时间和精力投入到孙辈身上，而且祖辈家长在社会实践中积累了丰富的社会阅历和人生感悟，这些正是促进儿童社会性发展和有效处理孩子教育问题的宝贵财富。为了更好地协调隔代亲与亲子爱之间的关系，可以从以下几个方面着手。

1. 促进家庭沟通，构建和谐教养氛围

家庭沟通是解决隔代教养矛盾的关键。研究显示，家庭成员间的有效沟通有助于减少育儿观念的冲突，提高养育质量。

案例分析

小李夫妻工作繁忙，将孩子交由祖父母照顾。然而，由于祖父母溺爱，孩子出现了任性、不愿分享的行为。小李意识到问题后，采取了家庭会议的方式，与祖父母沟通育儿理念，并分享科学育儿知识。在多次交流后，祖父母逐渐理解现代育儿方式，开始配合父母的教养方式，孩子的行为也逐渐改善。

建议措施：

（1）定期召开家庭会议。

（2）父母主动与祖辈沟通，分享育儿经验和科学依据。

（3）在尊重祖辈的同时，明确父母在育儿场景下的主导地位。

2. 明确角色分工，避免教育责任混淆

国外学者的研究表明，明确家庭成员在教养中的角色与职责，有助于减少教育方式的分歧。

案例分析

小张的孩子主要由祖母照顾，但祖母常在孩子犯错时轻易原谅，而小张则希望通过规范化的教育方式培养孩子的责任感。为避免教育冲突，小张与祖母达成共识，规定祖母主要负责孩子的生活照料，而教育问题由父母负责。通过这种方式，孩子既得到了祖母的关爱，也能接受规范化的教育。

建议措施：

（1）祖辈主要负责日常生活照顾，父母承担教育责任。

（2）对于重要的教育问题，父母应与祖辈协商一致后执行。

（3）设立统一的家庭规则，确保孩子在不同养育者间获得一致的教育信息。

3. 充分发挥祖辈优势，结合现代育儿理念

祖辈在育儿过程中具有丰富的生活经验，但也可能存在过时的教育观念。因此，科学整合祖辈经验与现代育儿理念，能够实现最佳的养育效果。

案例分析

小王的母亲认为婴幼儿应在学龄前认字、算术，而小王则更倾向于遵循儿童发展规律，主张以游戏促进学习。经过沟通，小王邀请母亲一起参加育儿课程，使母亲逐步接受科学的教育观念、调整早期教育方式，让孩子的学习更加符合其成长节奏。

建议措施：

（1）组织祖辈参与现代育儿知识培训。

（2）通过实践示范，让祖辈了解科学的育儿方法。

（3）鼓励祖辈结合自身经验，合理调整传统育儿方式。

（4）祖辈可以做父母育儿的好参谋，尊重其决策，给予建议但不过度干预。

4. 预防隔代教养对亲子关系的负面影响

隔代教养可能导致亲子关系疏离，尤其是在孩子长期主要依赖祖辈的情况下，易减少与父母的情感联结和亲子互动。

案例分析

小刘因工作长期将孩子交由祖父母照顾，致使孩子对父母依恋、交流减少，甚至在父母管教时表现出抵触情绪。发现问题后，小刘夫妻增加亲子互动，靠亲子游戏、外出游玩修复关系。

建议措施：

（1）父母应保持与孩子的高质量陪伴时间。

（2）通过亲子活动增强亲子依恋关系。

（3）祖辈应鼓励孩子与父母建立紧密的情感联结。

协调隔代亲与亲子爱之间的关系，需要全家成员共同努力。有效的沟通、合理的角色分工、科学结合祖辈经验与现代育儿理念，以及维护亲子关系，可以实现家庭教养方式的统一，让孩子在充满爱与支持的环境中健康成长。

二、情感支持与教育责任的平衡

（一）情感支持的必要性

心理学家鲍尔比（John Bowlby）的依恋理论（attachment theory）指出，儿童早期的情感依恋对其心理发展具有深远影响。祖辈在隔代教育中提供的情感支持可以弥补父母缺席带来的不安全感，有助于儿童形成安全型依恋（secure attachment），从而提高其自尊心和社交能力。例如，在父母因工作原因长期不在身边的情况下，祖辈的陪伴能有效缓解孩子的孤独感，为其提供心理上的支持。

《青春之歌》作者杨沫与其子老鬼（马波）就是这类关系。老鬼在他写的《母亲杨沫》一书中谈到，让老鬼最感痛切的是母亲杨沫身上母性、亲情的流失，“对孩子冷酷无情”。老鬼 6 岁时，有一次患肠粘连，疼得满地打滚。母亲杨沫也不当一回事儿，过了几天眼看他奄奄一息了，才让十几岁的大儿子带他去医院，医生动完手术之后说：“再晚就没救了。”老鬼从小在故乡由姑姑带大，5 岁才回到杨沫身边。杨沫失去了和孩子建立亲子依恋关系的关键时期。

而杨沫是这样描述的：“有许多天，他不肯洗脸、洗澡、换衣服。不仅如此，小便时总是脸朝南。我发现后，几次问他为什么这样，最后他才结结巴巴地说出‘想老家’。他是为了不把从老家带来的尘土洗掉，才不肯洗脸换衣服。至于朝南小便呢？那是因为老家在北京的南边。”杨沫虽然出生在一个显赫富足的家庭里，但她是由保姆带大的；她的父母从小对她也是不闻不问，脚冻得流脓也不管。

因杨沫小的时候未与父母建立安全亲子依恋关系，故意识不到这样对孩子是错误的。虽然杨沫在晚年恢复母爱，但是给儿女造成的伤害终生难以弥补。

父母有质量地陪伴孩子对形成安全的亲子依恋关系非常重要。所谓育儿过程中有质量地陪伴孩子，指父母要利用有限时间，对孩子真正负起责任，能够敏锐察觉并及时回应孩子需求。在孩子面前，能够做到言传身教，用自己的行为与语言为孩子做正面的表率，培养孩子良好的行为习惯。孩子发展的敏感期，在不同的阶段给予有针对性的陪伴和教育。陪伴的关键在于质量而不在于时间的长短，这一点非常重要。对孩子的正当需求要给予帮助，反之则要给孩子立好规矩，让孩子健康快乐地成长。

（二）如何实现情感支持与教育责任的平衡

1. 建立良好的沟通机制

生态系统理论（ecological systems theory）强调，儿童发展、成长需多方力量合作。因此，父母与祖辈应保持定期沟通，达成共识，确保教育理念的一致性。例如，可以通过家庭会议、电话沟通等方式协调孩子的教育方式。

2. 明确教育责任分工

根据布朗芬布伦纳的观点，家庭内部的角色分工会影响儿童的发展。祖辈可以在孩子的生活照料和情感陪伴方面提供支持，而父母应在孩子的核心教育问题上发挥主导作用，如价值观塑造、学业指导等。学者刘芳提出，在隔代教养中，祖辈可主要负责孩子的生活照料，如饮食起居、接送上下学等，让孩子在日常生活中感受到祖辈的关爱；父母则应主导规则的建立，明确孩子的行为规范和学习要求，确保孩子在良好的家庭秩序中成长。

3. 避免溺爱

鲍姆林德的研究表明，最理想的教养方式是“权威型教养”（authoritative parenting），即在给予孩子温暖与关爱的同时，也设立合理的规则和边界。因此，祖辈在给予孩子关爱的同时，也要适当设立规则，培养孩子的责任感和独立能力，如可以通过让孩子承担适当的家务、培养自我管理能力等方式进行调整。

4. 引入现代教育理念

维果茨基的“社会文化学习理论”（sociocultural theory）强调，学习是社会互动的结果，祖辈可以通过学习现代教育方法，如参加家庭教育讲座、阅读教育书籍等，来弥补代际差异带来的教育观念落差。

第二节　厘清隔代教养的边界

因祖辈与父母在教育观念、养育方式、亲子互动上有差异，隔代教养若缺乏清晰的边界易引发家庭矛盾、影响儿童成长。例如，祖辈过度介入会削弱父母权威、让孩子依赖；而若完全退居次位，又可能致孩子情感支持缺失。因此，厘清隔代教养的边界，关乎家庭和谐，更直接影响儿童身心健康与社会化发展。

一、隔代教养的边界问题

对于隔代教养的边界问题，许多学者的研究都有涉及，从家庭系统理论、依恋理论、生态系统理论等多个视角来看，育儿过程中，合理的隔代教养边界有助于确保祖辈、父母和儿童三者之间的关系处于动态平衡状态，使祖辈在提供情感支持和生活照料的同时，尊重父母的核心教育角色，避免家庭权责不清。此外，隔代教养场景下，清晰的教养边界还能有效减少代际冲突，使孩子在稳定的家庭环境中获得最佳成长体验。因此，本节将结合理论分析与实际案例，探讨如何科学界定隔代教养的边界，以促进儿童的健康成长和家庭关系的良性互动。

凯尔（Michael E.Kerr）和鲍恩（Murray Bowen）的家庭系统理论强调，健康的家庭系统应保持适度的边界，既不过度融合（enmeshment），也不过度疏离（disengagement）。在隔代教养中，祖辈和父母若缺乏边界，容易导致角色混淆。例如，祖辈若过度介入孩子的成长，可能会削弱父母的权威，使孩子对父母的依赖减少，甚至在某些决策中更倾向于听从祖辈的意见，相反，祖辈若完全脱离教育过程，孩子可能会缺乏足够的情感支持。因此，建立清晰但不过度僵化的边界，有助于维持家庭系统的稳定，确保孩子能够在多方支持下健康成长。在孩子的教育决策上，父母应拥有主要的决策权，祖辈可提供建议，但不应越界干涉。

鲍尔比的依恋理论强调，儿童在早期发展过程中需要建立安全的依恋关系，以获得稳定的心理支持和社会适应能力。在父母缺席的情况下，祖辈提供的情感支持可以成为孩子形成安全型依恋的重要来源。然而，依恋理论同时指出，主要依恋对象通常应是父母，祖辈的过度介入可能会削弱父母的角色，使孩子在情感依赖上出现偏差，影响其独立性发展。

鲍姆林德提出的教养方式理论（parenting styles theory）将家庭教育方式分为权威型、专制型、溺爱型和放任型。祖辈的教养方式常倾向溺爱型或放任型，如过度满足需求、包庇错误行为等，可能影响孩子的行为规范和责任感养成。因此，祖辈应在界限清晰的前提下参与儿童教育，而非成为孩子行为规范的松弛者。

布朗芬布伦纳的生态系统理论认为，儿童的发展受到微系统（家庭）、中系统（学校、社区）和外系统（社会文化环境）等多重因素的影响。祖辈作为微系统的重要成员，在提供生活支持与情感陪伴方面具有积极作用，但他们的角色应与父母、学校等其他教育主体相协调，而不是完全替代父母的核心教育责任。

二、教育责任的划分与执行

在隔代教养中，祖辈与父母的角色若出现边界模糊，可能会导致教育责任的混乱，进而影响孩子的心理发展。例如，当祖辈直接决定孩子的教育方式、学习内容甚至日常习惯时，父母的教育权威会受到削弱，导致孩子在决策时更倾向于依赖祖辈，而忽视父母的指导。祖辈与父母在教育观念、养育方式及责任分工上的差异可能导致问题的产生，因此，在隔代教养中，必须明确祖辈的辅助角色，确保父母在教育中的核心地位。

案例 1

祖辈过度干预导致亲子关系紧张

背景：小明的父母因工作繁忙，将孩子交由祖父母照顾。然而，祖父母不仅负责孩子的生活起居，还干涉其学业安排、兴趣培养，甚至直接替代父母做出教育决策，例如报辅导班、选择学校等。久而久之，小明逐渐习惯向祖父母寻求支持，而与父母的沟通减少，甚至在面对父母的教育要求时表现出抗拒。

问题分析：根据家庭系统理论，该案例体现了家庭边界模糊的问题，祖辈的过度干预削弱了父母在孩子教育中的主导地位，导致孩子在心理认同上更依赖祖辈，而非父母。此外，依恋理论也表明，孩子主要的依恋对象应是父母，祖辈的过度介入可能会影响孩子的情感发展，使其在面对重要决策时缺乏对父母的尊重和依赖。

解决方案：

父母应主动增强与孩子的互动，逐步恢复自己的教育主导权，如每天抽出时间与孩子交流，参与孩子的学习辅导。

祖辈应在教育问题上保持支持者角色，避免替代父母做决策，如在孩子的学业规划和价值观培养上，由父母主导，而祖辈提供生活上的协助。

通过家庭会议或日常沟通，形成一致的教育观念，使祖辈与父母在教育方式上达成共识，减少孩子在家庭教育中的困惑和依赖倾向。

案例 2

祖辈缺乏规则意识导致儿童行为问题

背景：小花的父母制定了严格的作息和学习计划，希望培养孩子的自律能力。然而，祖父母因认为孩子年纪小应“快乐成长”，常在父母不在时纵容孩子晚睡、玩手机、逃避家务。久而久之，小花变得依赖祖父母的宽松管理，在父母要求其遵守规则时常常反抗，甚至表现出撒谎和逃避责任的行为。

问题分析：该案例反映了祖辈教养方式与父母之间的冲突，祖辈的溺爱型教养方式削弱了孩子的规则意识和责任感。根据鲍姆林德的教养方式理论，长期的溺爱可能会导致孩子缺乏自律，形成依赖性人格，甚至影响未来的社会适应能力。

解决方案：

祖辈应调整教养方式，避免溺爱行为，支持父母的教育规则，如坚持孩子的作息时间、共同监督孩子完成学习任务。

父母与祖辈需加强沟通，达成一致的教育规范，并通过家庭规则的方式让孩子清楚不同教育者的权责界限，如规定手机使用时间、家务分工等。

通过引用心理学研究、分享成功案例等积极引导方式，让祖辈理解严格规则对儿童成长的长期益处，使其愿意配合执行教育要求。

在隔代教养中，合理划分与执行教育责任是确保儿童健康成长的关键。理论研究表明，祖辈应在情感支持和生活照料方面发挥积极作用，而父母是孩子教育的第一责任人，应承担儿童教育的核心责任。在实践中，避免祖辈过度干预、溺爱孩子，同时加强家庭成员之间的沟通与合作，是实现隔代教养良性发展的重要途径。厘清教育责任的边界，不仅有助于减少家庭冲突，还能培养孩子的独立性和责任感，使其更好地适应未来社会环境。具体来说，可能通过以下几个方面更好地划分与执行教育责任。

（一）明确家庭教育责任边界，制定家庭教育协议

通过家庭会议讨论并达成共识，明确祖辈与父母在家庭教育中的角色定位，如生活照料由祖辈主导，学业辅导与价值观塑造由父母负责。

制定家庭教育协议，涵盖作息时间、教育方式、奖惩规则等，确保祖辈与父母在教育观念上保持一致，减少因理念差异导致的矛盾。

使用“责任清单”划分学习辅导、生活照料等任务。例如，在学习辅导方面，父母负责孩子的作业检查、学业规划；祖辈则负责提醒孩子学习时间、准备学习用品等。这种明确的责任划分，有助于提高教育效率，避免责任推诿。

（二）加强代际沟通，构建良性互动机制

父母应主动与祖辈沟通育儿理念，采用尊重和理解的方式，而非单方面否定祖辈的教养方式，使祖辈更愿意接受新的教育观念。

通过定期家庭会议、微信群交流等方式，确保教育理念的统一，减少祖辈与父母在教育责任上的冲突。

（三）尊重祖辈的情感支持作用，但避免其取代父母的教育职能

祖辈可以在生活照料、情感陪伴方面发挥积极作用，增强儿童的安全感和幸福感，但不应在重大教育决策上替代父母的角色，如学校选择、学业规划、行为规范制定等。

鼓励祖辈在提供支持的同时，让孩子逐步适应父母的教育方式。例如，帮助孩子理解父母的规则，而非成为孩子“逃避规则”的庇护者。

（四）强化父母的教育主体责任，提升其育儿能力

父母应增强自身的育儿意识，积极学习科学的教育方法，提高自身的教育能力，避免因工作忙碌或经验不足而过度依赖祖辈。

在日常生活中，父母应尽量多参与孩子的学习、活动和情感交流。例如，每天固定时间进行亲子互动，以增强亲子关系，让孩子感受到父母的陪伴与支持。

（五）避免隔代溺爱，建立统一的教育规则

祖辈常倾向溺爱孩子，降低对孩子的行为约束，父母应与祖辈协商制定统一的家庭教育规则，如限制电子产品使用时间、坚持孩子独立完成作业等。

通过共同设立奖惩机制正向激励，让孩子理解规则的重要性，也让祖辈认识到适当约束对孩子的成长有利。

（六）借助社会资源，构建多元教育支持体系

通过社区、学校、家庭教育指导机构等外部资源，为祖辈与父母提供科学的育儿培训，提高隔代教养的科学性和一致性。

组织家庭教育讲座、亲子活动，增强家庭成员间的互动，使祖辈与父母在教育理念上逐步趋同，减少因观念差异导致的冲突。

第三节 矛盾与冲突的解决

在现代社会，由于家庭成员之间的角色定位、教育观念以及生活方式的差异，代际冲突和亲子冲突逐渐成为家庭教育中不可忽视的问题。尤其在隔代教养的背景下，祖辈和父母之间的矛盾愈加复杂。解决代际冲突和亲子冲突，不仅有助于家庭和谐，还能促进儿童的身心健康发展。以下将从代际冲突的起因与表现、解决策略，以及亲子冲突的调解与沟通技巧等方面进行全面论述。

一、代际冲突的起因与表现

代际冲突是指不同年龄段的家庭成员之间，由于生活经验、教育方式、价值观念等差异而产生的矛盾和摩擦。在隔代教养中，代际冲突的出现尤为明显，主要源于以下几个方面。

（一）生活习惯矛盾

因两代人成长环境不同，生活习惯差异大，隔代教养中频繁接触（甚至同住）时，易产生矛盾冲突。例如，父辈抱怨祖辈不注意卫生、给孩子过度穿衣、总觉得孩子没吃饱、追着喂饭等。

比如尿不湿，他们觉得浪费钱，还不如以前用纱布做得好，洗洗晒干就能重复用，省钱实惠，用完了还能扎成拖把或者当抹布擦地。我觉得这样太不卫生了，现在谁家还用尿布啊！有这么卫生方便的尿不湿，不是挺好的吗？而且老人家节省，过期的东西也舍不得扔，说还能吃……

奶奶认为多抱抱、拍拍孩子，孩子更容易入睡，结果孩子只有在抱着拍着时才能入睡，一放下、一停就醒，难长期维持……奶奶说孩子睡前闹，给他叼着奶嘴就好了。结果总要叼着奶嘴才能睡着，影响孩子长牙。

老人觉得孩子就应该多吃，吃得越多代表着孩子越健康，长得越好，总是不停地喂孩子。除了正餐，老人平时还要喂给孩子很多零食水果，有时候孩子都已经吃不下了，还是连哄带骗硬要孩子吃下去。有一次孩子都消化不良吃坏肚子了。每次喂饭老人都是追着孩子满房间跑。要我说就不该喂他，饿了他自己就会过来吃。

一直有种说法，是“有种冷叫你妈觉得你冷”，他们不管孩子冷不冷热不热，都给孩子穿得层层叠叠，生怕冻感冒了。其实，孩子根本不用穿那么多。孩子好动，出汗以后没及时换下汗湿的衣服，这样一冷一热，反而更容易感冒了。

而祖辈对父辈的抱怨多集中在玩手机玩电脑、周末作息时间混乱、较少陪伴孩子等方面。

小孩无聊找人陪玩的时候，父母在玩手机。小孩睡觉要听故事的时候，父母在玩手机。小孩问父母问题时，父母还是在玩手机。手机比自己小孩都亲。

平时上班没时间陪孩子就算了，好不容易周末了，也经常一觉睡到中午，然后带孩子出去吃些垃圾食品。

一个习惯的养成通常需要较长的时间，而年龄越大改变习惯越是不易。因此，两代人在生活习惯上的矛盾冲突要化解，还需双方都愿意互相迁就妥协。

（二）教育理念与育儿方式的差异

如果说生活习惯的差别还只是导致轻微冲突，在教育理念上则是容易导致严重的代际冲突。

祖辈年轻时，社会经济水平远不及当下发达，生活条件较差，很多时候得省吃俭用，往往没能很好地照顾子女。这种愧疚的情绪让他们产生了把所有的爱都倾注到孙辈身上的补偿心理。由此很容易溺爱孩子、包办所有事情，使得孩子自理能力得不到锻炼，对家长产生强烈依赖。

某家庭吃饭时曾发生过这样一个场景。

宇轩（五岁）：我想喝汤！

奶奶：宝贝，奶奶帮你舀到小碗里，现在还太烫，奶奶帮你吹一吹，你手端好，小心烫呀，要不要奶奶喂？

宇轩：奶奶，你好唠叨啊！

而同样的情况下，妈妈的反应则是：

妈妈：汤勺在这，你自己舀吧！不要舀太满。嗯，慢点小心烫，凉了再喝哈。

宇轩：妈妈，你看！我好了！

妈妈：真厉害，那你帮爸爸妈妈和爷爷奶奶每人都舀碗汤好吗？

宇轩：好好，我来！

同样的情境，反映出奶奶和妈妈不同的教育方式。奶奶溺爱孙子，各方面无微不至，甚至可以饭来张口衣来伸手，完全不能锻炼孩子的独立能力。而且孩子也不懂得感恩，还嫌弃奶奶唠叨，习惯了以自我为中心。而妈妈的教育方式不仅让孩子学会自己盛汤，还能服务其他人，避免了以自我为中心，锻炼了独立能力。

另一种情况是祖辈传统或者迷信思想较重，冲突特别容易发生在孩子生病时。有些祖辈坚信自己的传统“土方”，甚至是封建迷信的办法，反而耽误了孩子的病情。这类的新闻事件并不少见。

有一次我女儿发烧，本打算去医院的，我妈却以“医院细菌多，孩子去一趟就会生病”为由阻拦，非要按土方给孩子憋汗，我俩大吵后，还是送孩子去医院了。医生说，我女儿当时高烧有点严重，要是晚了都怕转成肺炎。

还有特别无语的事情嘞，婆婆听老家人说……搬新房子要撒很多硬币在地上，一是代表财源广进，二是给打扰到的各种东西的孝敬钱。当时大宝不知怎么的就抓了一枚一角的硬币塞嘴里了，怎么抠都不肯吐出来。我们当时都吓坏了，生怕她吞下去，还好后来让她吐出来了。

还有就是祖辈因受时代限制，往往受教育程度较低，旧式教育方式存在不科学之处，教育理念也比较落后，如只注重吃饱穿暖，对孩子的心理健康情况则完全没有考虑到。祖辈常常出于对安全问题的担忧而限制孩子的各种探索活动，恨不能给孩子创造一个完全没有危险的环境，把孩子养成温室里的花朵，一切都大包大揽。这其实是束缚了孩子探索未知的天性，切断了孩子思维发展的可能，妨碍孩子个性发展。不少祖辈的文化程度不高、思维僵化，本就缺乏科学的新兴知识，如果还过度保护孩子，将错失在儿童发展的十分关键的时期教育孩子事半功倍的机会。

孩子必须要靠自己独立地探索、认知世界，如果替他们解决了所有问题，不仅阻碍了他们的成长过程，还弱化了他们思考和动手的能力。

有位母亲的亲身经历，就很典型地说明了这类代际育儿理念冲突问题。

有一次我和婆婆带孩子在楼下小花园玩，孩子“蹭蹭蹭”跑得很快，我和婆婆就在后面看着。忽然孩子没站稳，“啪叽”一下摔地上，然后就开始号啕大哭，哭得一把鼻涕一把眼泪，我们赶紧冲过去，因冬天穿得厚，孩子没啥大事，就手上破了点皮。我还没来得及说话呢，我婆婆倒好了，马上就把责任推出去了，替孩子拍打路面，哄着孩子说什么是路不乖啦，出现小坑才害孩子摔倒的话，我在旁边差点气笑了。这么滑稽，哪里是哄孩子，不就是在教孩子推卸责任吗？让孩子觉得过错都在别人，自己都是对的。这样教育出来的孩子，未来发展让人担忧。

我看育儿书上说在孩子专心致志地玩的时候，喂到他嘴边什么他就吃什么，这样会破坏孩子玩的过程，影响精神集中，容易影响孩子的注意力发育，导致孩子以后做事情不能专注，总是没耐心。我就和我妈说了不要再边玩边喂饭，我妈每次都应着说好，结果之后又是在后面追着喂饭。这都还是小事。有时候我妈烦起来就威胁孩子说“再不吃饭就不要你，把你扔掉”，或者“再不吃饭就要打电话让警察叔叔把你带走”，等等。我知道了也总会和她说这样不好，会影响孩子的心理，结果又被‘那你自己喂’一句话怼回来了。我也是很无奈。

现在一家就一两个小孩，普遍被当宝贝“看护过度”，这我不太赞同。我小时候在农村，外婆没精力细管，我特别皮，上房揭瓦、下河捞鱼，没少闯祸；现在孩子住楼房，成天玩电子设备，不像我们以前能天天接触大自然。虽然我天天要上班，但有空也会带孩子外出活动。你看那隔壁家的浩浩，成天都是老人和保姆陪着，走几步就要抱，就要坐婴儿车，出来跑几步就被大人看得死死地，生怕摔了。现在浩浩就总是不爱活动，身体也弱，动不动就让大人抱，而且胆子也小，我们抓蚯蚓他都害怕。不像其他孩子一样对新鲜事情充满好奇，浩浩整天沉沉闷闷像个小老头。我也是蛮担心这样的男孩长大以后会怎么样，但毕竟是别人家的孩子，也不好说什么。

我婆婆总替孩子做好一切、解决所有问题，连孩子自己该做的生活小事也全包揽。甚至连我和孩子爸爸跟孩子说话，我婆婆都不等孩子思考、开口，立马替孩子回答。我问孩子今天去哪玩了，我婆婆就直接说去逛公园了。我问孩子今天在幼儿园里学了什么，我婆婆就说学了折纸、捏橡皮泥。我们教孩子自己用筷子吃饭，但是我婆婆担心筷子会戳到孩子，直接就给换成汤匙。

祖辈与父辈在教育大方向上需要保持一致，且做好各自合理的定位与分工。祖辈不可因为教育思想的不同，干预父辈对孙辈的教育，与之唱反调，使孙辈对自己产生过度依恋，以自己的辈分、伦理来打压父辈权威，这种不恰当的行为会成为亲子关系中的障碍。

孩子爷爷就和孩子爸爸对着来了，认为自己儿子对小孙子的要求太严格了，只允许他每天玩一个小时 iPad。爷爷就说：“看 iPad 多学点也没什么不好。”于是，爷爷成了孩子的“坚强后盾”，还说：“爸爸不让你看 iPad，爷爷帮你，爸爸如果教训你，你就找爷爷来教训他！”

其实我小时候就亲身经历过这种事。小时候我特别爱吃零食，因为零食吃多了就不爱吃饭又有蛀牙，妈妈就不让我吃了。但外婆特别宠我，每次去她家她都偷偷买零食给我吃，还让我不要和妈妈说。当妈妈发现后就跟外婆说不能再偷偷给我零食吃。后来，外婆就说我不该告诉妈妈我吃零食了。等到下次又发生这类事情的时候，我就犯难了，不知道到底该不该说实话。于是我渐渐有了随口撒谎的习惯，还好后来纠正过来了。所以，现在看到类似的情况也在孩子身上发生，我就有种风水轮流转的感觉。我很严肃地和妈妈沟通后达成共识——不能让孩子养成对父母"欺瞒"的习惯。

化解祖辈与父辈的教育理念冲突，主要还需父辈尽可能多参与到育儿的过程中来，用现代的、科学的理念促进孩子身心都健康成长。此外，父辈可以多向祖辈传递先进育儿知识，鼓励他们参与亲子育儿培训，缩小代际理念差。

（三）家庭角色模糊与责任划分不清

张伟夫妇因工作繁忙，自 2020 年起将小雨托付给外公外婆照顾。2021 年 8 月，外公王建国偶然听说某私立双语幼儿园"能让孩子从小接触外教"，未经商量便交纳了 12 万元学费。当母亲李娜提出"离家太远，接送不便"时，外婆陈秀兰拍着桌子说："我们出钱出力，这点主都做不了？"

小雨每天清晨 6 点被叫醒，乘车 1 小时去幼儿园，因疲惫在课上哭闹。李娜发现后要求转回社区幼儿园，王建国却坚持"退了学费就是浪费"。一次争吵中，张伟脱口而出："你们这是越俎代庖！"老人摔门离家 3 天，小雨因频繁更换环境出现咬指甲的焦虑行为。

最终在 2021 年国庆节的家庭会议上，心理咨询师引导张伟一家人制定《家庭教育章程》："教育决策权归父母，祖辈可提建议但需书面沟通"。王建国转为负责教小雨书法，接送任务由父母雇佣专业司机分担。

吴丽华离婚后与陈峰再婚，两人每晚工作到凌晨。外婆刘美云从江西老家来照顾朵朵，但拒绝检查作业："我初中都没读完，别耽误孩子。"2022 年 9 月，老师说朵朵已经连续两周未交作业，吴丽华责怪母亲："带个孩子都带不好！"刘美云哭着收拾行李要回老家。

朵朵趁机逃学去网吧，用外婆手机给游戏充值 3 000 元。陈峰发现后怒吼："你们娘俩都是败家子！"三方陷入"母亲怪外婆，外婆怪继父"的指责循环。

在专家的指导下，他们签订《三方责任书》："吴丽华每天 19:00—20:00 视频辅导作业；陈峰负责周末亲子活动；刘美云参加社区扫盲班，用手机查作业答案；朵朵担任'家庭会议书记员'，用零花钱分期偿还游戏债。"

在隔代教养中，祖辈往往承担了主要的照料责任，这使得父母在教育中可能失去主导地位。祖辈若在养育过程中参与过多，可能会侵犯父母在教育中的权威性，甚至直接干涉父母的决策。家庭成员之间没有明确的责任边界，易导致教育角色错乱，产生家庭冲突。

（四）代际观念与文化差异

在隔代教养的过程里，代际观念与文化差异，是家庭成员之间常见的冲突来源。

因生活背景、成长经历、文化价值观等不同，祖辈与父母在教育孩子时，易形成有差异的教育理念与方法。这些差异不仅影响育儿方式，也容易在家庭中引发矛盾，甚至影响孙辈的身心发展。因此，如何理解并调和代际之间的文化差异，成为了许多家庭在隔代教养中需要面对的难题。一般来说，祖辈可能在教育方式上更为保守，而父母则倾向于更为开放和进步的教育观念。

这种文化和教育理念上的差异，使得祖辈与父母之间常常发生育儿冲突。祖辈认为现代父母过于宽松，放任孩子的自由，导致孩子缺乏责任感和自律；而父母则认为祖辈的教育方式过于传统、封闭，可能压抑孩子的个性发展和心理健康。两代人对“爱的表达”“教育方式”“对孩子的期望”等方面的不同理解，最终在孙辈的教育中表现得尤为明显。

小明（化名）是一个9岁的男孩，父母因为工作原因将他交给祖父母抚养。张奶奶（化名）是一位传统的长者，年轻时生活在一个较为保守的家庭中，严格遵循家规教育孩子。她认为，孩子必须遵守家庭的规则，只有这样才能成才。因此，小明每次做作业、吃饭、玩耍时，都必须遵循张奶奶设定的规则：吃饭时不允许看电视，做作业时不能分心，放学后要先做家务再玩。张奶奶的育儿方式严格、细致，她相信只有这样才能培养孩子的责任感和自律性。

然而，小明的父母（李先生和王女士）却有着不同的育儿理念。李先生和王女士都认为，现代教育应当注重孩子的情感发展和创造力的培养，而非过度强调纪律和规范。他们提倡孩子应当拥有足够的自由时间来发挥个人兴趣，培养独立思考能力和自信心。在他们看来，过于严苛的教育方式可能导致小明感到压力过大，影响心理健康。每次回家，他们都会与张奶奶讨论小明的教育问题，尝试调整一些过于严格的规定，鼓励小明有更多时间去玩耍、与朋友互动，并探索自己喜欢的兴趣。

这种代际观念和文化差异造成了家庭中的紧张气氛，尤其是在教育小明如何平衡学习和娱乐的问题上，父母与祖辈的意见不合。张奶奶坚持认为“孩子要从小做事，吃饭、做作业、家务一件都不能落下”，而李先生和王女士则认为孩子的自由时间应当多一些，不能总是被家务和学习压得喘不过气来。为了让张奶奶理解现代育儿理念，李先生和王女士耐心地解释了孩子在自由环境中成长的重要性，尤其是如何通过兴趣培养孩子的创造力和自信心。渐渐地，张奶奶开始接受这些新的观点，并尝试在严格要求和自由发展之间找到平衡。

最终，李先生和王女士与张奶奶达成了共识：小明每天在完成作业和家务之后，有一个小时的自由时间，可以选择玩游戏或进行课外活动，而家务也不再强制要求每次都做，而是根据小明的兴趣进行适度的安排。这种平衡的方式既保证了孩子的自由发展，又没有忽视纪律和责任感的培养。

面对代际观念和文化差异带来的冲突，家庭成员需要通过有效的沟通、理解与妥协来找到解决办法。首先，父母与祖辈应主动沟通，分享各自的育儿理念，尤其是现代教育中的一些理念，如情感教育、个性培养等，帮助祖辈理解当代教育的必要性。其次，家庭成员要尊重彼此的文化背景与教育方式，通过协商找出适合孩子成长的折中方法，如保留祖辈对责任感、纪律的重视，给孩子更多自主空间。最后，家庭成员应共同致力于为孩子创造一个既充满爱的支持环境，又能够帮助孩子健康成长的教育氛围。

二、解决代际矛盾的策略

在众多家庭里，祖辈于育儿环节中扮演关键角色。然而，由于成长环境和教育理念的不同，祖辈与父母之间常常出现矛盾。这些矛盾不仅可能影响家庭关系，也可能对孩子的成长产生不利影响。如何在隔代教育中有效解决代际矛盾，成为一个值得关注的社会问题。

（一）建立良好的沟通方式

家庭成员之间的沟通是解决问题的关键。如果祖辈与父母在育儿方式上有分歧，不妨尝试以下方法。

1. 家庭会议

定期坐下来交流育儿经验，讨论彼此的想法，制定家庭教育原则。

2. 情境模拟

通过具体的案例探讨可能发生的冲突，并商讨合理的解决方案。

案例

电子产品使用的冲突

2023 年 8 月 5 日，《南方都市报》刊登了一则报道，讲述了一对广州家庭的育儿矛盾。李娜是一位年轻母亲，坚信儿童应减少电子产品的使用，而她的母亲王阿姨则认为“看一会儿没关系”，甚至在孩子哭闹时常常让步。孩子因长期使用电子设备导致睡眠质量下降，孩子母亲与祖母多次争执，家庭氛围紧张。最终，在一位家庭教育顾问的指导下，她们尝试了一周不同作息方式的实验，观察孩子的精神状态。经过实践，祖母也认可了科学育儿方法，家庭矛盾得到了缓解。

3. 非暴力沟通

非暴力沟通（Nonviolent Communication，简称 NVC）是一种旨在促进理解与尊重的沟通方式，由心理学家马歇尔·罗森伯格（Marshall Rosenberg）提出。该方法围绕观察、感受、需求和请求四个层面展开表达，来减少冲突、增强理解，从而实现和平的沟通与人际关系的和谐。其基本步骤包括：

① 观察：客观地描述事实，避免评价和判断。

② 感受：表达自己在特定情境下的情感，而非对他人行为的批评。

③ 需求：清晰表达自己的需求，寻求解决冲突的方法。

④ 请求：提出具体且可行的请求，以解决当前的矛盾或需求。

这种方式帮助人们更为理性和有效地沟通，减少误解与对抗。在家庭育儿中，父母与祖辈可以通过非暴力沟通，减少因代际差异而引发的冲突，并共同探索更适合孩子成长的教育方式。例如，通过“观察—感受—需求—请求”的方式表达自己的观点——“我发现孩子最近作息很晚（观察），我有些担心他的健康（感受），我希望他能按时休息（需求），可以一起讨论一个更好的作息方案吗？（请求）”。

4.“我信息”表达法

戈登（Thomas Gordon）在《父母效能培训：培养出优秀子女的成熟计划》中提出的 “我信息”，是一种有效的沟通技巧，它通过表达个人感受与需求，帮助避免指责和批评，从而减少对方的防卫反应。使用“我信息”的表达方式，强调说话者自己的感受与需求，而不是对对方的行为做出评判。例如：“我感到担忧（感受），因为我注意到孩子最近的作息不规律（观察）；我希望我们可以一起为孩子制定更健康的作息时间（需求）。”又如，当孩子沉迷于电子游戏时，父母可以说：“我觉得很担心（感受），因为你花太多时间在游戏上，可能会影响你的视力和学习（观察），我希望你能合理安排游戏时间（需求）。”这种表达方式能够减少孩子的抵触情绪，促进亲子间的有效沟通。

在家庭育儿场景里，父母与祖辈通过使用“我信息”表达法，能够清晰地传达自己的感受和需求，同时尊重对方的情感，避免激化矛盾。

（二）共同学习育儿知识

祖辈的育儿经验固然宝贵，但现代社会的科学育儿理念也值得学习，可以尝试以下方式。

1. 育儿讲座

让祖辈了解儿童心理发展和科学育儿方式。例如，2022 年 5 月，《北京日报》报道了北京市某社区推出的“祖辈育儿课堂”。讲座吸引了百余名祖父母参加。讲座不仅涉及儿童心理学、营养学和现代育儿技巧，还通过实际案例讲解如何合理设置家庭规则，避免不必要的冲突。通过讲座，祖辈们学习了如何尊重孩子的自主性，如何在传统育儿方式与现代理念之间找到平衡。例如，通过让孩子适当参与饮食选择、鼓励孩子自主学习和表达意见等方式，帮助他们发展独立性与责任感。此外，讲座还邀请了育儿专家现场解答祖辈们的困惑和问题，使祖辈们能够更好地理解并接受科学育儿方法，进而改善家庭关系，避免过度干预。

案例

饮食习惯的改变

2022 年 11 月，《北京日报》刊登了张女士的故事。她的母亲一直认为“孩子吃得多才长得好”，每顿饭都会让孙女小琪吃完所有食物，甚至在孩子吃不下时强迫喂食。小琪常常哭闹，甚至出现厌食倾向。后来，张女士带母亲参加了一次社区亲子活动，听取了营养专家的讲座，并在活动中体验了儿童自主进食的方法。她的母亲逐渐理解孩子的饮食自主性同样重要，最终改变了喂养方式。

2. 亲子活动

鼓励祖辈参与亲子阅读、游戏等活动，令其于实践里理解新育儿理念。

（三）明确家庭分工

合理的家庭分工可以减少因职责不清带来的矛盾，如生活照料由祖辈负责，教育决策由父母主导。

祖辈与父母在制定家庭教育规则时，如在孩子的饮食、作息、学习等方面要达成一致。

案例

家庭教育公约的作用

2021 年，一位网友在《亲子教育论坛》分享了他们家制定的《家庭公约》：祖父母主要负责孩子的日常照料，而父母负责教育决策。家庭成员共同参与讨论，制定了“电子产品使用时间”“零食控制”“睡眠时间”等规则，最终减少了因育儿方式不同导致的冲突，使家庭氛围更加和谐。

（四）具体问题，灵活应对

许多矛盾源于日常细节，如溺爱、电子产品使用等，如何化解呢？

1. 避免溺爱

可以用“正面管教”的方式，让祖辈理解合理规则对孩子成长的重要性。

案例

溺爱带来的挑战

2021 年 3 月，《中国青年报》刊登了一则报道，讲述了重庆市一位祖父对孙子小杰的溺爱。小杰在家中享受“无条件满足”，但在学校里却难以适应纪律要求，甚至在课堂上随意走动，不听从老师指令。老师多次反映情况，父母因此与祖父发生争执。后来，家庭心理咨询师介入，帮助祖父理解溺爱的负面影响，并指导他采用“温和而坚定”的教养方式，逐步调整家庭教育模式。几个月后，小杰在学校的行为明显改善，家庭关系也有所缓解。

2. 电子产品使用

合理设定使用时间，既满足孩子的需求，也避免过度依赖。

案例

电子产品使用时间表的实施

2022 年，《家庭教育导报》报道了上海母亲刘女士的育儿经历。她的儿子浩浩迷上了平板游戏，祖母常常在孩子哭闹时妥协，导致浩浩每天沉迷电子屏幕数小时，影响学习和社交。刘女士在家庭会议上提出解决方案，与祖母共同制定了一份“电子产品使用时间表”：

平日：放学后可使用 30 分钟，完成作业后再奖励 15 分钟。

周末：上午不使用电子产品，下午可看 1 小时动画片，晚上可玩 30 分钟游戏。

特殊情况：生病或天气恶劣时，可适当增加使用时间，但需家长监督。

实施一个月后，浩浩逐渐适应了新的规则，家庭矛盾也大大减少。

（五）借助外部资源

家庭内部难以解决的问题，可以借助外部资源来调解矛盾。

1. 专业咨询

邀请育儿专家提供建议。

案例

心理咨询的帮助

2020 年 9 月，《健康时报》刊登了一起真实案例。王女士因育儿理念不同，长期与母亲发生争执。母亲坚持让孩子“多吃补品、严格管教”，而王女士则希望孩子能够自由成长，尊重其自主性。矛盾不断升级，最终影响了家庭关系。在朋友推荐下，王女士和母亲共同接受了心理咨询。

在心理咨询中，咨询师首先通过非暴力沟通技巧帮助两位家庭成员表达彼此的感受与需求。咨询师引导她们先进行“观察—感受—需求—请求”的表达方式，即通过观察事实，而不是指责或批评对方的行为，表达自己的感受，并进一步说明自己的需求和请求。例如，王女士用以下方式表达：“我发现每次吃饭时妈妈总是坚持给孩子吃很多补品（观察），这让我感到很焦虑（感受），我希望孩子能根据自己的饮食需求选择食物（需求），我们可以一起探讨如何在不给孩子压力的情况下保证营养吗（请求）？”

咨询师还通过角色扮演的方式，让王女士和她的母亲体验对方的立场和感受，这样的互动能帮助她们更好地理解彼此的观点和情感。王女士的母亲也意识到，自己虽然出发点是希望孩子更健康，但过度控制反而给孩子带来了压力，这不利于孩子的自主性发展。

通过几次咨询后，咨询师帮助她们找到平衡点，制定了一个双方都能接受的育儿方式。王女士的母亲开始尊重孩子的饮食选择，并在不强迫孩子的前提下提供多样化的健康食品，而王女士也同意适度听取母亲在营养方面的建议，并与母亲共同参与制定更科学的育儿计划。家庭关系因此得到了明显改善。

2. 社区支持

祖辈可参加老年活动，减少对育儿事务的过度关注。例如，2018 年，国内学者的研究表明，积极参与社交活动的祖辈，在育儿过程中更能保持理性，减少对孙辈的过度干预。该研究调查 30 个城市 500 名祖辈育儿干预情况，结果显示：参与社交活动的祖辈较未参与的，更易理解现代育儿观念、减少对孙辈干涉。在那些参与社交活动的祖辈中，83%的祖父母表示，他们对育儿的看法更为开放，且与父母的育儿理念差异较小。这项研究为如何缓解代际矛盾提供了有力的证据支持。

第四节 心理支持的提供

一、祖辈的心理支持需求

目前，一些有关隔代育儿的书籍及文章，往往都只谈及隔代养育带给孩子的问题，很少谈及隔代养育带给老人什么样的问题。2014 年，都柏林圣三一学院的研究人员通过调查 7 500 名老人，发现每个月带孙子、孙女超过 60 小时的老人患抑郁症的可能性远远比其他同辈要大。因此，我们不仅需要考虑孩子，还需要考虑老人如何享受老年生活。

2018 年《中国青年报》发文谈道：据国家卫健委此前发布的《中国流动人口发展报告 2016》数据显示，截至 2016 年，中国现有随迁老人近 1 800 万人，占全国 2.47 亿流动人口的 7.2%，其中专程来照顾晚辈的比例高达 43%。“二孩时代”的到来，让老人距离“松绑”的日子遥遥无期。长时间处于“责任重、风险高”的带娃压力下，老人也愈发显得力不从心、不堪重负。尤其是随着孩子长大，老人精力与体力大不如从前。但是，这些“老漂族”必须重新学习，被迫与这个突飞猛进的时代接轨。他们更多的是面临着融入这个时代的困境。这种困境造成一些老人孤独和无奈，忧郁情绪自然就会出现。他们更渴望回到熟悉的老家。

这些“老漂族”正如 2019 年《健康时报》的一篇文章《我们的父母是老漂族》所述：他们一面努力地融入孩子们的新家和看起来与自己格格不入的城市，小心翼翼地生活；一面又对渐行渐远的老家生活念念不忘，毕竟那里才是自己的根。

有研究显示，国内约三成老人因带孙子出现情绪问题。某心理医生也提及，自己每天至少要接诊三四十个因带孙辈致睡眠障碍的老人，经沟通发现多与带娃压力相关。由于两代人所处的年代和思想不同，分歧慢慢浮现。老人觉得带娃吃力不讨好：儿女对其教育方式质疑，自己“满腔热情”带娃，换来的却是儿女不断埋怨。

在养育孩子的问题上，若儿女连连对老人带娃不满，会让老人承受消极情绪，进而产生不自信、易怒或隐忍等心理，不利于身心健康。尤其有些老人还要独自到外地带娃，长时间不能陪在老伴儿身边，语言上有差异，他们内心会愈发孤单。

《我们的父母是老漂族》写道：在哈尔滨和海南之间多年来回奔波照顾孙子的老人张玉兰（化名），却遭一直在广东家里过着退休生活的老伴儿要求离婚。老人在儿子、儿媳妇家生活的种种别扭和老伴儿冷漠的态度夹击下，选择抱着最小的孙子跳楼自杀。

由此可见，隔代养育中，实际受伤害最大的是老人。

在农村，隔辈老人带着留守儿童过起了孤独而劳累的晚年生活。在城市的家庭中，隔辈带孩的现象也很普遍。很多老人因子女有了孩子，被迫或无奈远离自己生活、熟悉的城市家乡，成为“老漂族”，来到儿女生活的陌生城市，帮助带孙辈。他们虽然享受着天伦之乐，但也承受着外人难以想象的孤独与烦恼，忍受着难以适应的城市人际关系和生活方式。这些老人好不容易将自己的儿女带大，过了几年舒心的日子，由于有了孙辈，又要重新开始承担起做家务、带孩子的工作。但是今非昔比，一个不容置疑的客观事实就是自己日渐衰老，各种行为能力远远不及当年带儿女时的状况。此时的老人被迫承担起更多的工作，自然会感到身心俱疲。尤其碰到儿女习惯性地用“包”，将负担和压力全部或部分转嫁给老人——其本质是抚养孩子的职责错位。一旦年轻人不注意“度”的把握，将老人视为家庭内部抚养孩子最主要、甚至是绝对担当的实施者，有多少老人能够顶住这种压力？再加上老人心里的委屈无处诉说，甚至有的老人是夫妻两地分居，老伴儿不在身边，使得老人寂寞与压抑感更强。

这些隔代人不仅要适应陌生城市的生活环境，还要适应儿女家庭的生活方式。尤其是有些父母文化水平较低，而子女的文化水平较高，这些父母在子女面前难免会有自卑情绪。他们不敢拒绝子女的要求，有时甚至要看子女的眼色行事，与儿女发生一些理念上的冲突。老人常常会感到自己是这个家庭的局外人，尤其是当儿女稍有不当言行，更容易造成老人敏感、不安，感觉被忽视、被否定，常常让老人有一种被边缘化或局外人的感觉。也曾有报道说，个别老人因带孙辈与儿女产生矛盾，受到埋怨后一时想不开自杀的案例。

正如《人民日报》评论文章《让老漂不漂，让夕阳更红》中写道：

“老漂族”的精神危机，更来自家庭内部，根源于代际冲突。最累的不是带孩子，而是怎么带他们夫妻俩都不满意……一辈子都是家里的权威，老人们此时突然发现，自己的经验似乎不管用了，说的话儿女们也不听了，需要花大量时间学习新知识、积累新经验，由此带来的压力和挫败感，更容易加深精神上的焦虑与孤独。

不少老人这样抱怨，他们心中不满的情绪没有地方倾诉，整天生活在带孙辈的辛苦中。还有一些老人因“家丑不可外扬”观念，不愿向外人倾诉家中事，或因无熟悉之人可倾诉。负面的情绪没有宣泄的通道，让老人感到十分孤独，久而久之就会患上抑郁症。正如北京大学第六医院黄悦勤教授所言：“‘老漂族’易成抑郁症的候选人。”

因此，年轻人应该怀有感恩的心，陪伴是对父母最好的爱。子女的陪伴对于“老漂族”尤为重要。一次倾心深入的交谈，会更好地了解和满足老人的真正需求，给老人一个倾诉的窗口。子女不要把照看孩子当作隔代人的义务，养育孩子的第一责任人是父母，隔代人只是背后辅助的人。

同时，作为子女应该在工作之余多分担家务，多多陪伴自己的孩子，给老人更多的时间去做他们喜欢的事情。子女应帮助老人更快地熟悉周围的环境，在新的城市结交更多的同龄人，并且创造机会让老人参加新结识的朋友们的聚会。

孝道是中国传统社会十分重要的道德规范，也是中华民族尊奉的传统美德。在中国传统道德规范中，孝道具有特殊的地位和作用，已经成为中华传统文化的优良传统。父母帮忙带孩子时，年轻人就要多感恩，少一些挑剔；多进行沟通，少一些固执己见；多承担一些家务，少一些推卸。关怀老人衣食住行多于关怀自己的孩子，老人就会把更多的爱给予孙辈。不要让本该安度晚年的老人，替你负重前行。如果不得已，那请务必对他们好一点儿，再好一点儿。

经常带父母回老家看看，给他们一个假期；或者全家外出旅行，让他们放松身心。

隔代教养家庭里，祖辈兼顾照顾孙辈与情感陪伴角色，却因年龄、健康、育儿经验差异，承担重任时面临心理压力与情感困扰。这些问题可能影响他们的心理健康，进而影响到整个家庭的育儿氛围和孙辈的成长环境。

首先，祖辈在照顾孙辈的过程中可能会面临情感上的疲惫与孤独感。随着年龄的增长，祖辈的体力与精力逐渐下降，长期照顾孙辈的重任可能导致他们感到身心疲惫。此外，由于孩子的父母常常忙于工作或其他事务，祖辈往往独自承担照顾孙辈的责任，这种长期的责任感和缺乏亲情支持可能引发孤独感与情感压力。

其次，由于代际差异，祖辈在教育和育儿理念上可能与现代的育儿理念存在较大差距。这种代际差异易使祖辈在照顾孙辈时困惑，甚至对能否为孙辈提供正确支持存不确定感。例如，祖辈在面对现代孩子的情感需求、社交行为或学习方法时，可能会感到无法理解或难以适应。

最后，祖辈的健康状况或成影响其心理健康的重要因素。许多年长祖辈面临慢性疾病、体力不足等身体问题，长期体力消耗与健康困扰加重心理负担，尤其是退休后依赖养老金的祖辈，经济压力易成心理困扰源。

因此，在隔代教养里，祖辈的心理支持需求尤为重要。家庭、社会与专业机构应关注祖辈的心理健康，帮助他们调整心态，减轻育儿压力，给予情感与实际支持，以促进祖辈身心健康，维系家庭和谐。

总的来说，在隔代教养中祖辈的主要心理问题是情感孤独与焦虑情绪。许多祖辈在承担隔代教养的责任后，生活节奏发生了巨大变化。他们需要面对育儿的体力消耗、教育方式的转变及社交生活的减少，这往往导致情感上的孤独感与焦虑情绪。

张奶奶今年 67 岁，因儿子和儿媳在外地工作，三年前开始照顾孙子晨晨。起初，她很享受每天陪伴孙子的时光，但随着孩子渐渐长大，她开始感到力不从心。晨晨的课业越来越繁重，奶奶并不熟悉如今的教育方式，有时辅导作业时孙子还会嫌她“太老土”。与此同时，奶奶自己的社交圈子越来越小，平时很少有机会和同龄朋友交流。

她曾和朋友抱怨："感觉每天围着孩子转，连个说话的人都没有。" 这种孤独感让张奶奶时常感到焦虑和无助。

心理支持策略——

家庭支持：家庭成员应定期探望祖辈，尤其是父母要加强与祖辈的沟通和情感互动，减轻祖辈的孤独感。

情感关怀：通过社区服务和社会支持，定期为祖辈提供心理关怀，安排适当的社交活动，帮助祖辈保持社交活跃，减轻孤独感。

分担育儿责任：父母应主动承担部分照顾责任，分担祖辈的育儿压力，让祖辈有更多的时间进行休息和恢复。

二、孙辈的心理支持需求

在隔代教养中，孙辈常常面临着特殊的心理支持需求，这些需求不仅仅来源于生理上的照顾，更涉及情感上的陪伴、心理上的引导及社交与行为上的培养。因祖辈的年龄和生活经验的差异，隔代教养家庭中的孙辈可能在一些心理发展领域面临与同龄孩子不同的挑战。这些挑战不仅影响孩子的日常生活质量，也可能影响其长远的心理健康和社会适应能力。

首先，隔代教养家庭中的孩子可能会有较强的依赖感。这种依赖感来源于祖辈给予的温暖、宽容和保护，但缺乏父母的陪伴与情感引导，可能导致孩子在情感依附、独立性及情绪调节方面出现困难。祖辈通常会用更多的包容和保护来照顾孩子，但由于祖辈的育儿观念和经验与现代育儿理念存在差距，这种过度的保护可能会限制孩子情感和社交能力的发展。与此同时，祖辈与父母在教育方式上的差异，可能导致孩子在自我认知、情绪调节、行为规范等方面出现问题。

其次，隔代教养的孩子常常需要更多的社交技能培养。由于父母长期缺席，孩子与同龄人的接触机会减少，社交技能的学习也受到一定的限制。这种情况尤其容易发生在学龄前期和小学阶段，孩子需要通过与同龄人互动来学习如何处理冲突、表达情感、建立友谊等重要的社交技巧。如果没有适当的引导和机会，孩子可能在社交场合中感到困惑，甚至出现社交恐惧症。

最后，隔代教养的孩子可能在自我认知和自信心的建立上遇到困难。由于祖辈往往在物质上给予孩子过多的关爱，可能忽视孩子在认知发展与心理成长上的培养，孩子的自尊心和自信心容易受到影响。缺乏父母在心理成长方面的引导，孩子可能会感到自我认同不足，对自己的能力、价值和外貌等产生疑虑，甚至可能表现出过度依赖祖辈的情感支持，而缺乏独立应对生活挑战的信心。

这些问题并非隔代教养所固有的，但由于隔代教养家庭中的独特亲子关系与教育方式，孩子们在情感、社交、自尊心等方面的心理支持需求更为显著。因此，家庭和学校应当共同关注孩子的心理发展，为他们提供更多的支持和引导。父母的定期参与、祖辈对孩子成长的适当引导，以及学校心理辅导的有效干预，都可以在很大程度上帮助孩子克服这些心理问题，促进其全面健康发展。

在隔代教养中，孙辈可能面临一些特定的心理问题，这些问题往往与家庭结构的变化、亲子关系的缺失及祖辈教育方式的差异密切相关。以下是一些主要的心理问题及相应的支持策略。

（一）依恋问题

孙辈与祖辈的关系异于与父母关系。祖辈在给予情感支持时，态度虽宽容和包容，但因缺乏现代育儿知识，易在情感表达、沟通引导上有差距。这种情感依赖可能导致孩子在情感表达、依附行为和安全感方面出现问题。

李小杰（化名）从小由祖父母抚养，父母因工作原因长期在外。祖父母给了小杰大量的照顾和陪伴，但在学龄前期，小杰对外界环境的适应能力较差，尤其是在同龄孩子之间的社交方面显得有些孤立。由于祖父母的保护性过强，小杰常常缺乏与同龄孩子互动的机会，这在他进入小学后表现得尤为明显。起初，小杰在学校里显得格外内向和不自信，无法很好地融入集体。随着时间的推移，小杰开始表现出焦虑与不安的情绪，尤其是在面对新的环境和不熟悉的社交情境时。

心理支持策略——

加强情感沟通：定期进行亲子沟通，尤其是鼓励孙辈表达自己的感受和需求，增强情感的双向互动。

创造独立机会：在祖辈的指导下，逐步鼓励孩子在安全的环境中独立参与活动，增强孩子的自主性。

父母参与：父母应定期回家并参与孩子的生活，帮助孩子与父母之间建立更为健康的情感依附，减少对祖辈的过度依赖。

（二）情绪问题

隔代教养的孩子，尤其与祖辈共居者，易出现情绪不稳、易怒、焦虑等问题。这些情绪问题往往源自祖辈的溺爱或过度保护，导致孩子在面对挑战时缺乏应对能力。

王琳（化名）自幼由祖母抚养，祖母因年纪大，对她照顾过细，凡事亲力亲为，力求她不经历任何挫折。然而，随着王琳进入小学，她的情绪管理问题逐渐显现。每当遭遇小小的不顺心或考试成绩不理想时，王琳就会情绪崩溃，甚至大哭不止，无法自我安慰。因祖母习惯安慰却未引导其应对挫折，王琳情绪问题加剧，既影响同学关系，也拖累学习。

心理支持策略——

情绪调节训练：安排情绪管理课程，通过游戏和互动，帮助孩子学会辨识和调节情绪。

建立正向反馈机制：通过积极的反馈和鼓励，帮助孩子建立自我调节的信心。

逐步面对挑战：鼓励孩子在适当的环境中面对挑战，培养应对困难的能力，减少情绪崩溃的频率。

（三）自尊心和自信心缺乏

因缺乏父母直接的教育与陪伴，孩子可能在认知上对自己和外部世界的认识存在缺失，特别是在自我价值的认同上，可能较为薄弱。祖辈由于年龄原因，可能无法为孩子提供全面的心理教育，使得孩子在面对同龄人的评价时容易感到自卑。

张宇（化名）由外地的祖父母抚养，父母忙于工作，时常无法回家探望。由于祖父母年事已高，他们对张宇的教育方式较为宽松，尤其在情感支持上，更多的是宠爱和包容，而缺乏对张宇心理成长的引导。进入中学后，张宇发现自己在同学中的社交圈非常小，缺乏自信，且常常对自己的外表和能力产生疑虑。张宇在班级中比较内向，课外活动也很少参与，时常感到自己不如别人。张宇的自尊心较低，常因为一点小小的批评就沮丧不已。

心理支持策略——

正向自我评价：帮助孩子发现自己的优点并加以鼓励，尤其是在他们表现出努力和进步时。

社交参与：鼓励孩子参与更多集体活动，培养团队合作精神，增强自信心。

家庭支持：祖辈应给予更多的心理支持，在孩子表现出的努力上给予肯定，而非单纯的宠爱，帮助他们树立积极的自我认同。

（四）社交问题

由于隔代教养下的孩子可能与同龄人接触较少，社交技能和人际交往能力可能受到一定限制，尤其是在集体环境中容易显得孤立。

刘欣（化名）自幼由祖母照顾，父母长期在外工作，祖母对她照料过细，几乎没让她与同龄人有太多的社交接触。进入小学后，刘欣常常觉得自己与同学格格不入，不擅交往，也很少参与课外活动。每次集体活动时，她总是选择旁观，难以融入团队。由于缺乏与同龄人充分的互动，社交圈非常小，刘欣常感到孤独和不安。

心理支持策略——

社交技能训练：通过角色扮演和模拟社交情境，帮助孩子学习如何与同龄人互动，解决冲突。

组织社交活动：鼓励孩子参与学校的社交活动和集体项目，提供更多与他人互动的机会。

家校合作：家庭和学校应共同支持孩子的社交发展，学校可以通过小组活动或班级活动为孩子提供安全的社交环境。

（五）亲子依附问题

孩子在成长过程中，需要稳定的情感依靠，长期与父母分离的隔代教养孩子，或在亲子关系中产生情感疏离，甚至影响其性格发展。

婷婷是一个9岁的女孩，自幼由奶奶照顾，父母在外地工作，每年只有春节才回家探望她。她在学校里性格内向，不愿主动与同学交流。一次班级活动中，老师发现她总是一个人坐在角落，不愿参与团队游戏。在一次心理辅导课上，婷婷悄悄对老师说："我不知道爸爸妈妈是不是真的爱我，他们每次回来都只关心我的成绩，从来不问我过得开不开心。"

这一现象表明，隔代教养可能导致孩子缺乏归属感，使他们在人际交往中产生自卑或回避心理。同时，由于祖辈往往更容易溺爱孙辈，孩子可能形成依赖心理，在面对陌生环境时缺乏独立性。

心理支持策略——

增强远程沟通：定期的视频通话、语音交流等可以部分缓解亲子分离带来的情感缺失。

父母回家时的高质量陪伴：短暂的相聚应以高质量互动为主，而非仅关注学业成绩。

祖辈的教育观念调整：帮助祖辈理解情感支持的重要性，而不仅仅是物质照料。

学校与社会的干预：社区心理咨询、家庭教育指导可以帮助祖辈与孙辈建立更健康的情感联系。

在隔代教养的家庭结构中，祖辈与孙辈的心理支持需求各具特点，彼此之间形成了相互依赖与互动的关系。祖辈在为孙辈提供物质与情感支持的同时，也面临着情感孤独、健康问题、教育困惑和经济压力等心理困扰。而孙辈则可能因缺乏父母陪伴，面临依恋问题、情绪波动、自信心不足和社交困难等挑战。两代人之间的心理支持需求既相互交织，又各自独立，形成了一种复杂的心理动态。

为有效应对这些挑战，家庭、社会及专业机构应共同合作，提供适当的支持与干预。家庭成员尤其是父母，应加强与祖辈沟通并给予情感支持，减轻其孤独感与育儿压力，按需提供帮助。同时，为祖辈提供现代育儿理念的培训与心理关怀，帮助他们更好地适应现代育儿环境。对于孙辈而言，父母与祖辈要共同关注孩子的情感依附和社交发展，通过加强家庭互动、心理辅导和社交技能训练，帮助孩子建立健康的自我认知、情感调节能力和社交能力。

总之，隔代教养并非单纯育儿问题，还涉及代际情感互动、心理支持与教育传承。只有通过全方位的支持，才能在保障祖辈身心健康的同时，促进孙辈的心理成长与社会适应，实现家庭成员之间的和谐共生。

本章小结

关键词

隔代教育的优势；隔代教育的劣势；协调隔代亲与亲子爱之间的关系；隔代教育的边界；教育责任；代际冲突；隔代教育中的心理支持

课后思考

简答题

1. 比较隔代教育的优势和劣势，简述如何才能更好地协调隔代教育与亲子关系。
2. 在隔代教育中，如何实现情感支持与教育责任的平衡？
3. 隔代教育中教育责任的主体是谁，为什么？
4. 代际冲突的起因有哪些？
5. 如何更好地在隔代教育中提供心理支持？

第七章

祖孙协同成长

学习目标

知识目标

知晓文化反哺的含义，理解其在家庭场域的价值；清晰隔代教养对祖辈、孙辈的差异化影响；精准掌握祖孙协同成长的基本特征，明晰实现途径。

能力目标

能够精准辨析文化反哺与隔代教养认识误区；有效引导祖辈对孙辈开展科学教养实践，双向促进祖孙成长；熟练运用所学策略，丰富祖孙互动形式。

素养目标

树立尊重代际互助的家庭理念；厚植关心他人的情怀，传承文化担当使命；培育适应社会变革的积极心态。

思维导图

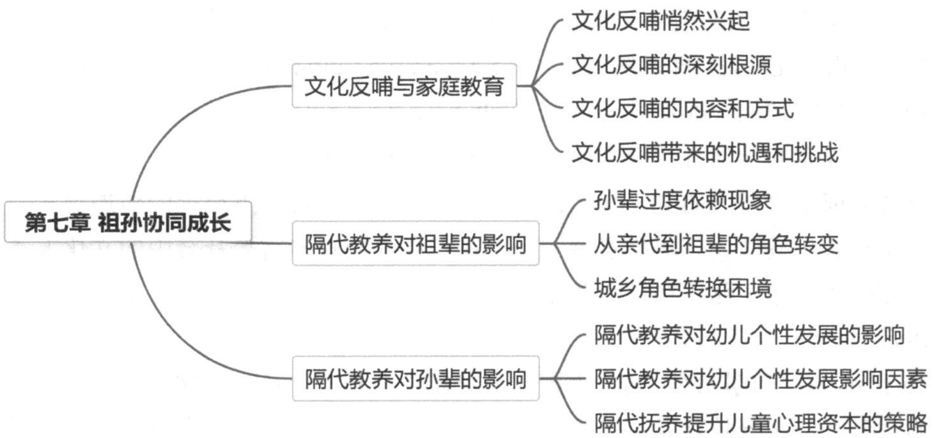

案例导读

孩子出生后，陈芳夫妇请退休的爷爷奶奶帮忙照看。爷爷奶奶的陪伴，减轻了他们的育儿压力，也给家里的生活增添了不少乐趣。爷爷讲故事，奶奶教孩子穿衣服，让孩子在其熏陶下，学会了很多生活技能。但是，孩子长大后的某一天，陈芳发现孩子不同于过去的一些新举动：孩子上了小学，教爷爷用智能手机查天气、发微信，爷爷很乐意地跟着学，还迷上网络象棋；奶奶因为孩子喜欢看科普动画，就跟他一起做了很多简单的科学实验，家里时不时传出欢声笑语。

可问题也恰恰就在这里，陈芳夫妇想让孩子多出去玩，锻炼独立性和集体协作能力，但是爷爷奶奶却担心孩子受伤，宁愿让孩子一直在家玩电脑、看电视，结果使孩子变得内向，不会跟同龄人交往。陈芳开始思考：如何让祖孙之间的互动更有利于双方的成长？是继续让爷爷奶奶带孩子，同时引导他们接受新观念，还是另寻他法？

祖孙协同成长是一种教学相长的关系，在家庭中究竟能否达到双赢？有哪些机遇和挑战？带着这些问题，开启一场祖孙协同成长的学习之旅吧！

第一节　文化反哺与隔代教养

文化作为人类在社会历史演进进程中所缔造的物质财富与精神财富之总和，其内涵极为宽泛，且属于动态发展的范畴。文化传承乃是文化积累的基本途径，社会成员共有的价值观念、知识、生存技艺、生活方式借由文化传承达成一代又一代的延续，是社会进步与发展的基本要件。

1970 年，美国人类学家玛格丽特·米德在《文化与承诺：一项有关代沟问题的研究》一书中提出，世代间的冲突和矛盾在很大程度上不是由于社会学或政治学上的差异，亦非由于生物学的差异，而是由于文化传习上的差异。她从文化传习的角度提出了著名“三喻文化”说，即前喻文化（Pre-figurative Culture）、并喻文化（Co-figurative Culture）和后喻文化（Post-figurative Culture）。前喻文化是一种由上至下的文化传递模式，即年长者向年幼者传授文化；并喻文化是指同龄人之间相互传递文化的方式，如父母之间或子女之间的文化交流；而后喻文化则是一种由下至上的传递模式，即年幼者向年长者传授文化。玛格丽特·米德在书中还用众多古今社会中的文化人类学研究事例证明“后喻文化”在社会急剧变革的情况下出现是具有历史必然性的、新兴的文化传习。

20 世纪 80 年代以来，随着中国走出封闭走向开放，在社会文化日新月异、飞速发展的背景下，传统教育者与受教育者之间的关系也发生了前所未有的变化，很快就出现了玛格丽特·米德所说的“后喻文化”的新型文化传承现象。这种自下而上的文化传承现象在社会、学校和家庭中日益凸显。我们将这种发生在现代家庭中的文化传承现象，即老一代文化广泛地从晚辈学生身上汲取营养的状况称为文化反哺。

知识链接

美国人类学家玛格丽特·米德在人类学著作《文化与承诺：一项有关代沟问题的研究》一书中提出了人类文化的“三喻文化”概念，将人类文化的传喻方式分为三类。

前喻文化：主要存在于传统社会中，年长一代向后一代传递文化。在该模式下，年长一代代表知识和智慧，年轻一代通过模仿长辈的经验和行为来获得知识和技能。年轻一代尊重传统，复制和传承年长一代的模式，年长一代致力于传统和基因的传承。

并喻文化：多存在于同辈之间，年轻一代与年长一代共同学习并适应新的文化形态。在该模式下，社会成员以当前流行的行为模式作为行动准则，年轻一代与年长一代之间的相对地位发生变化。年轻一代在不断更新的环境中，与不同群体的接触更具自由度，并展现出适应新文化的高度灵活性。

后喻文化：多存在于现代社会，青年一代由于可以快速适应新技术、新生活方式而成为文化传递的主体，年长一代必须要向年轻一代学习不断适应社会的新变化，这种方式强调创新及对未来发展的关注。

一、文化反哺悄然兴起

然而，由于我国社会在相当长的时期内都处于较为封闭的状态，社会变迁的步伐十分缓慢，社会内部结构也比较稳定、持久，这就使得文化的传承通常以上对下的方式进行，教育者与受教者很少发生身份的变更，少年儿童等晚辈往往只能被动从父母或其他长辈处获取生存知识、生活技能及为人处世的态度指引。个人的权威、威信随着年龄的增大而递增，长辈对晚辈往往具有“绝对”的话语权。应该说，我国社会中从长辈到晚辈的单向传承延续模式，一直持续到改革开放前夕。

而改革开放带来的科学技术日益进步、物质资料日益丰富、人民生活水平日益提高，使人们的生活态度、生活方式、价值观念等发生巨大变化，社会文化与价值观念的传承也出现了新的内容。在社会发展与变迁如此迅速的今天，不可否认，许多传统教育者与教育对象之间已经发生了很大的变化。以往，在漫长的年代里，家长对孩子始终处于主导地位，孩子完全处于依附地位；而今，教育关系的格局发生巨大的变化。家长与孩子之间的冲突频频发生，有时甚至完全打破了传统的由年长到年幼的文化传承格局。

面对新鲜的生活方式、日新月异的新事物，家长逐渐失去了话语权，而适应新事物的年轻人却获得了反向的绝对权力。为了适应新的生存环境，家长不得不向孩子学习，接受孩子从文化继承权中获得的主导性权力，文化反哺悄然出现，并渐渐地被整个社会所熟知与认可，成为现代社会的普遍现象。

二、文化反哺的深刻根源

（一）社会的急剧变迁

毋庸置疑，社会急速变迁是文化反哺现象最为重要的根源之一。在过去，社会变化并不是太快，在缓慢的社会演进中，家长的状况其实就预示了子辈的未来，家长的知识、技能及生活态度对子辈而言，基本上也还是正确的，不仅能够令年轻人少走弯路，更是宝贵的经验财富。于是，家长便拥有绝对的话语权和教化权，就像曾经的家长们一样理直气壮地教育后代："你该知道，这个世界上，我曾年轻过，而你还未曾老过。"

不过，这种缓慢的社会形态已经随着改革开放的到来戛然而止，取而代之的是一个每时每刻都在发生着巨变的社会。过去几十年，中国被迫卷入全球化浪潮之中，新的东西在产生，新的规则在产生，人与人之间的关系在产生，人与自然之间的关系也在产生，且几乎每一天都有不同、每一次都有新的特点和新的挑战。在这样的社会里，家长一代所积累的知识、经验和价值理念等许多都在面临着无效化和无传承的可能，因为孩子一代碰触到的现实生活总是在不断地变化，从来没有什么能让他们完全理解和体会。这样一来，家长的文化权威在孩子面前开始失去效力，而孩子所获得的知识、技能和价值观念等因其新鲜性且对应着这个变化的社会而具有了强大的活力与生命力，家长开始向自己的孩子求助，一种文化反哺的现象便发生了。

与此同时也带来一个问题，就是在社会的急速变迁之下，家长所沉淀下来的文化属性已经相对固定，思维模式、生活方式等都因其惯性很难改变，对新东西不敏感、不接受或很慢地接受，因此也就很难跟上或者适应社会的急速变迁。而子孙后代则因其没有自己的沉淀经验，反而容易接受新事物、新方法，容易适应社会的急速变迁，就像一个空瓶子更容易装更多东西一样。在这一层面，为了适应社会的急速变迁，文化反哺出现是自然而然的，也是必然的。

（二）科技的飞速发展

随着科学技术的进步，世界进入了电脑、手机高速普及、网络广泛覆盖的科技时代，现在的少年儿童从上幼儿园开始，就接触到电脑、手机这类科技产品。《2021 年全国未成年人互联网使用情况研究报告》显示，在上网群体中，10—19 岁群体占 31.8%，20—29 岁群体占 28.6%。孩子上网学知识、聊天、游戏，对电脑、手机这类科技产品熟练使用，具有超强的"接受能力"。他们的父母长辈则恰恰相反：40—49 岁上网群体占总网民的 10.7%，50 岁以上人群上网群体仅占总网民的 6.4%。"电脑恐惧症"让许多中老年人难以跨越数字鸿沟。他们不会用电脑，也不会使用互联网。青少年早就成了许多家长的电脑、网络的"启蒙老师"。

不仅如此，在高度数字化时代，许多产品都包含了更高的科技含量，如数码相机、智能手机、平板电脑等，并且需要一定操作技术和使用技能才能够进行使用、消费。然而，现在的青少年大多比他们的父辈能够做得更好，他们熟悉、使用、享受着这些技术产品。于是，在面对新的科技产品的使用、消费时，家长求教孩子的行为变得非常普遍且无可避免。因此，网上也有人提出："未来的行为不再是由我们教给孩子的，而是由孩子教会我们的。"这是文化反哺的深层之意。

同样的，科学技术的进步也改变了知识文化的传播方式。世界变成了真正的"地球村"，互联网让地球变成了"原子世界"，任何角落发生的事情都会变成电脑屏上滚动的新闻网页，一封电子邮件就可以让世界范围内的沟通通过鼠标和键盘达成，一条短视频能借助大众传播媒介传播到世界的各个角落。孩子通过除家长、长辈以外的很多人和事物来获取知识和信息，甚至比成年人还要熟练使用当下流行的新型文化媒介，在日常交流中更从容地主导话语权，文化反哺的现象发生就不奇怪了。

（三）同辈群体的支持

同辈群体是指"地位、年龄、兴趣爱好、价值观念、行为方式相近的人组成的非正式组织"。青少年作为子代，更容易接受新模式、受同辈群体影响。青少年有非常和睦的同辈群体，群体交往的话题涵盖面非常"广泛"，几乎是无所不包，且各取所需。例如，寄宿生宿舍夜晚的谈心、走读生上学或放学路上的交谈、课间休息室的聊天等都属于此类范畴，这就使得文化和信息的交流在年轻一代的群体中广泛且充分地分享与交汇，所获得的信息量几乎是成倍增长，也就更容易习得新的知识与技能。

相比之下，爷爷奶奶一代的祖辈由于精力有限，通常忙于生活琐事、工作职责和家庭事务，与同辈群体的交往往往缺乏深度，文化和信息的交流与共享自然也相对不足。因此，与同学或同伴的互动成了孙辈获取新知识、技能、价值观和生活态度的重要渠道之一。同辈群体不仅为年轻一代提供了丰富的资源支持，还在某种程度上成为他们对父母进行文化反哺的"信息库"，为反哺行为提供了大量可资利用的内容素材。正如周晓虹所指出的那样："我们如今面对的不仅仅是自己的孩子，而是孩子身后的整个同龄群体乃至整整一代人。在一个看似不起眼的孩子背后，可能隐藏着一个联系紧密的同伴网络，他们成为孩子向家长进行'文化反哺'的、源源不断的知识储备池。"

三、文化反哺的内容和方式

（一）文化反哺的内容

如今更是形成了文化反哺的大环境，其涉及范围非常广泛，内容也十分多元，主要体现于知识技能、行为方式、精神生活三大领域。

1. 知识技能

现代科学技术发展带来的新知识与新技能不胜枚举，在诸多知识技能领域，年轻人的优势明显大于老年人，典型的如计算机、网络知识技能等。祖辈已经在新科技领域与孙辈产生巨大差距。不过有很多老人已经逐渐意识到自己在接受和学习现代科学技术上存在弱势，也认可孙辈在相关方面的特长，甚至会主动接受孙辈的教导与帮助。在知识技能传授方面，孙辈也能够意识到自身的优势，更有兴趣和动力对长辈进行"文化反哺"。因此，知识技能是文化反哺中容易让祖辈一代接受的内容。除了知识技能外，手机、家用电器和具体生活技能也是文化反哺中年轻人向长辈传授的重点内容。

2. 行为方式

在行为方式上，孙辈对祖辈影响最为显著和直接，主要表现在两方面：一是使用新器具。社会的发展给人们的生活带来许多从前没有的器具，这些新器具往往非常实用或者具有娱乐功能。祖辈面对新器具，刚开始可能会有抵触情绪或者完全不知情，孙辈则对新器具很好奇，并且喜欢玩弄这些器具，容易上手。随着孩子在家里对新器具的使用，家长会受到一定的影响而渐渐放下抵触和排斥，开始接受、使用新器具。二是人际交往中行为方式的变化。网络聊天、社交、通信，成为青少年人际交往的又一途径。如今一些家庭有在冰箱中放速冻食品、过年去饭店吃饭等习惯，这些都是孙辈的行为方式在长辈身上出现的新表现。

3. 精神生活

精神生活比知识技能与行为方式要微妙且含蓄一些。毕竟，在精神领域，东西方文化反哺很难“颠覆”，精神领域的东西一旦产生，往往是相对稳定、不易改变的。然而，现实告诉我们，在部分精神领域，孙辈对祖辈仍然具有不同程度上的反哺。譬如，对于某些价值观念、生活态度的调整，大到对改革精神、民主自由及参与意识的欣赏和宣扬，小到对贷款的态度、生活情趣的陶冶，以及对文学作品、音乐作品的欣赏，孙辈仍然能不同程度地影响祖辈的精神生活。这种影响尽管可能不如其他领域那么强劲，但毕竟是一种文化反哺。

（二）文化反哺的方式

作为新兴的文化传承模式，文化反哺对于祖辈来说，也许难以接受，所以只有充分发挥年轻一代的主观能动性才能顺利开展文化反哺。

案例链接

跨越数字鸿沟

小张是一名年轻的 IT 工程师，而他的爷爷奶奶都是退休的老教师，对于新兴事物比较陌生。随着智能手机的普及，小张决定教爷爷奶奶使用智能手机，让他们能够与家人更好地保持联系，同时获得方便快捷的网络服务。

正常模式：小张向爷爷奶奶介绍智能手机基本的打电话、发短信、使用微信等功能，耐心地告诉他们使用每个功能的方法，并教会他们使用。刚开始使用时，爷爷奶奶觉得这些新功能很新奇，也愿意尝试使用，但在学习使用时，奶奶觉得网络不安全，对微信支付存在不信任感，觉得用现金支付更踏实。小张理解后没有一味强硬地让爷爷奶奶接受，而是与他们深入沟通，告诉他们使用微信支付的安全性与便捷性，并举了一些老年人使用微信支付成功的例子，让爷爷奶奶重新认识微信支付，最后爷爷奶奶认可微信支付，开始使用并享受微信支付带来的便利。

视域融合：爷爷奶奶对部分新功能无法理解，小张则试图站在长辈的角度，找出他们能够理解和接受的解释。例如，教爷爷奶奶使用手机地图时，小张没有直接讲操作步骤，而是结合买菜场景举例。他先提起，老人对不熟悉的环境缺乏安全感，去远一点的地方心里容易犯怵，平时大多只逛附近农贸市场。借着这个生活感受，小张引导爷爷奶奶回忆年轻时用纸质地图找路的经历，把手机地图的功能与他们对纸质地图的熟悉感关联起来讲解，比如可以说“手机地图就像不会折坏、能自动更新的‘电子纸质图’，走哪儿都能看，还能语音指路，就跟有个随身向导似的”，用这种关联熟悉事物的方式让爷爷奶奶更容易理解新功能。小张还通过手机买菜的功能，进一步帮助爷爷奶奶体验科技便利。他解释道：“手机买菜就像去菜市场一样，但不用出门。您可以打开‘淘宝’或‘美团’这样的应用，里面有各种蔬菜，就像菜市场的摊位一样。看看价格，选择您喜欢的，然后点击购买，商家会把菜送到家里来。就像以前打电话给菜店让送菜一样，但现在更方便，还能节省时间。”

等待原则：在文化反哺的过程中，小张意识到爷爷奶奶需要更多的时间来适应和学习。他没有急于求成，而是给予爷爷奶奶足够的耐心和支持。当老人出现学习错误或进度缓慢时，小张并没有急于制止，而是给予他们充分的理解和耐心，并引导他们慢慢消化吸收，接受他们表达有误的信息，以维持继续沟通。比如引导爷爷奶奶使用手机银行查看养老金，在学习过程中，爷爷担心某个环节有误，会让养老金被盗，迟迟不敢放手。小张这时并没有着急，只是说：“您自己慢慢熟悉一下，就像当初学用自动取款机一样，多试几遍就会了。”同时，小张给爷爷奶奶配上一些简单的教学视频，让他们看着自己的进度学。以耐心且灵活的方式推进文化反哺，能让祖辈有充足时间自主消化知识，进而熟练运用新事物。

通过这一案例可以看出文化反哺以家庭为载体的实践路径。小张通过正常模式、视域融合和等待原则帮助爷爷奶奶跨越数字鸿沟，使得老人能够较好地适应信息时代的生活，不仅收获了自信，也增进了祖孙间的理解和情感。

1. 寻求正常模式

正常模式是行动双方进行沟通、反思，保证行动有效推进的一种模式。文化反哺中，有时祖辈能主动意识到向孙辈求助的意义与必要性，孙辈也愿意提供帮助，此时便以正常模式开展反哺，过程中双方可相互沟通、反思。但也有在反哺进行中，祖辈由于自身缺乏向晚辈求助的意识，而拒绝或抵触。此时需要晚辈通过与祖辈沟通，运用一定的技巧，帮助祖辈重新认识该举动的意义，以此让反哺活动得以继续。这就是正常模式中的反哺，也是反哺中最基础、最常采用的一种方式。

2. 运用视域融合

视域融合是一种近似于换位思考的策略，其核心在于行动双方暂时搁置各自独特的经历，寻找彼此共有的认知基础来达成一致。社会发展迅速，家庭中祖辈与孙辈人生阅历各异。虽然人生经历不尽相同，但是祖辈与孙辈存在传承，文化反哺时也是孩子选择与长辈相同的认同点作为反哺的支撑。视域融合的方式能够弥补代沟，能够使反哺行为更具说服力。

3. 使用等待原则

一般而言，由于长辈和孩子的文化背景与知识结构存在差异，文化反哺过程中，双方都需要足够的时间搜索或建立起相同的知识索引，才能保证交流和沟通的顺利进行。为了保证反哺过程不因等待而中断，等待原则可能是一个可用的技巧。或许可以让对方的错误信息“继续”下去，或者在交流开始时，使用一些开场白，如“你知道的……”来缓冲由于文化差异而造成的交流紧张，用灵活性换得文化反哺的耐心，保证反哺过程的顺利进行。

四、文化反哺带来的机遇和挑战

（一）机遇

社会学界、文化学界、青年学界等对“文化反哺”社会现象普遍持积极态度。周晓虹、芮彭年等的研究表明，这一新的文化传承方式产生的结果大多是积极的。它为年轻人提供了展示自己才华的广阔舞台，为开发青少年潜能提供了丰厚资源，激发了青少年的探险精神和创造精神。同时，孙辈在家庭中的地位、对家庭事务的话语权得到了提升；对祖辈而言，通过孙辈的反哺，自己能够进入原本陌生的领域，从而有效应对这个日益陌生的、迅猛发展的现代世界。

无论从哪个角度来讲，这都是难得的机遇。若有效把握这些机遇，能让下一代孩子解放想象力与创造力，获得深厚知识能力、充分自信，成为有创新力与独立能力的“社会脊梁”。同时，父母一代也可以借由这个机会加强代际交流，作为祖辈与孙辈的媒介，让双方从局限的思维中解放出来。祖辈开阔自己的眼界认识到科技进步，更好地融入社会，拥有更充实的生活；孙辈借由老人丰富经验实现更好成长，对社会运行、既往历史、家族归属感形成独特认识，进而增进家庭成员的沟通交流。文化反哺可以培养家长与孩子共同的爱好、兴趣，增多共同语言，让双方相互了解，减少代际冲突，拉近孙辈与祖辈的距离，而非一味地宠溺，在家庭中形成一种和睦、亲密、民主平等的氛围。

事实上，祖辈向孙辈学习，能激发孙辈的持续学习热情，终身学习模式或许会在部分家庭中提前实现。孙辈的行为将对祖辈产生影响，增强祖辈适应信息时代激烈变化的能力。若文化反哺的内容对祖辈产生正面的影响，就有可能弥合两代人之间的代沟，能助力社会文明整体水平提升。

（二）挑战

文化反哺固然是好事，但是，伴随着这些利好的消息而来的，也是一系列麻烦。在家庭中，它可能冲击长者为尊的旧习，使长辈的教育权威受到孙辈的挑战、质疑乃至无视，进而让长辈丧失对孙辈的指导权。幼年及青春期的孙辈，常更愿自己做主，不愿听从祖辈、父母意见。但是，缺乏成熟判断能力且心智尚未成熟却追求独立的孩子也面临着更大的危险，在遇到一些事情时，容易因经验不足冲动误判，若缺少长辈如“方向盘”般引导、“刹车闸”式规范，极有可能引发危险。此外，祖辈很多生活态度、某些社会表现等方面存在的不和谐因素可能会与孙辈的观念、行为等方面有所冲突，进而加剧两代人之间的代沟。这些代沟变化更易造成亲子关系的破裂，甚至使部分叛逆心理较强的青少年走向极端。

家庭中文化的反哺使家长权威受冲击，祖辈面临孙辈挑战、叛逆及新的复杂情况，具体体现在以下两个方面。

问题一：由于各方面的缺失，祖辈对孙辈的正面影响会变小。祖辈的缺失会让孙辈更容易依赖自己的判断，缺乏生活经验的青少年在道德两难时往往会做出不恰当的反应。另外，祖辈不恰当的社会行为方式在与孙辈相处的过程中会产生碰撞，这会让正处于叛逆期的孙辈做出偏激的行为。祖辈对生活态度的顽固会让孙辈觉得祖辈与自己的差距非常大，无法沟通或者干脆不沟通。

问题二：文化反哺现象可能导致父母在教育和引导子女时的角色模糊，进而影响家庭内部的信任与沟通机制。在快速变化的社会环境中，子女往往比父母更早接触新知识、新技术，这使得父母在教育子女时可能感到力不从心，甚至对自己的引导能力产生自我怀疑。这种角色模糊可能导致父母在制定家庭规则或教育目标时缺乏自信，进而削弱家庭教育的连贯性与有效性。与此同时，子女在文化反哺中获得的信息优势可能让他们对父母的教导产生质疑，甚至表现出过度自信的态度，忽视父母基于经验的建议。这种信任的缺失可能导致家庭内部沟通渠道的堵塞，使父母与子女在面对重大决策（如学业规划、社交关系或未来发展）时难以达成共识。

如今，尽管文化反哺的现象在千家万户中随处可见，但是没有引起足够的重视，既没有深刻认识其积极的一面，让文化反哺为促进家庭生活文明和谐的一面，也没有对其可能带来的消极影响有足够的认识，并做好应对的措施。

（三）应对

文化反哺喜忧参半，对我们来说，最重要的是处理好文化反哺的出现，利用好这难得的机遇，同时也必须注意避免文化反哺可能带来的风险。应对文化反哺，我们可以有以下措施。

第一，要转变观念，放下架子，承认并适应文化反哺有其存在的合理性。如本节开头所言，文化反哺的出现虽是“不以人的意志为转移”的重大文化传承方式，但总体而言仍利大于弊。所以，对祖辈而言，先要从观念上接受再从行为上适应，从传统的“教育者”向“受教育者”转换。当今社会，祖辈知识存在空白，而这恰是孙辈的优势领域。承认自身不足，向孙辈请教，并非羞耻之事。祖辈们不必因“虚心求教”担忧失去孙辈心中“权威”，毕竟祖孙关系更缓和、孙辈对祖辈更亲和。祖辈也并非“全知全能”，通过对孙辈不断“请教”“学习”，为孙辈树立勤学好问的榜样，与亲子教育形成互补。祖辈角色成功切换，就容易接受反哺，从大格局看文化反哺，从文化反哺中看到机会。

第二，祖辈要开放心态，树立终身学习理念，随时了解并适应新时代的新要求。

随着经济的快速发展，科学技术的日新月异，各种新生事物层出不穷。新生事物有利有弊，运用得好可以利弊兼得，运用不好则适得其反。青少年阅历少，分辨和抵御诱惑的能力不强，有的不法分子就很容易利用这个特点，将一些不良信息混杂在新生事物之中传递给孩子。祖辈一定要树立终身学习理念，只有不断借助各类学习资料充实自己，掌握最新科学知识，才能对新生事物的判断胸有成竹，才能帮助孙辈正确地做出选择或监督孙辈的行为。唯有如此，祖辈才能拉近与孩子的距离，在孩子遇到关键问题时，给出贴合时代、孩子乐于接受的建议，真正获得孩子信任，在关键问题上持续引导、掌控孙辈。

第二节　隔代教养对祖辈的影响

一、孙辈过度依赖现象

隔代教养中的另一种现象，则是隔代教养中的老年人对孙子女的情感依赖现象或生活依托现象。这些现象的产生，往往与隔代教养中的老一代人对孙子女逐渐形成的过多的情感依赖有关，甚至会对孙子女健康成长及家庭和睦产生不利影响。由于年轻父母渐趋忙碌或家庭结构变化等原因，祖父母看管孙子女的现象在以家庭联结为重要特征的中国社会愈发普遍。而许多参与隔代教养的老年人，容易对孙子女形成过分依赖的情感：不仅一味期望子女在生活中“离不开”自己，因独特带娃价值（自认无可替代）沾沾自喜，甚至认为自己在孙子女的生活中比孩子父母还重要。

老年人退休、子女不在身边（“空巢家庭”现象增加）、丧偶等生活方式的改变，会使老年人感到空虚、寂寞。于是，他们就会把自己的情感寄托在孙子女身上，通过对孙子女的照顾来得到情感上的满足。祖父辈过分干涉和参与孙子女的教育、社交甚至生活小事，如子女的穿着、饮食等，对子女的独立成长与发展就会构成限制，而且祖辈的管教方式常常因教育方式与父母产生分歧而出现矛盾。有些祖辈有意或无意地替代父母的位置，淡化甚至漠视父母在孙子女面前的权威或地位，甚至与孙子女结成“祖孙同盟”，这样家庭就会形成一种“超负荷”的权力关系。孙子女长大后，祖辈仍会固守照料模式，像固执接送上中学的孩子，凡事大包大揽，阻碍孙子女独立性培养。随着年龄增长，因生理与心理的衰弱，祖辈会对孙子女形成心理依赖。在我国，孙子女依赖老年人的现象尚未成为主流，但存在地区、职业及照料情形等方面的差异，不同情境下依赖表现与程度各不相同。

农村老年人的孙子女依赖程度高于城市老年人。农村老年人基本上仍然过着原始的生活作息。因农村老年人的思想观念与思想方法还比较落后，每天的生活基本上就是围着孙子女转、围着田间劳作转，接触外面的时间与机会不多，精神世界比较贫乏、单调。成年子女常年在外务工，孙子女成了他们唯一的精神寄托。这种过度依赖逐渐侵蚀老人的生活自主性——从习惯孙辈陪伴，到主动放弃独立社交、自我成长，最终丧失独自应对生活的能力。反观城市老年人，受现代化生活模式熏陶，更倾向通过参与社区活动、兴趣小组拓展生活半径。丰富的社交场景与个人生活，使城市老年人对孙子女的依赖自然更弱。

过去务农的老年人对孙子女的依赖程度，普遍高于早年自营生意的老年人。个体户出身的老年人因生意经历，对外接触多，人际交往多，生活圈子相对较广，不会把情感精力全放在孙子女身上，依赖较弱；农民出身的老年人，大多习惯“日出而作、日落而息”，长期田间劳作，与外界交往、接触少，生活圈子比较窄，晚年常把全部情感精力倾注孙子女身上，长此以往，依赖会更加严重。可见，隔代照料孙子女越多，老人对子女的依赖越高；孙子女数量越多，老人情感分散，对孙子女依赖较弱；照料孙子女少，情感集中在少数孙子女，祖孙情更强，且照料时间越长，对子女依赖越高。郭俊豪、高紫薇的研究也印证：（外）祖父母与孙子女见面多、照料久，相处越亲密、越宠爱，依赖程度也越高，即相处时长与外祖父母对孙子女依赖程度正相关。

二、从亲代到祖辈的角色转变

角色权责的演变

社会角色论以“角色”（人的行为模式）为基本概念，认为人在社会生活中依角色获得、发展并完善行为模式，且人作为群居动物离不开群体，类似于戏剧舞台上的演员，按剧本创作表演特定的角色，行动受角色制约，行为受群体社会规范约束。人的角色随年龄、社会活动改变，当个体身兼多角色或单一角色内部存在矛盾冲突时，易致心理煎熬，干扰角色扮演。

对隔代教养老年人而言，要同时面临从“退出第一份工作”到“开始赡养”，从“为人父母”到“为人祖父母”，甚至还要面临从“乡村生活”到“城市生活”的居住地转换等。个体原有角色消退和新的角色登场的同时转换，以及个体多重角色之间的矛盾冲突与对抗，必然导致其社会角色与家庭角色的角色转换冲突现象频发，而个体是否能成功应对这些挑战性事件及冲突，影响着其身心健康，也影响着其角色行为的社会互动质量。因此，社会角色理论为隔代教养老年人的角色冲突提供了解释的理论视角，通过研究老年人角色转换的表现形式与影响因素，以期从社会政策层面为老年人角色冲突、矛盾的化解提供策略。

就中国的家庭教育而言，父母到祖辈的代际更替也存在着较强的规律性，这也与社会的文化传承形态变化紧密相关。通过考察祖辈的家庭代际更替，可以更清晰地认识家庭教育的运行规律，进而对家庭代际关系调整的规律进行深入把握。

1. 从决策者到参与者的转变

（1）传统家庭教育阶段：权威主导的直接教导。

父子相承是我国传统的家庭教育方式。通常，父代是家庭的主要教育者，在家庭中往往有着绝对权威，把社会规范、伦理道德、生产技能等不加修饰地全盘教给了下一代，这种方式通常被称为“前喻文化”。

具体地说，就是在比较稳定的农业社会中，亲代以自身积累的生产、生活经验体系对子代进行系统的教育。其特点是：① 教育内容确定性，包括道德训诫、劳动技能传授等；② 教育手段直观性，以家教、家训、示范等为主；③ 教育目的稳定性，维护家族和秩序的延续。例如，在传统家庭中，父亲会通过“家法”约束子女、通过“家训”灌输和教授，保证较为一致的家庭文化、社会文化。

（2）现代家庭教育阶段：支持性的间接参与。

当社会进入快节奏、信息密集的发展阶段时，在亲代主导教育的场景中，祖辈转为第三代教育支持者角色时，祖辈的站位与教育的责任，都会发生微妙的变化。特别是进入后喻文化阶段（指辈分低的人向辈分高的人传递新文化时），祖辈进行教育的立场与权威在逐步弱化中，更多以“辈分责任+间接服务”的形式呈现，表现在教育内容上面，主要是生活经验和人情陪伴，而不再是道德绑架和约束。教育方式上主要是情感陪伴。

这种变化的社会原因，首先是知识更新换代的因素，孙辈掌握的现代科技知识、流行文化等，祖辈未必知晓；其次，社会价值观多元化，孙辈成长环境更自由；最后，核心家庭中家长承担更多教育责任。因此，祖辈以“参与者”身份参与家庭教育，提供生活照料、精神抚慰、传统价值传承，间接支持家庭教育。典型表现是陪孙辈玩耍、传授生活技能、分享家族历史，不直接参与孙辈的学业监督、行为管束。

（3）权责转变的社会文化意义。

这种代际角色互换带有鲜明的时代意义。第一，其意味着家庭中家长与孩子关系的重大调整和变化，家长对孩子单向度的权威型关系开始向双向度的互动性关系转变。第二，其彰显着现代家庭分工的合理性，即家长负责传统文化的言传身教，父母与爷爷奶奶对孩子负有主要的教育责任。第三，其体现出家庭教育从规范严治到情理渗透的时代要求。

当然，这种变化并不意味着祖辈教育与祖辈价值的缺失。同时，对隔代教养而言，祖辈情感关怀和代际文化联结也是现代家庭代际养育的隐秘补充。在双职工家庭中，隔代教养通常以日常照料的方式为孙子女提供稳定的成长，在传统节假日和重大活动时以传统庆祝手段为孙子女提供参与的文化习俗。与学校教育、社会教育相比，祖辈教育与祖辈价值具有独特的教育功能。这种独特的教育功能，既是传统文化的延续，也是现代社会所需，使得家庭教育体系更为灵活多样。

2. *教育目标的转变*

当然，从亲代到祖代，教育理念及教育行为的变化并不是一蹴而就的；其中，个体所接受的教育也是复杂、多样的，受到个体间代际责任、内在心理需求及社会文化互动等因素的影响。仅就教育内容而言，我国农村中祖辈对孙辈的教育多以“教说方言、祖辈历史”为主；自己作为亲代时则普遍关注如何提高子女学业、培养特长等。从“提升社会生存能力”到“传承香火”的教育目标转变，体现了个体的不同教育阶段追求的变化，是其代际角色认知与心理需求动态发展的反映。

（1）亲代的社会目标导向。

作为孩子的父母，亲代的教育行动深受社会竞争逻辑的影响。在城市中，父母尤其重视对子女教育的投资，“人力资本提前预置”现象普遍。出现这一行动选择的原因有三：一是阶层流动的焦虑，父母试图通过对子女的培育“积累未来”，通过提升子女的技能水平，降低其生活风险；二是作为自身成长弥补的“遗憾”，父母将子女的成功视为自己人生成功的延长；三是以获取教育资源为基准的“量化”逻辑，父母将成绩视为教育的量化表征，证书、竞赛名次等成为教育的“货币”。然而，这种“功利性教育”，虽然能使技术得到积累，却使青少年情感表达更加“功利化”，变成了“没有内在价值驱动的绝对服从”。

亲代的教育权威还表现在具有较强的责任担当意识，以及子女在学业成就取向（如明确要求子女在班级里表现排名前5%或考上某重点高校）和社会化能力取向（鼓励子女参与班干部竞选、社区服务）等方面。这些目标的制定并非心血来潮，而是理性分析社会发展趋势的结果。例如，在AI技术蓬勃发展的时代，很多家长要求子女学会编程基础；在全球化发展的背景下，很多家长要求子女加强英语口语练习。

这种责任传导机制通过设置阶段性成长目标（学段关注兴趣、中学培养特长）、社会实践（寒暑期研学）、引入外部评价（定期沟通了解子女）三种途径，本质上形成“家校联动”的动态版教育监管系统。

因此，亲代会为了维护教育的权威，实施不同类型的奖惩。惩戒体系包括三个层次：初级为口头提醒或书面反思，用于纠正未按时完成作业等轻微问题；中级为限制特权，如暂停电子设备使用；高级则涉及家校联合干预，如与教师合作制订改进计划。奖励体系分为物质奖励（表现好可以送学习工具）、特权奖励（奖励自主安排周末时间）和荣誉奖赏（家里表扬）。教育心理学家认为，奖惩行为必须具备两个特点：一是及时性，即行为发生的24小时内效果最佳；二是适宜性，即奖惩的强度必须与行为的重要性相匹配。例如，考试进步后奖励一次外出旅游，对行为强化起作用，但过于频繁就会产生效果递减的弊端，需要再与持续提供正能量的思维成长型奖励相配合。

这一系统的教养模式对子女成长具有积极的一面，但也可能会产生一些问题：一是系统的条条框框会划清未成年人的成长界限，减少成长中的不确定性；二是系统的目标导向有助于培养孩子逆商，调查显示，系统教养下的孩子能够更好地抵御挫折；三是系统的家校联系可以保持教育的连贯性，使学生形成稳定的成长模式。然而，挑战同样存在：一是过度规训可能限制创造力，研究表明，在严格时间管理下成长的学生在开放性任务中表现较弱；二是单向指令可能损害亲子关系质量；三是标准化目标难以适应个体差异，尤其在艺术体育特长生或特殊需求儿童中表现明显。

（2）祖辈角色的情感导向。

子女组建自己的新家庭后，祖辈参与教育的方式表现出权力下移的趋势。隔代教养中多数祖辈“把主要的权利和自由都留给父母，自己只负责照料生活和情感沟通”，管教方式表现出非强制性，以物质和情感照料为主，如通过奖励零食或增加娱乐时间等赢得孙子女的喜爱；行为教导以商量和说服为主，通过讲故事、讲道理的方式影响孙子女；在规则制定上表现出较高的宽容度。祖辈常常因为“隔代亲”而放松对孙子女的纪律要求，许多祖辈会默许孙辈超出父母设定的屏幕使用时间，并通过隐瞒细节来维持家庭和谐。

这种代际情感补偿式教养模式，虽能增进家庭关系与祖孙情感，但会对孙子女的教育效果产生潜在负面影响。祖辈对情感慰藉的过分投入，不利于孙辈规则意识的培养——在“四二一”家庭格局中，隔代亲易让孙辈自我中心膨胀；家庭对情感慰藉的追求，根源也在于此。

但是隔代认知差异也表现在祖辈大多根据自身经验和传统观念管教下一代，亲代则倾向于采用科学化、现代化的教育方法。隔代认知差异使得祖辈在教育后代时，更愿意用情感支持、生活照料来弥补教育环节的缺失。

补偿心理：隔代抚养中的祖辈普遍具有很强的补偿心理，子女在成长过程中可能因为父母忙碌缺少陪伴，故而祖辈也会以补偿式关怀给予孙子女情感和物质关心，往往对孙子女并没有要求和纪律方面的过分苛责。

祖辈的补偿式教育，可以增进代际感情，但也需避免矫揉，感情满足容易导致孙子女规则意识的弱化，在多代抚养家庭中，溺爱容易导致孩子自我意识的膨胀。祖辈需要在爱中把握好阈值，将感情满足与原则底线相结合，才能把握好孙子女感情满足与规则遵循的平衡点。

三、城乡角色转换困境

在传统的乡村社会和现代社会进步观念的双重影响之下，隔代教养是人丁兴旺的标志之一。同时，隔代教养也是一种炫耀的“资本”。也就是说，隔代教养具有一定的符号意义和时代意义。沈卫华认为，受传统文化的影响，祖辈通常以抚养子代和孙代为己任，并乐此不疲。于是，部分老年人便有意识或无意识地远离农村家乡，到城市中开展隔代教养，由熟悉的故乡变成陌生的“他乡”，开始自己角色身份的新旅程。戈夫曼指出，要想进入某一角色必须获得角色认可、具备相关能力并且愿意投入精力。如今社会角色的混淆与转变是进城隔代教养祖辈的生活难题的主要“症结”所在，或者说“角色低效”主要是由“角色认同”“角色冲突”“角色扮演”三个层面构成的。

（一）角色认同：身份适应缓慢

个体意义上的角色认同，涵盖了个体自我认知中的自我角色身份和社会关系身份。但隔代教养的特殊性，使家庭这一中间变量成为个体身份认同绕不开的因素，祖辈角色代际中最为明显的，是“农村人”向“城市人”的角色转变过程。一方面，受传统观念的影响，多数祖辈并不能快速完成从“农村人”向“城市人”的角色转变，甚至“城市人”在祖辈的认知中仍是“有钱人”“有地位的人”“有学问的人”，是带有优越性的标签。可见，即使进入城市进行隔代教养已是当下祖辈普遍认同的事实，但其内心世界依旧是农村的，城市只是其暂时停留的地点，身在城市，心在农村，仍然保留着旧的角色标签，是一种高度主体化的认同标签。另一方面，社会环境对进城祖辈群体的态度和管理不到位，又使得这一群体很容易被忽视。对于原城市祖辈群体来说，面对新进入的成员，也会产生排斥心理，这就使得原城市老年群体情感交互，加剧新进入者对自身角色认同的压力，表现为角色新认同的缺乏。

除去环境的影响，在现代化转型的过程中，我国家庭也发生着较大的结构变革，祖辈逐渐淡出家庭中心，家庭趋于核心式。在这一过程中，祖辈在城市中的子女面前更多地只是扮演着辅助者的角色，对家庭成员有着较大的依赖性。正因如此，祖辈更易意识到自己与家人的区别，在从一家之主转换到配合者、照料者的角色变化中，易于产生一种“圈外人”的角色感，从而从核心家庭中退位，在儿女的要求下，从自由自在的生活转换到隔代照料者的身份。这样的转换让祖辈难以适应，且面对新城市环境格局，加之自我能力不足，祖辈很难短时间适应。面对新的生存环境，对新的家庭格局不熟悉，如何更好地隔代照料，如何降低来自陌生环境对自己的冲击等，都对祖辈的自我角色认知产生冲击，在新的角色中自我认同较慢。

（二）角色冲突：身心压力加剧

排除社会环境改变带来的影响，祖辈个体角色转换的矛盾也是问题之一。祖辈在子代孙代生活的全新环境下，既是具有自主生活方式的个体，同时又受子女委托成为家庭照料责任的主要承担者。多重角色的冲突和转换也带来个体身心压力和矛盾。在家庭层面，一方面，一家人对祖辈的期待和压力相对加大；另一方面，对于孙辈的成长，一家人提出更高的要求，教育、生活不能出现失误，甚至需要祖辈照顾子女生活，一家人的生活、起居落在祖辈身上，无形加重了祖辈的体力负担。新观念也为隔代照料提供了合理性。例如，隔代亲在“00后”“10后”身上更普遍，隔代亲照料孙子女获得更多心理满足，更乐于担任照料人。随着生育政策的开放，隔代教养有可能越来越普遍，则祖辈的身体负担将更重。

相较于熟悉的环境氛围，陌生的城市生存环境会让祖辈的心理产生不适应感，并由此产生坚守传统与适应新环境的心理冲突，是“在家乡”还是“在异乡”的心理定位间摇摆。与此同时，心理压力还来源于家庭成员内部。由于两代人观念的存在，传统与现代的认知观念时常交锋，家庭内部难以顺畅沟通，祖辈心理更容易出现危机。角色理论认为产生角色心理危机的重要因素是角色距离，即祖辈因缺乏语言、文化习惯等，在城市的生活中时常产生一种角色距离感与新旧角色心理的冲突，进而形成心理压力。因此，祖辈的家庭隔代教养需要在身心健康的基础上适时而为。处理不好，这一冲突会长年累月地困扰着祖辈的身心。

（三）角色扮演：社会融入不足

费孝通先生将农村社会“差序格局”喻为“人与人之间的关系如同水面涟漪，由近及远逐渐淡化”。这种现象在城市社会中也同样存在。每当个体进入一个新的环境，面临着一个新的生命角色需要进行适应和开展。在玛格丽特·米德看来，随着社会的进步，社会就像一个舞台，每个人都扮演着不同的角色，但是这个过程并不一帆风顺，有众多因素影响着个体社会角色的融入，而祖辈进城在“宏观”层面上，难以“忘却故土”，心理上相互依存的熟人圈子被遥远的城市—乡村距离分割。而我国的户籍制度以及社区服务体系的不足，也使得他们难以融入新环境。人际关系的解体和新环境的难以融入，使入城老年人时刻面对着“孤独的大城市”。

更为关键的是，隔代教养使得祖辈形成了强烈的责任意识，社会交往需求不得不为隔代抚养让步。祖辈在落实新市民角色身份上更加困难。戈登、盖茨及斯科特（1976）所提出的闲暇生活体系，将活动效用划分为放松休息、消遣、发展性活动、创造性活动和肉体超越五个层次。进城祖辈的交往空间多局限于居住小区、孙辈学校及孩子玩耍场所，交往形式以聊天与散步为主，单调活动与重复空间让其难以获得消遣以上效用。甚至有学者认为，中老年人通过隔代教养换取子代家庭精神或物质支持，隔代教养成为代际交换必要条件，教养孙辈以获子女养老。在这种代际互动的特殊情景下，祖辈将主要的精力用于隔代抚养，没有余力也无意去开展更为广泛的社会活动，呈现社会交往的“内化”特征。入城老人能否融入新环境，不仅需要其自身努力，更关键的是家人的帮助与多元社会的支持。

（四）应对策略

隔代养育作为中华文明特征的家庭互动方式，也是缓解二孩时代育儿压力的必然选择。解决祖辈隔代抚养和社会角色的冲突，从而实现老有所为与幼有所养，需要价值理念、政府保障、社会服务和家庭支持多方面的努力。

1. 强化价值理念引领：缓解期望冲突

虽然隔代抚养在我国已有较长的历史，但传统的隔代抚养模式已经很难应对急剧变化的社会。应探索长幼结合、老少同乐的新时代隔代教养模式，祖辈们既能照料孙子女，又能老有所为，在陪伴中实现社会参与、颐养晚年。第一，家庭需转变观念，让隔代抚养从剥削论或义务论的负面观念中解放出来，以代际依存、互助共赢的新观念取代冲突与矛盾的旧观念，增加个体性背景下的“代际互助”。重视并满足祖辈们晚年生活的精神文化需求。第二，引导社会对隔代教养中的祖辈们进行价值认同，充分肯定祖辈们的重要地位，营造宽容和谐、敬老孝亲的社会氛围，帮助祖辈们适应角色转变，使他们能积极乐观地承担家庭责任并分担风险负担，重拾自信，有利于身心健康。第三，祖辈们自身要树立积极老龄化观念，接受“儿孙自有儿孙福”和“守护健康为儿孙”的积极老龄化观念，化解内在矛盾，减轻心理负担，积极主动融入社会生活中，实现自身的健康发展。

2. 强化政府保障：缓解时间冲突

平衡祖辈隔代教养和社会参与的时间冲突，需要政府发挥政策引导的调控作用，在法律和制度层面为祖辈权益提供制度保障，通过育儿、养老和就业政策的联动，提升生育与养老保障水平，满足祖辈自身发展与抚养孙辈的双重需求，以政策空间解时间困境，同时满足祖辈自身发展和隔代抚养孙辈的双重需要。一是整合儿童抚养补贴、税收、住房政策，为新生家庭提供直接经济支持，破解养老与育儿双向挤压难题，鼓励祖辈与青年父母共同生活，促进家庭融合与人力资本投资，提升养老育儿能力。二是引导企业将“工作—家庭”平衡的观念融入人力资源管理体系中，加强对年轻夫妇育儿时间的平衡支持，确保女性生育哺乳期的收入不降低，减轻双职工家庭的负担，实现工作与育儿的平衡发展，间接减少祖辈的时间成本。三是完善支持祖辈社会参与政策，鼓励企业、社区、社团等为祖辈提供丰富的社交、学习、休闲活动的机会，在参与形式与时间上更加灵活多样。

3. 强化社会服务：缓解能力冲突

社区作为便民服务的核心枢纽，在隔代教养服务中具有关键作用。我们应充分借助社区这一平台，发挥其贴近资源、整合资源的显著优势。依托社区完善隔代养育设施，强化隔代养育的软性支持，搭建服务平台，为祖辈提供隔代养育服务，这对于缓解能力冲突意义重大。第一，全面整合社区服务资源，借助现有资源为祖辈提供日托服务，安排志愿者或社工负责看管婴幼儿，使祖辈能够拥有时间参与社区活动。第二，为祖辈的心理保健提供专业服务，在社区设立心理辅导室，为祖辈提供免费咨询与辅导，助力祖辈掌握与家庭成员融洽相处的方式方法；为祖辈提供便捷的医疗服务，如为祖辈测量血压、安排免费体检，通过居委会组织志愿者为祖辈提供“一对一”上门服务，有效缓解隔代照料压力。第三，积极建设社区老年大学与幼儿托管中心一体化，在社区中开设隔代教养服务课程，教会祖辈隔代养育知识，定期开设“早教培训”，让祖辈掌握幼儿抚育常识；与辖区资源链接，以“祖孙课堂”为平台增进家庭互动和祖孙情谊，让祖辈学习和休闲娱乐的同时平衡抚育与隔代养育。

4. 强化家庭支持：缓解代际冲突

家庭是养老育儿责任实施的首要载体。祖辈在隔代教养和参与社会生活的角色冲突很大程度是由传统家庭养老功能的弱化和育儿功能的异化造成的。提升家庭的养老育儿能力，能有效缓解代际冲突，促使家庭和谐。第一，通过明确家庭育人角色分工。基于家庭收入和成员能力，明确年轻父母与祖辈的经济负担和角色分工，育儿经济责任可由有能力的亲代承担，同时明确家庭与社会对幼儿的安全责任分担，降低祖辈的负担。作为孩子的第一责任人，亲代在孩子成长的历程中不可缺失，祖辈主要起到辅助作用，应避免“越位”。第二，正确看待家庭养老功能，让慈孝文化“热”起来。作为晚辈，要关心祖辈的健康与生活，支持祖辈的社会参与，为祖辈提供经济和情感支持，促进资源向祖辈倾斜，减轻育儿负担。第三，利用节假日开展家庭亲子活动，加强祖辈与亲代、孙辈之间的互动。作为晚辈，要在教育问题上协调解决分歧，包容祖辈的陋习，学习借鉴祖辈的育儿经验，提高祖辈的老有所为、老有所乐的获得感。作为祖辈，也要主动适应新环境，参与社区活动，构建同龄互助网络。

第三节 隔代教养对孙辈的影响

一、隔代教养对幼儿个性发展的影响

2004 年，卢桑斯等人基于积极心理学与积极组织行为的研究，提出了积极心理资本（Positive Psychological Capital，简称 PsyCap）的概念。他们将心理资本定义为“个体在成长与发展过程中展现出的一种积极心理状态”，并提炼出希望（hope）、自我效能感（self-efficacy/contingent）、韧性（resilience）及乐观（optimism）这四个因素，其首字母组合为“HERO”（英雄）。其中，希望是个体能自觉地有意志、有目标地寻找与实现目标，在遇到困难时能积极寻求替代途径；自我效能感反映个体对自己完成特定任务所需动机、认知资源及行动能力的信心，自信的人倾向于选择挑战性任务，投入更多努力并坚持克服困难以达成目标；韧性是个体从困境、不确定、重大的挫折中恢复过来的能力，有韧性的人，能在困难与挫折中发现意义并超过以前的自己；乐观是个体认为造成积极结果的原因内在、持久和普遍因素，而不是他人、暂时、具体因素的思维方式。通过对事件采取积极归因的思维方式，乐观者能从生活中获得信心，能避免消极情绪。但在祖辈主导下的隔代教养，幼儿的一些个性品质往往受到不同程度的负面影响。

（一）幼儿个性养成在隔代教养中受主要施教者的影响

魏福音研究指出，对幼儿的终身发展而言，0—7 岁是个性塑造的关键期和敏感期。他调查发现，一方面，祖辈的教养有可取之处，但由于时代的局限性，祖辈的教育方式和养育理念与现代化的教育理念和教育方式存在一定差异，溺爱和包办倾向较之父母更为明显，容易导致幼儿缺乏独立意识、有较强的依赖性等个性特点。另一方面，幼儿的个性受祖辈年龄和文化的较大影响，而多数祖辈并没有意识到其对幼儿个性品质的全面塑造作用。可见，幼儿个性的形成，受祖辈影响最深的主要是祖辈的教养方式。

（二）隔代教养对幼儿个性发展的优劣并存

1. 隔代教养对幼儿个性发展的优势

首先，因为大多数祖父母步入老年或已经退休，他们就有更多的精力、时间来教育下一代。他们甘于付出、乐于奉献，为子孙后代提供良好的教育，甘愿为孙辈健康成长倾尽所有。隔代教养中，祖父母耐心细致、温柔敦厚，尽力营造健康安全的成长环境，让幼儿获得情感稳定与依赖，情绪平和、心态积极。

其次，祖辈常以传统美德为切入点，促进孙辈良好品德的发展。许可在调查中发现，祖辈在教育中将“知理明耻”放在首位，且十分关注对其他传统美德的培育。孝道是中华优秀传统文化的重要内容，祖辈深受孝道文化影响，重视孝道的传承。在教养过程中，“孝”的教育成为隔代教养的重要内容，孝顺则被祖辈视为家庭中需要培养的一项非常重要的道德品质。因而，隔代教养有利于培养孙辈孝顺的良好品质。许多祖辈在年轻时饱受历练，对生活有更深层次的理解，具有自立自强、坚韧不拔等良好品质。祖辈所秉持的质朴勤勉和无私奉献的优良特性，对幼儿接受传统美德熏陶、形成道德意识具有积极作用。“内化于心、外化于行”，祖辈的一言一行对孙辈的道德品质塑造起着潜移默化的作用。

最后，祖辈的生活阅历能够成为幼儿社交能力发展的参考，教育实践过程中出现的问题，能迎刃而解，提高幼儿的社会适应能力。

2. 隔代教养对幼儿个性发展的劣势

著名儿童教育家陈鹤琴先生说过：“凡是孩子自己能做的事，让他自己去做。”这样才能培养儿童的独立性、自理能力和责任感。

凌辉等的研究表明，隔代教养可能对儿童的自立行为产生一定负面影响，且这种影响因年龄差异而有所不同。研究发现，隔代教养对3—6岁儿童在社会自立和安全常识方面的表现，可能存在一定的负向作用，尤其对即将进入青春期年龄较大的儿童影响。这可能是因为相对父辈教养，祖辈教养幼儿存在更明显的认知依赖。因长期习惯祖辈帮助，幼儿一遇到什么问题或者想做什么事情，第一时间就会想去求助他人（首选祖辈），把精力放在他人（尤其是祖辈）是否会帮忙，而非自身解决问题。

若溺爱或迁就的情况过度，可能导致部分儿童形成“自我中心”的倾向，表现出较为任性或以自我为中心的个性。自我中心指的是儿童可能更倾向于从自身角度看待问题，较难接纳他人观点或协调自身与他人的立场。部分祖辈对孙辈的错误行为可能较少纠正，或对不合理要求较为宽容地满足，这可能使孙辈逐渐形成较为自我、随心的性格倾向，从而在一定程度上影响其自我认识、自我控制和自我评价能力的发展。

此外，祖辈的育儿观与父辈观念可能存在差异。因多数祖辈年龄偏大，可能难以认同子女对孙辈的教育观念与方法。尤其在孙辈幼儿阶段，祖辈心理未能及时完成由主要施教者到辅助教育者的转变时，常干预和干扰幼儿探索活动与创造性尝试，可能限制了幼儿的学习接受能力。

祖辈虽参与家庭教育，但并不是家庭教育的核心。苟雯茜的研究表明，家庭成员和谐融洽的关系与祖辈参与关系密切。有效的参与方式是建立在祖辈受尊重的基础上，他们对家庭教育呈现“支持而非干预，民主而非专制”的态度。通过陈晓姿的研究我们也发现，适当的祖辈参与可以调节家庭气氛，达到促进教育的效果，避免因意见分歧而产生教育矛盾。一方面，这种融洽、民主的家庭氛围对教育孙辈具有明显的促进作用。另一方面，在孙辈犯错时，祖辈角色的参与也能有效中和父辈与子女间的直接冲突，释放家庭教育的压力。

二、隔代教养对幼儿个性发展影响因素

（一）认知方面

案例分析

奶奶每天清晨五点半便起床，着手为孙子准备早餐；六点半准时唤醒孙子，督促其刷牙用餐；七点半骑车送孙子前往小学，随后返家操持家务，准备午饭；中午十二点再接孙子回家吃饭，之后再度送其上学。自周一至周五，奶奶每日接送孩子上学多达八次，身心俱疲。祖辈表示这是在帮儿女分担压力，儿子跟随工程队工作，儿媳在店面忙碌，着实无暇照料孩子。孩子放学回家后，既不写作业，也不练琴，祖辈称难以管束与劝诫孩子，而孩子声称祖辈不懂，只顾玩平板电脑上的打仗游戏、看动画，直至母亲回家监督，才开始写作业。孩子惧怕妈妈责骂，却对祖辈的呵斥充耳不闻。这是由于孩子清楚爷爷奶奶不会真正责骂自己，因而愈发胆大妄为，一回到家便沉迷于电子产品。祖辈表示孩子长大了，对与祖辈玩耍已感到厌倦。然而，孩子与电子产品互动时，精力充沛，回家和爷爷玩一会儿便疲惫不堪，足见电子产品比与祖辈玩耍更具吸引力。

认知指人类获取、运用知识及加工信息的心理活动，涵盖感觉、知觉、记忆、思维、想象与语言等层面。“人的大脑接受外界信息，经过加工处理，转化成内在的心理活动，进而再支配和调节人的行为。”这一过程体现了信息加工的完整路径，即认知的全貌。认知能力是人的认识能力的组成部分。认识过程是认识活动在主观上的反映，是人的思维或思考的过程，即想象、联想、思考等大脑活动。认识过程即是一个主观反应客观的过程，客观实在的世界经由认知得以进入主观意识。其中，认知方式、认知能力是影响认知发展的主要因素。隔代教养对认知方式、认知能力的影响也是在潜移默化中。

祖辈的生活习惯、文化程度等，默默影响着儿童的认知方式与内容。隔代亲现象使祖辈对孙辈更易溺爱、过分迁就。孙子女利用这种祖辈对自身“恩威并施”的策略扩大自身行为边界。案例中的祖辈对孙辈使用电子产品的时间和频率不能加以限制，对孙辈使用电子产品的消极影响也没有正确的认识，对孙辈的各种不合理要求没能及时制止，在此种情况下，以电子产品为主要信息源的孙辈的认知内容和认知方式不可避免地受到电子产品的影响。

在隔代教育中，儿童与祖辈相处的大部分时间用于看电视或玩手机、平板电脑，信息来源主要依赖网络平台。这种单一渠道直接限制了儿童认知方式的多样性和内容的丰富性。网络信息繁杂，暗藏暴力游戏、成人内容和诈骗风险，而儿童缺乏甄别能力。儿童长期沉浸其中可能削弱其学习兴趣，过早接触成熟信息、沉迷虚拟世界而疏远现实交往，对身心健康和思想发展造成负面影响。单一的认知方式也束缚了认知能

力的拓展，产生难以逆转的后果。

（二）情绪方面

案例分析

父母因工作繁忙无暇带小明（化名），小明放学后由奶奶接送。奶奶很爱小明，小朋友间玩闹推搡，只要劝一劝就完，可奶奶就是一根筋，觉得别的小朋友欺负了小明，是别人的家长故意放纵孩子。久而久之，别的家长不愿自己的孩子接触小明。玩伴的缺失，让小明没了说话、玩闹的朋友，出去玩就少了，遇到事儿就大喊大叫或者耍脾气，讲话很不礼貌，甚至会拿玩具打奶奶。母亲在家时让他跟奶奶道歉，给他讲尊老爱幼的道理，小明就是不听。此时奶奶依然护着孩子说："小明和我闹着玩，小孩子不懂事，长大了就好了。"逐渐地，孩子不知母亲还是奶奶谁说的是对的，反而觉得打奶奶没有什么不对。母亲担心孩子的脾气会越来越不好，而且对大人粗鲁没有礼貌，长大更难管，就在外面找培训班，尽量减少孩子在家的时间，请老师在培训班里管住孩子，学会规矩。

情绪是主观认知经验的综合反映，由感觉、思想和行为交织产生心理与生理状态，情绪调节是儿童适应文化表达需掌握的能力。情绪自控能力的高低决定着社会生活的方方面面。例如，一个表情或情绪不能在公开场合控制的儿童，常常会被伙伴孤立。

发展心理学家认为，情绪能力是影响儿童社会能力发展的主要因素。社会能力指个体在交往中维持积极人际关系并实现个人目标的能力，与情绪智力密切相关。情绪智力包括感知情绪、运用情绪促进思维、理解情绪和管理情绪。情绪能力包含三要素：① 情绪表达能力，倾向表达积极情绪、减少消极情绪；② 情绪理解能力，准确识别他人情绪及原因；③ 情绪调节能力，将情绪体验与表达调整至适当水平以达成目标。研究表明，这些要素与社会能力发展息息相关。例如，"总是表达积极情绪的儿童，更易收获同伴友谊，老师也更喜欢，认为他社会能力好""情绪理解越好，老师越认为学生的社会能力强，越易融入班级"；相反，"情绪调节越差的儿童越容易拒绝"。

祖辈的过分关注、包办，会"固化"孙子女的社会能力，使其缺乏与人交往的能力、缺乏适应新环境的能力、缺乏接受新事物的能力、缺乏管理自身情绪的能力等，无条件地包办使其退化更为明显。例如，案例中，由于祖辈的过分"保护"，小明较少与外部环境接触，导致其情绪缺乏疏泄、疏导与表达。当儿童在生活中有情绪冲突时，祖辈不能提供合适的范本，反而会放大其负面情绪，并且将负面情绪归咎于外界的原因，不能从自身查找问题。影响儿童的情绪表达、理解能力、情绪调控能力，不利于其社会能力的提升。

（三）气质方面

案例分析

小志（化名）6 岁，家中独子，备受家人宠爱。因父母工作忙，照顾他的主要责任交给奶奶。奶奶患有轻度关节炎，行动不便，因此每天接送小志上下学后，她通常只在学校附近的阴凉处稍作停留，便匆匆返回小区。家人对小志的保护意识极强，尤其是奶奶，她认为“外面坏人多”，因此对小志的活动严格限制，不允许他接触陌生环境或与其他孩子过多接触，担心孩子受伤后自己会受到家人责怪。

小志天性活泼好动，但长期的限制让他的活动空间被压缩，逐渐形成了内向、胆小的性格。家人虽然意识到小志的性格有些问题，但由于对奶奶的依赖和对“安全第一”的执念，始终没有采取有效的干预措施。

具体情境与问题表现

气质是个体相对稳定的心理特征集合，体现于心理活动的强度、速度、灵活性与指向性等层面。气质差异具有先天性，受神经系统活动特性制约。婴儿出生就有气质差异，有的活泼好动，有的稳重安静。作为个人个性心理特征之一，气质表现在人的心理活动在认识、情感、言语和行为中的力量强弱、变化快慢及稳定程度，包括情绪体验的深浅、反应速度的快慢及动作的敏捷或迟缓，为个体的心理活动增添独特色彩。气质在生活中以内在人格魅力的形式展现，涵盖修养、品德、举止、待人接物及沟通感受等，由高雅、从容、安静、温柔、豁达等特质构成。它并非言语所能直接描述，而是长期内在修养与文化积淀的综合体现。

某调查研究所关于气质类型的研究结果表明，气质有兴奋型的胆汁质、活泼型的多血质、沉静型的黏液质和抑制型的抑郁质四种类型。纯粹的类型是少数，大部分为混合型，如胆汁—多血质、抑郁—黏液质。气质类型在早年的时候就已经定型，受到生物因素的影响，虽然会随着环境的教育而变化，但相较于其他个性特征，其变化更为缓慢，稳定性较高。祖辈与孙辈的气质类型存在显著差异，小孩的气质类型多是兴奋型的胆汁质或者活泼型的多血质，而祖辈的气质多是沉静型的黏液质或者抑制型的抑郁质。然而，祖辈常常忽视了气质的差异性和气质对儿童心理上的重要影响，没有按照心智发育的规律，让孙辈融入生活，导致孙辈的气质发生了变化。

调查发现，祖辈常忽视儿童爱玩的本性，无限制保护与关爱，无形中切断儿童与外界联系，日积月累致其对新环境、新事物适应力与接受力下降，使儿童由活泼好动的“胆汁型”气质向稳重沉闷的“抑制型”气质转变，潜移默化影响儿童气质形成。

（四）依恋方面

案例分析

小雨（化名）是一个4岁的小女孩，从小由奶奶带大，和奶奶感情非常深厚。虽然奶奶身体不好，但对小雨的保护意识很强。小雨从小就个性倔强，3岁前几乎不爱走路，出门必由奶奶抱。奶奶虽然五十多岁，腰椎间盘不太好，但还是天天忍不住抱着小雨，即使到小区里去散步也不舍得让小雨自己走。

随着小雨年龄的增长，依赖性反而有增无减。她习惯遇到问题就去找奶奶，从来不自己想办法解决。例如，别的孩子抢她玩具的时候，她不会主动去沟通、解决问题，只是站在一旁哇哇大叫，直到奶奶出现并帮忙把问题解决了。而奶奶觉得"孩子还小，长大自然会好的"。

依恋通常是指被养育者与其养育者之间形成的一种特殊的情感联结，是在与养育者之间的依恋交互作用过程中形成的情感联结与纽带。

隔代教养中的依恋关系是随着时间变化而变化的，年龄越小的儿童，体验和情感需求更加强烈。随着情感联结的人群类型越多，数量越大，年龄越大的儿童对祖辈的依恋关系越小。这是符合儿童依恋心理的发展规律变化的。但随着年龄的增长，祖辈的社会关系日益简化，对家人的情感需求变大，这种依恋需求反而有所增加。祖辈在这一阶段为了强化情感联结，也会对孙辈的生活进行干预。例如，奶奶认为不能让孩子上幼儿园是因为不能离开她，因而她会在孩子上学的时候站在栅栏边张望，孩子的过度依恋满足了奶奶的情感需求。

调查发现，孩子与养育者之间的依恋关系源于本能，但随着年龄的增长和时间的推移，依恋程度会变化。祖辈要更合理科学地看待依恋产生的原因，以及发展的规律，正确处理依恋，要尊重其心理发展的规律。

三、隔代教养提升儿童心理资本的策略

（一）用引导和启发代替命令与要求，提升儿童的希望意识

根据认知动力论模型，路径思维是产生对目标兴趣的关键，没有路径思维，就不会产生动力。因此，隔代教养的祖辈要自觉引导儿童确立目标，培养个体的路径思维，使个体产生动力思维。具体操作上，启发儿童"想办法"比"命令""要求"效果更明显。一方面，祖辈要改变命令式管教模式，给儿童自由空间，助其确立目标、学会做决定。另一方面，当儿童遇到问题、面对困难时，祖辈不必一味地指手画脚，妨害路径思维和动力思维的形成，而是要加以引导，启发、鼓励儿童自己想办法解决问题。儿童解决问题的能力并非被生硬地赋予的，而是在实践过程中，儿童逐渐学会思考，实现成长，这是其自身思考的成果，也是路径思维和动力思维发展的标志。此外，及时激励也很重要。善于表达"欣赏"的祖辈应在儿童努力解决问题后，给予具体而非

抽象的奖励。例如，当儿童克服困难并取得成果时，祖辈给予的不应只是如“你真棒”等笼统的肯定，而应对儿童战胜困难的行动予以赞赏，对其解决问题的独特创意进行指导，强化儿童的闪光点，做到具体而不抽象。因为祖辈时间充裕、耐心，比起繁忙的父母更具有陪伴优势，只要方法得当，就能有效培养儿童希望意识。

（二）用相信和放手代替督促与包办，发展儿童的自我效能

日常生活中，祖辈应转变观念、学会放手，坚信儿童能力，勇于让其尝试力所能及之事，避免事事包办。赋予儿童“重要感”，使儿童感受到自身的重要性，认识到自己的能力能够得以施展，进而增强其安全感；赋予儿童“独立感”，促使儿童学会独立面对问题、克服困难，认可儿童的价值，以此增强儿童的自信心；赋予儿童“力量感”，让儿童确信自己具备控制事情及解决问题的能力，并乐于在学习与实践中充分展现自我，强化对事物的掌控感。

祖辈应为儿童设定合理、循序渐进且灵活的目标，让其体验阶段性成功，积累成就感。同时，祖辈要鼓励儿童大胆尝试，常用“你一定行”“我相信你”等激励话语，使其充满自信。在儿童取得点滴成绩时，祖辈要及时给予肯定暗示，不吝啬赞扬，以夸奖提升自我效能感。自我效能感不等同于能力，需通过练习和实践培养。若儿童长期自我效能感缺失、缺乏练习，即使已有能力也容易遗忘。祖辈要认识到自我效能感之于儿童的重要性，对儿童成绩及时夸奖，助其在良性循环中挑战困难、更好发展。

（三）用指导和协助代替保护与妥协，增强儿童的心理韧性

现实中，祖辈对儿童迁就、护短，虽减少其受挫感，却难培养心理坚韧。祖辈一味地迁就、照顾、免除儿童吃苦，不利于儿童心理坚韧的培养。国际心理韧性研究计划提出的“韧性特质培养法”——“我有”“我是”“我能”策略：“我有”指帮助个体发现外部支持与资源，增强安全感；“我是”指挖掘个体内在力量，包括态度和信念；“我能”指培养人际技巧和问题解决能力，如创造力、坚持和沟通能力。

祖辈应给予儿童适度的安全感，让其明白有可靠后盾，敢于面对挑战，但爱需有度，过度保护和溺爱，以及不忍孩子吃苦，适得其反。儿童从挫折中自我恢复的过程，需要祖辈协助：帮助其从中找到自身的力量，能够勇敢面对，建立心理韧性的态度和信念，是培养坚毅品质的重要途径。此外，对于儿童的求助，祖辈不能一律包办，而是要理性思考、判断：属于儿童能力范围内的事，鼓励儿童独立完成；超出能力范围的，给予“支架式”的协助，帮助其完成，以培养其问题解决的能力。

（四）用陪伴和示范代替警告与制止，培养儿童的乐观精神

基于祖辈经验及舐犊情深，往往会事先提醒或及时制止儿童冒险举动，虽避免儿童受伤或死亡，却限制其探索与应对危险的经验与能力；儿童好奇心可能被不断打断，长此以往易变得消极悲观。生活经验需在可控与安全范围内，既让儿童有冒险空间，又使其获得规避危险伤害的方法。安全需传递，但儿童对危险的认识与规避同样重要，一味躲避不让其学会自护，只会适得其反。儿童更多通过直接感知、操作和体验学习，只有亲身意识到危险，才会主动规避，提前警告或制止反而使儿童难以察觉风险，更易做出危险举动。祖辈应陪伴儿童，讲解冒险行为的后果，或通过玩偶等道具演示可能的结果，让儿童自行感悟并学会规避危险，从而培养乐观精神。

同时，隔代教养存在祖辈教养理念、方式落后于时代的问题，需持续学习新育儿理念与方法。在隔代教养已成为社会趋势的当下，提高其质量，使祖辈老有所为、老有所乐，方能更好地发挥积极意义，促进孩子成长。积极心理学视角为儿童心理资本提供了“希望”“自我效能”“韧性”“乐观”四个重要视角，提升儿童心理资本，优化隔代教养效果，为儿童健康成长注入动力，并在当代社会中彰显其价值。

本章小结

关键词

文化反哺；隔代教养；祖孙协同；三喻文化；社会变迁；科技发展；孙辈依赖；角色转换；心理资本；代际和谐

课后思考

一、单项选择题

1. 文化反哺现象兴起的主要根源之一是（　　）。

   A. 社会结构的稳定性　　B. 科技的飞速发展

   C. 长辈对新事物的绝对主导　　D. 传统文化的单一传承

2. 下列属于隔代教养中祖辈对孙辈的消极影响的一项是（　　）。

   A. 传授传统美德　　B. 溺爱导致依赖性增强

   C. 提供稳定的情感支持　　D. 培养幼儿的生活技能

3. 祖辈在隔代教养中过度限制幼儿探索行为可能导致（　　）。

   A. 增强创造力　　B. 抑制认知能力发展

   C. 提高学业成绩　　D. 促进社会交往能力

4. 下列属于文化反哺的“视域融合”策略的一项是（　　）。

   A. 直接命令长辈接受新事物　　B. 通过共同认知基础解释新功能

   C. 完全否定长辈的传统经验　　D. 强制要求长辈学习科技产品

5. 案例中“爷爷用‘考不好就回家种田’威胁孩子”可能引发的问题是（　　）。

   A. 增强幼儿的学习动力　　B. 导致幼儿对学习产生恐惧和抵触

   C. 提升幼儿的自我效能感　　D. 促进幼儿的乐观精神

二、多项选择题

6. 文化反哺内容包括（　　）。

A. 知识技能传授　B. 行为方式改变

C. 精神生活调整　D. 传统文化完全替代

7. 隔代教养中祖辈的孙辈依赖现象可能表现为（　　）。

A. 情感寄托于孙辈　B. 过度干预孙辈生活

C. 鼓励孙辈独立发展　D. 与孙辈形成“祖孙同盟”

8. 优化隔代教养对孙辈心理资本的策略包括（　　）。

A. 用引导启发提升希望意识　B. 用相信放手发展自我效能

C. 用过度保护增强心理韧性　D. 用陪伴示范培养乐观精神

9. 祖辈从亲代到祖辈角色转变的特点包括（　　）。

A. 从决策者转为参与者

B. 教育目标从社会竞争转向情感支持

C. 完全保留传统权威

D. 注重生活照料而非学业监督

10. 城乡角色转换中祖辈面临的挑战可能源于（　　）。

A. 身份适应缓慢　B. 身心压力加剧

C. 社会融入不足　D. 丰富的城市社交资源

三、简答题

1. 简述文化反哺的三个深刻根源及对家庭教育的影响。
2. 列举隔代教养中祖辈孙辈依赖现象的两种表现及其潜在风险。
3. 如何通过社区服务缓解祖辈在隔代教养中的角色冲突？

四、案例分析题

广东城市家庭的小强（化名），8 岁，由退休的爷爷照看。爷爷曾是工厂工人，文化水平较低，认为“男孩子不读书也能干体力活”，因此对小强的学业要求不高，放学后常让他玩手机游戏。小强的父母希望他多学习，但爷爷觉得“孩子开心最重要”，常与父母发生争执。小强逐渐沉迷游戏，成绩下滑，且不愿与同伴交往，变得孤僻。

问题：

1. 结合文化反哺和祖辈教养观念的影响，分析该案例中隔代教养的潜在问题。
2. 提出两项具体干预策略以改善小强的心理发展和家庭教育冲突。

参考答案

第八章

家庭—学校—社区合作

学习目标

知识目标

了解家校社协同育人的内涵与作用，理解隔代教养中家校社合作意义，掌握协同模式及矛盾解决方法。

能力目标

能分析家校社合作问题并提出建议，运用智能技术设计协同育人方案，指导家校社三方有效协作、提升教育质量。

素养目标

认同家校社协同的现代教育观念；增强代际互助的人文情怀；关注终身学习与教育公平。

思维导图

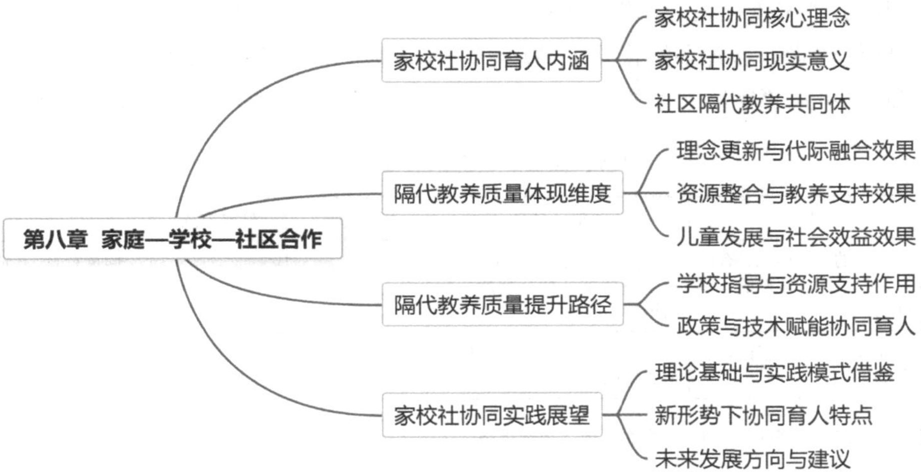

案例导读

某小学建立家庭、学校与社区服务站，整合家庭教育指导师、家长志愿者及校本课程资源，形成“家庭主导—学校引导—社区支持”协同模式。例如，该校推行“公益课程+特色课程”双轨制，邀请家长志愿者开设职业体验课堂，覆盖全校90%的学生，解决70%家庭面临的“作业监管难”问题；同时，联合社区开发本土文化课程，惠及85%以上的隔代家庭。据统计，山东省潍坊市家校社协同体系已实现100%中小学家长学校覆盖，社区家长学校覆盖率达80%；青岛市按年级分层设计的家庭教育校本课程体系（如一年级“适应小学生活”模块）显著提升了隔代教养质量。全国范围内，95%的中小学将家庭教育指导纳入工作计划，社区年均开展4次以上普惠活动。这些实践印证了在《中华人民共和国家庭教育促进法》政策下，家校社协同育人在解决隔代教养矛盾方面的价值。

第一节　家校社协同育人内涵

家庭、学校与社区是社会教育体系的基础支柱、核心力量与连接纽带，三者协同对提升教育质量、促进学生全面发展意义重大。

一、家校社协同核心理念

（一）家校社协同育人定义

家庭、学校与社区的协作涉及教育体系三大关键领域，学校作为专业主体居于中心，是连接家庭与社区的桥梁。从内涵看，“家校协作”强调家长与教育者的双向交流，既包括家庭支持学校，也要求学校指导家长；“校社联动”体现学校与社区的资源共享与实践互动；“家校社共同体”融入隔代教养视角，通过祖辈课程和跨代活动融合传统智慧与现代理念。这种多维模式突破单一主体限制，通过代际互助构建全龄化教育生态。因此，可从“家庭—学校”和“学校—社区”两方面入手，分析整体协作模式。

学校、家庭、社区的教育功能比较

	特点	目标、任务	影响方式	接收方式	存在问题
学校	有目的、有组织、有规划，专门的、理性的、基础的	传授知识技能，培养理性、科学价值观，树立理想、陶冶情操	主要是集体的	双向的记忆的	偏重智育，其他各育相对薄弱，具有一定的封闭性
家庭	非计划的、亲情的、启蒙的	形成文明礼仪、习惯性格、道德倾向	个别的	习得的服从的	具有智能中心、超常化倾向
社区	宣传的、公共的、大众的、繁杂的	增加见识、拓宽思路、了解社会	公共的	单向的选择的	偏重经济效益、轻视社会效益 教育意识较差

根据上表的分析，家庭教育、学校教育和社区教育在教育目标、实施场景及方法路径上存在明显区别。学校教育凭借其系统化的课程设计和专业化的师资力量，在知识传授与集体品德教育方面具有独特优势。然而，班级授课制下师生比例失调，常导致个性化辅导不足，而家庭教育通过家长“一对一”的亲密互动实现了因材施教，二者形成互补。尤其值得关注的是，随着现代隔代教养的普及，祖辈在传承传统价值观和生活智慧方面发挥作用，但其教育理念若缺乏科学性，则可能引发代际教育分歧。

（二）三方主体角色分工

学校作为人才培养的核心机构，长期以来，在教育体系中占据关键地位。然而，随着现代社会对人才需求的日益多元化，仅依靠学校已难以全面完成育人任务。家庭作为社会基本单位，是儿童最初的学习场所，父母是孩子的第一任教师，影响深远。社区是儿童社会化进程的重要环境，也是整合教育资源的核心平台。

（三）协同模式的多维构建

家庭—学校合作是以家长参与学校教育及家校协同育人为核心的双向互动体系。家长通过参加家长会、协助作业、提供资源等具体行动支持学校，扮演“参与型家长”角色。美国学者范德格里夫特（Vandegrift）指出，家长应从财力、精力与情感三方面支持学校并提出建议；学校则需视家长为学生发展的合作伙伴，反馈学生表现并指导家庭教育。这种合作不仅限于家长参与活动，还包括学校通过家长课堂、专题讲座传授儿童心理与沟通知识，提升家庭教育科学性。

学校是专业教育机构。“社区”定义虽然多样，但普遍包含地域、人群和组织三大要素。G.A.希莱利对社区概念做了比较分析，他认为社区应该包含以下要素：地理、经济以及心理的共同纽带要素。据此，社区可界定为居住在特定区域内、具有共同归属感的社会群体。

在英文语境中，“学校—社区合作”常以 community involvement 等术语表达，该理念主要涉及社区对学校的资金援助、志愿者服务（构成“社区伙伴关系”核心内容），以及借社区渠道推动学校改革的深入互动。美国教育界强调学校与社区的资源互动：社区提供多元资源支持，学校向社区开放服务实践。

学校—社区合作模式强调教育者、家庭与社区成员共同承担责任，通过协作分享信息、解决问题。学生作为三方互动的中心，在沟通、活动和实践中积极推动自身学习，而非仅是被动接受者。社区老年大学作为终身教育机构，开设“科学育儿与隔代教养”等课程，助力祖辈更新教育观念，促进家庭教育的科学化转变。

因此，“学校—社区合作”是教育资源共享的团体机制，学校通过老年大学支持社区，为社区提供空间，共同提升教育质量实践和社区文明。学校发挥专业引领作用，社区激活代际资源，共同构建全龄化教育生态，为儿童成长提供全面支持。

综上所述，家庭—学校—社区合作是三方为青少年成长建立互动关系，通过尊重、协调与配合实现优势互补。其中，社区通过老年大学课程开发和隔代教养共同体建设等实践，将老年人力资源转化为教育支持力量，既响应国家人口发展战略需求，又推动形成“家庭—学校—社区—老年群体”的协同育人新格局。

二、家校社协同现实意义

（一）应对隔代教养现实挑战

随着老龄化加剧，隔代教养逐渐成为重要形式——超过60%的学龄儿童日常养育由祖辈承担。这种教育模式既传承了传统文化，也面临观念更新的挑战，亟需学校、家庭和社区形成共识。祖辈在教养过程中往往依赖过往的经验，这些经验性知识可能因缺乏与时俱进的调整而显得固化，难以适应现代教育多元化和信息化的需求，导致家庭教育中代际矛盾频发。此外，祖辈在教育理念、方法和技能上的局限性，可能影响儿童的全面发展，如对现代科技的陌生可能限制儿童信息素养的培养。家校社协同育人整合三方资源，为解决这些问题提供了有效路径。学校作为专业教育机构，可以通过家长学校、专题讲座等形式，向祖辈传授现代育儿知识和儿童心理学，帮助他们更新教育观念；社区则依托老年大学或社区学习共同体，开设科学育儿课程和代际互动活动，如“银发课堂”项目，既提升祖辈的教育能力，又促进祖孙双向学习；家庭在这一过程中获得来自学校和社区的个性化支持，形成教育合力。这种协同机制不仅缓解了隔代教养中的观念冲突和实际难题，还减轻了年轻父母的育儿压力，契合国家人口发展战略需求，为社会和谐发展提供了重要保障。

（二）推动教育质量全面提升

《“十四五”规划和2035年远景目标纲要》强调构建高标准的教育体系。实际上，要实现家庭、学校与社会共同促进教育，这是构建高质量教育体系的必然需求和核心价值的体现。家校社协同育人整合三方资源，从认知、情感等多维度促进学生全面发展，提升教育质量。学校作为专业教育机构，凭借系统化的课程设计和专业化的师资力量，在知识传授和品德教育方面具有独特优势，但其班级授课制下的师生比例失调常导致个性化辅导不足；而家庭教育通过“一对一”的亲密互动实现因材施教，弥补了学校教育的不足；社区教育则以开放的终身学习平台为特色，通过整合博物馆、科技馆等社会资源，为学生提供实践机会，拓宽学习视野。例如，日本学生参与政府、学校及职业机构联合开展的职场体验活动后，对学习、工作和社会的认知均有所提升，显示了三方合作在认知能力发展上的显著成效。此外，家校社协同育人还能通过情感支持和价值观塑造，培养学生的社会责任感与感恩意识。例如，浙江金融职业学院2021年通过“学校、家庭、社会互动育人机制”，整合多方力量开展合作活动，有效提升了学生的诚信品质。因此，家校社协同育人不仅弥补了单一教育主体的局限性，还通过资源共享和优势互补，构建了覆盖全生命周期的教育生态网络，为教育质量的全面提升提供了坚实保障。

（三）促进教育公平与现代化

罗伯特·赫钦斯指出，家校社协同育人能够为学习型社会的构建提供支持。他认为：“学习型社会建立在两个关键事实之上：日益增长的自由时间及社会的快速变迁。”

基于此，一方面，家校社三方通力合作，打破壁垒，让教育更贴合社会与生活，助力学习者适应社会的高速变化。另一方面，随着生产力的提升，人们获得了更多的闲暇时间用于学习，这就要求家校社各方共同努力，创造更为丰富的学习资源，组织多样化的教育活动，将社会塑造成一个“让每位成员都能充分挖掘自身潜能的场所”，实现随时随地可学、处处皆有学习机会的目标。

教育现代化的本质是教育现代性增强，核心为理性主义与个人主义。理性主义作为“现代性”的根本属性，强调科学与民主的价值；而个人主义则是现代性的首要内涵，主要体现为人的主体性。教育现代化的过程，就是教育在民主性、科学性和主体性等现代特征的提升中实现深层次发展的过程。

首先，家校社协同育人有助于推动家庭教育与社会教育在民主性方面的进步。家校社协同育人具备全民性与终身性的特点，使得家庭教育与社会教育的覆盖范围显著扩大，教育时间贯穿人的整个生命周期，教育方式也逐渐向师生平等、亲子平等的方向发展。这种模式突破了传统上将受教育者限定于少数群体的观念，转向全员参与、全程覆盖、全方位培养及民主育人的新理念与实践，充分体现了教育民主的精神，有助于家庭教育与社会教育迈向现代化。

其次，家校社协同育人能够促进家庭教育与社会教育在科学性上的提升。在我国，许多家长及社会教育工作者缺乏系统的家庭教育或社会教育培训，导致这两类教育在内容和方法上往往较为随意。与之相比，学校教育在课程内容和实施方法上具备较高的科学性。因此，通过家校社协同育人，家庭教育与社会教育可以借鉴学校教育中更为科学的经验做法，逐步实现科学化。此外，家校社协同育人将教育目标从单纯的工具性转向回归教育本质，其合作方式也从无序状态转变为有序协调，这些变化进一步推动了家庭教育与社会教育在目标设定和运行机制上的科学性提升。

最后，家校社协同育人有助于增强家庭教育与社会教育在主体性方面的表现。家校社协同育人意味着家庭、学校和社会是平等的参与主体。在与学校的合作中，家庭和社会通过充分发挥自身的主动性，逐步改变长期以来作为学校教育附属的地位。这种转变显著增强了家庭和社会在育人过程中的主体意识和作用，使家庭教育与社会教育不再仅仅是学校教育的补充，而是成为具有独立价值和功能的育人力量，从而推动其现代化的进程。

三、社区隔代教养共同体

（一）社区共同体的功能定位

自 20 世纪 90 年代以来，社区教育在全球范围内迅速发展。所谓社区教育，是指“以社区全体居民为对象，涵盖从幼儿到老年人的各个年龄段，通过开展文化生活教育、职业教育、休闲教育、道德与法律教育、卫生保健教育等多领域、多层次的教育活动，旨在提升社区成员的整体素质和生活水平，并推动社区整体发展的教育形式”。其根本目标在于促进社区居民素质的全面提高、生活质量的持续改善及社区的可持续发展。

社区蕴含丰富的资源，能够为家庭教育与学校教育的实施提供重要支持，同时为学生综合素质的培养奠定坚实基础。

社区隔代教养共同体的设立，本质目的是支持家庭在隔代教养方面的成长，同时响应我国人口发展的战略需求。然而，在实施过程中，这种社区学习共同体还以积极向上的方式展现了老年人“老有所为”的生活状态。

知识卡片

在澳大利亚，一些地区创新性地建立了“社区教育联盟”，以推动家校社协同育人。该联盟由学校、家庭、社区组织、企业等多方代表组成，共同制定教育目标和计划。例如，联盟发起“社区阅读计划”，在学校、社区图书馆和家庭之间建立图书流通机制，鼓励学生和家长共同阅读，并定期举办读书分享会，培养学生的阅读习惯和兴趣。同时，联盟与企业合作开展“职业启蒙项目”，企业为学校提供职业体验课程和实习机会，学校则根据企业的实际需求调整课程设置和教学内容，帮助学生更好地了解职场需求，为未来的职业发展做好准备。此外，联盟还通过组织各类社区活动，如文化节、体育赛事等，促进学生、家长、教师和社区居民之间的交流与互动，营造良好的教育氛围。这种创新的家校社合作模式，不仅满足了学生的多样化教育需求，还促进了社区的和谐发展。

学术界对社区学习共同体功能定位的理解，早已超越单纯学习促进或实际问题解决的范畴，而是将其视为充满社会意义的“大家庭”，社会学内涵愈发突出。在这个“大家庭”中，成员可以将日常生活中遇到的各种困惑倾诉出来，并从中寻求支持与帮助。由此可见，基于隔代教养优化的社区学习共同体，打破传统仅从家庭内部寻找问题解决方案的思维定式，转而依托社区“大家庭”形式，利用其功能属性，推动现代隔代教养深化发展。

以开放的终身学习平台为特色，社区教育整合博物馆、科技馆等社会资源，为青少年提供实践锻炼的机会。近年来，老年大学的兴起尤为显著，这类机构不仅提升了老年人的数字技能与文化素养，还通过代际互动活动推动传统家庭教育向现代化转型。例如，2023 年 5 月 29 日，上海开放大学、上海市学习型社会建设服务指导中心联合上海教育电视台量身打造智慧助老节目《银发 e 学堂》，既满足了老年群体的学习愿望，又为其参与孙辈教育提供了科学指导。此外，社区教育还能优化校内外的育人环境，充分利用社区的德育资源，提升德育效果。然而，社区教育中未成年人接触的信息复杂多样、真伪难辨，需家长与教师共同筛选、引导，帮助孩子掌握获取和辨别信息的能力。

（二）共同体建设的实践方式

陈晓慧指出，家社协同育人是指家庭教育联合社区或社会力量，利用公共教育资源推动学生全面发展的过程。如今，社区老年人集体参与隔代教养的实践进一步丰富了这一内涵。例如，通过创建“社区隔代教养学习共同体”，老年群体围绕隔代教养议题开展交流，整合社区资源形成互助体系，既缓解家庭教育中的矛盾，又推动祖辈从“经验型”向“成长型”教育理念的转变。这种社区学习共同体具有功能型组织特点，通过核心成员引导、线上线下资源共享等方式，营造共生教育环境。

从社区学习共同体自身功能特性看，其具有有机整体的内在属性。尽管社区学习共同体的显著特性之一涉及主体多元化，然而，成员间所建立的归属感、个体认同及对意义的感知，才是构建和维护这一集体的核心情感支柱。也就是说，如果成员无法体验到归属感、对彼此的信任及安全感，学习共同体就难以真正形成。这要求成员之间建立起真挚、亲密的情感联系，能够相互理解、彼此依靠，并最终凝聚成一个有机的整体。从社区居民的学习和参与意愿角度来看，社区学习小组事实上是一种自发组织，它源自成员个体的兴趣爱好与情感偏好。

当隔代教养成为普遍社会现象且伴随诸多问题显现时，个体便会自发形成以社区为依托的学习团体。尽管社区学习团体与社区学习共同体在内部结构上存在明显差异，前者的结构相对简单，其实践内容亦较为单一，属于无序且不具备严密组织体系的自组织。然而，社区学习团体作为构建社区学习共同体的基础却是不争的事实。只要外界给予充分关注与指导，将分散的、缺乏组织的学习团体进行整合，便能使它们发展成为有序、高效的社区隔代教养共同体。因此，社区隔代教养共同体形成的首要标志是，隔代教养的主体已从原先以家庭为单位、分散独立的“原子化”状态，转变为了以社区为支撑、相互联系紧密的“整合化”形态。无可置疑，这一变革标志着对隔辈教育的深刻优化。唯有如此，方能以更高效的方式解决隔辈教育过程中所涌现的分歧与难题。

（三）共同体对教养质量影响

家庭是社会的基本单位，每个家庭都根植于特定的社区。在社会倡导隔代教养科学化的背景下，构建社区隔代教养共同体成为营造老年学习环境、践行终身教育理念的迫切需要。

社区隔代教养共同体需聚焦以下重点。第一，社区需完善信息筛选机制以减少不良文化影响。第二，家庭可借助老年大学资源优化隔代教养质量。当家庭教育的个性化特点与社区教育的拓展功能实现协同共振时，才能构建覆盖全生命周期的教育生态网络。

在当前隔代教养问题逐渐成为社会关注的焦点之际，许多祖父母开始更倾向于参与由社会群体所构成的交互学习模式，以期寻找有效的解决方案。在社区隔代教养共同体中，成员因相近的业余爱好、独特专长与自带“资源”特性，能相互尊重、建立信任，形成合作氛围。这样的氛围显著增强了“交互学习”的效果。这种成本较低且效率高的学习方式，已经将过去家庭中单一方向的隔代教养方式，转变为现今社区中的互动式教育模式。这不仅为共同体成员提供了积极的学习体验，而且激发了他们对学习的持续且稳定的兴趣。社区隔代教养共同体，一方面有助于改善传统隔代教养方式零散化、经验化等缺陷，另一方面，在因隔代教养理念差异引发家庭矛盾时，成为成员情绪宣泄与自我表达的心灵寄托。由此可见，社区隔代教养共同体的建立充分体现了成员间社会性交互的价值，推动了社区乃至整个社会隔代教养的科学化、系统化与繁荣发展。

社区教育水平的提升不仅为家庭提供了优质的生活环境，还有助于通过开展社区家长学校等活动提高家长的文化素养，转变落后的教育观念，传授科学的育儿方法，增强家庭教育的科学性，从而推动整个社会教育水平的进步。当前，针对老年群体的社区学习共同体面临诸多挑战。一方面，许多老年人的思维和认知容易受过往经验影响，形成固化模式，导致学习积极性不高，尤其在一些老龄化程度较高的社区，建设学习环境难度较大；另一方面，社区学习环境的建设往往千篇一律，更多依据政府标准而忽视居民需求，导致大部分学习环境的发展处于被动状态。因此，社区学习环境的构建需从贴近居民生活出发，聚焦居民的共同需求。隔代教养正是社区老年人的重要连接点之一。其一，隔代教养的普遍性和广泛性使社区内大多数老年人都具有相似的经历；其二，家庭隔代教养中的矛盾日益加重了祖辈的心理负担，亟待解决。因此，建立社区隔代教养共同体后，参与隔代教养的老年群体能够围绕相关问题展开学习与交流，对教育中的矛盾进行深入思考和全面剖析，在推动隔代教养科学发展的同时，逐步营造良好的学习氛围，优化社区老年学习组织环境。

第二节　隔代教养质量体现维度

一、理念更新与代际融合效果

（一）教育理念从经验到成长

祖辈的教育水平及其能力直接影响到隔代教养的成效。尽管如此，现实状况中，许多祖辈的教育素质和能力存在着较大差异。这种差异，通常体现在其教育理念能否顺应时代变迁持续更新。通常情况下，祖辈的教养方式多依赖于自身过往的经验总结而成，这种经验性知识因缺乏与时俱进的调整而显得固化，难以准确判断其在当今社会是否仍然适用，这也成为家庭教育中矛盾频发的重要根源之一。换句话说，在当今教育多元化、信息化的时代，仅凭个人过往的、静态的经验进行隔代教养显然会面临诸多质疑，甚至被否定。随着社会的不断进步，祖辈的教育观念需要持续更新，其教育素质与能力也需逐步提升。

社区隔代教养共同体为祖辈提供了一个接触科学、现代教育知识的平台，使他们的教育理念得以从“经验型”转向“成长型”。在这一共同体中，成员因深厚且纯粹的情感联系而乐于接受同伴分享的知识与技能；同时，受共同体整体学习氛围的感染，他们主动学习的意愿不断增强，更愿意接纳新鲜事物。在参与这一积极学习的互动中，社区里的祖孙教育合作团队的成员，不仅能构建动态、发展的教育观念体系，推动彼此成就感与集体进步，还能体验自身生命成长的快乐。这种愉悦感，进而从本质上改善与提升他们的个人生活质量。

（二）代际互动促进观念融合

当隔代教养的主体从家庭转向社区时，最显著的外部特征变化体现在共同体成员之间产生的“交互学习”，这是社区学习共同体本质属性所带来的必然结果。“交互学习”是社区学习共同体持续开展的动力与价值源泉，不仅发生在个体孤立行动中，还可通过个体与社会群体交互生成，且群体间交互更利于个体知识的构建深化。代际互动作为“交互学习”的核心形式，在促进观念融合方面具有重要作用，借祖辈与孙辈双向交流，促进传统与现代观念碰撞整合，提升隔代教养质量。家庭代际互动里，祖辈参与“祖孙共读”，既将传统的价值观和生活经验传递给孙辈，又在与孙辈的互动中接受现代教育理念，实现观念更新融合。此外，社区或学校组织的隔代互学活动也为代际互动提供了平台，通过共同参与地域特色文化知识的学习，祖辈与孙辈在互动中拉近情感距离，增强对彼此观念的理解与接纳。例如，浙江省武义县泉溪镇中心小学在 2020 年寒假期间开展的隔代互学活动，以武义历史文化特色的地方建筑为知识载体，有效拉近了祖辈与孙辈之间的距离，促进了家乡文化的认同与观念融合。更为重要的是，代际互动不仅仅局限于家庭内部，还可以通过社区教育项目扩展到家庭外部。例如，英国通过“校园内高龄者指导学童学习计划”（Age&Youth-School Based Project），借老年人作为社区志愿者与孩子们跨代交流，促进代际理解与社会资本的形成，进一步推动观念融合与社会包容性提升。通过代际互动，隔代教养从单向的经验传递转变为双向学习与交流，祖辈在接受新知识时更新教养理念，孙辈也在传统价值的熏陶中形成更全面认知，这种双向融合为隔代教养质量提升提供深层次的支持。

（三）理念更新对质量的贡献

教育理念的更新是推动隔代教养质量提升的核心动力，它通过引入适应时代发展的教育观念，优化代际互动的效果，为社区学习共同体的可持续发展奠定基础。理念更新不仅体现在教育内容的革新，还在于教育方式和目标的重新定义，从而使隔代教养活动更具时代感和针对性。具体而言，理念更新通过促进终身学习、弥合数字鸿沟等途径，为隔代教养质量提升提供重要支持。现代教育理念强调终身学习的重要性，这在隔代教养中尤为关键。以“学习如何学习”为核心的教育理念，能够帮助老年群体适应快速变化的社会环境，同时使年轻一代从老年人的经验智慧中受益。例如，上海市徐汇区 2023 年构建“上海市长者数字生活工作坊”，让老年人学习使用智能设备的基本操作（如视频通话和在线购物），而儿童则通过与长辈的互动，了解家族历史和传统文化。这种双向学习模式，既促进知识跨代共享，又拓展教养活动的深度与广度。此外，理念更新还推动了教育目标从单一知识传授，转向涵盖情感联结、创造力、适应力培养的综合能力培育，让隔代教养活动更具吸引力、适配不同年龄段需求。同时，理念更新助力活动设计优化，使其更具意义性与互动性。基于现代教育理念，活动设计注重参与者个性化需求，强调通过有意义的互动增强代际间理解。例如，2024 年，北京幸福里社区综合体开园，作为北京首个社区普惠型养老育幼一体化项目，为老年人和儿童提供共同活动空间，实现托育点与养老驿站的一体化。老年人与儿童在此“共处一室”，共同创作、分享故事，儿童锻炼表达能力与创造力，老年人收获尊重与价值感。这种以参与者为中心的设计理念，确保了活动对不同年龄段人群的适配性，显著提升了隔代教养活动的质量。

理念更新的贡献，还体现在弥合代际数字鸿沟、强化代际情感联结上，二者是构建社区学习共同体的关键。随着数字化社会的到来，代际间数字鸿沟成为影响隔代教养质量的重要挑战。更新教育理念，通过融入数字化教育内容，能够有效缩小这一差距。李晓明曾在北京大学教授老年编程，不仅帮助老年人掌握基础的数字技能，如使用编程工具创作简单动画，还表示通过编程，祖辈可以与年轻一代合作互动，建立更紧密的情感联系。此类活动以技术为媒介，促进代际间相互理解，使隔代教养成为连接传统与现代的桥梁。同时，理念更新强调以共情和尊重为基础的互动方式，致力于通过教育活动增强代际间的归属感和幸福感。以情感驱动的教养方式，让参与者感受到“大家庭”的温暖，进一步巩固了社区学习共同体的凝聚力。综上所述，教育理念的更新通过促进终身学习、弥合数字鸿沟、优化活动设计和强化情感联结，为隔代教养质量的提升提供了多维度的支持。这些变革推动了代际融合的实现，使社区隔代教养共同体实现高品质持续发展。未来，应进一步探索理念更新与实践创新的结合路径，通过设计更具针对性的活动和引入先进教育技术，持续优化隔代教养实施效果，让每位参与者深切感受社区“大家庭”带来的强烈归属感与幸福感。

二、资源整合与教养支持效果

（一）三方资源共享优化支持

三方资源共享是提升隔代教养质量的重要途径，整合社区、学校、家庭资源，形成协同支持体系，为隔代教养活动提供多元保障，既优化教养支持效果，又推动社区学习共同体功能发展。具体而言，社区作为资源整合的枢纽，提供场地、设施及组织协调支持，如社区活动中心和公共图书馆为隔代教养活动提供稳定的场所支持。学校则通过老年大学、青少年课外活动等平台，输出专业教育资源，如教师指导、课程设计及数字化教学工具。家庭作为教养的微观单位，通过参与活动贡献情感资源和生活经验，如家长和老年人在活动中分享家族故事，增强代际情感联结。这种三方资源共享模式有效弥补了单一主体资源不足的局限，提升了教养活动的覆盖面和针对性。资源整合的关键在于供需匹配，尤其是在安全与健康相关课程的需求上。在老年大学课程设置中，健康管理、心理调适等内容的需求日益增加，而社区通过整合医疗资源，如邀请社区医院医生开展健康讲座，进一步满足了老年群体的实际需求。这种精准资源配置，既提升了老年人参与积极性，又为儿童提供安全健康学习环境，增强隔代教养整体支持效果。

三方资源共享借“功能型组织”理念，推动社区隔代教养共同体可持续发展。功能型组织强调资源高效利用与多方协作，明确各方职责，保障资源整合系统性与持续性。社区可以负责活动策划与场地支持，学校提供专业教师和课程资源，家庭则通过亲子共创活动融入教养过程，如共同制作手工艺品或参与环保实践。这种机制不仅充分利用老年人力资源，如退休人员的专业技能和生活经验，还通过跨代互动提升儿童的社会责任感和创造力。此外，资源共享还促进了教育公平，特别是在资源匮乏地区，通过社区与学校的合作，优质教育资源得以向弱势群体延伸。综上，三方资源共享通过整合社区、学校与家庭的优势，优化了隔代教养的支持体系，提升了活动的安全性、针对性和可持续性。这一模式不仅推动了老年人力资源的充分利用，还增强了社区教育水平的整体提升，为构建功能型社区学习共同体奠定坚实基础。未来，应进一步完善资源共享机制，通过数字化平台和跨区域合作，持续提升隔代教养质量与效果。

（二）资源支持对质量的提升

家校社协同育人助力高质量教育体系形成。一方面，教育体系是相互关联的教育机构或要素的有机组合，涵盖学校、家庭、社会教育等。要建成高质量教育体系，不能仅关注学校教育质量提升，而需推动整个教育体系——家庭教育与社会教育的全面进步。因此，教育、家庭与社区间的紧密协作至关重要，共同推进学生乃至公众的全面素养提升，进而共同促进优质教育体系的构建。另一方面，“高品质教育体系旨在为全体人民提供教育服务，既追求教育的公平性，又确保教育的高质量，目的是最大限度地挖掘每个人的潜力和才华”，公平性和高质量是其构建的核心价值。家校社协同育人使学校教育在纵向上延伸至幼儿教育、成人教育及老年教育，在横向上从单一学校教育拓展至家校社联合，使家庭教育与社会教育突破原有界限，最终为全体社会成员提供均等教育机会，促进教育公平。同时，这种协同模式打破了学校作为单一育人主体的封闭状态，通过各方协作开发、共享和优化教育资源，既提升了教育供给质量，又为个体提供了更多选择空间，有助于释放其潜能与个性，从而构建公平且优质的教育体系。

三、儿童发展与社会效益效果

（一）儿童全面发展的直接体现

首先，家校社协同育人有助于全面提升教育质量。联合国教科文组织在 2005 年指出：“教育质量有两个关键维度：一是保障学习者的认知能力发展，二是强调教育在激发学习者创造力、情感成长以及培养负责任公民的价值观与态度方面的作用。”换言之，教育质量的核心在于促进受教育者在认知、情感、态度、价值观全面发展。人的成长靠家庭、学校、社会共同作用，提升教育质量、助力个体发展，需整合各方教育资源与力量。一方面，家校社协同育人能够推动学习者认知能力的进步。通过三方合作，教育不再局限于教师或家长，教育空间也不再仅限于教室或家中。各方可共同筛选优质教育资源、设计更具针对性的教育方式，从而促进学习者的认知成长。此外，家校社协同育人的终身性特征还能确保认知能力的持续发展。另一方面，家校社协同育人有助于培养学习者的情感、态度和价值观。人是社会关系的产物，其情感与价值观的形成离不开家庭、学校和社会的共同影响。

（二）家庭负担减轻的社会效益

人口问题是我国长期面临的根本性、战略性议题。随着经济社会结构的转型，人口结构发生显著变化，老龄化加深，少儿比例下降成为现实挑战。为应对老龄化、实现人口结构平衡，国家推出“三孩政策”。尽管这一政策在一定程度上提升了生育率，但也为年轻父母带来了较大的生活负担，使得隔代教养逐渐成为许多家庭的普遍选择。在普惠性托幼机构和幼儿园等公共服务全面普及之前，发展基于隔代教养优化的社区学习共同体成为合理利用公共资源的新路径。这种共同体为隔代教养家庭提供了长期稳定的支持服务，为“三孩政策”的实施提供了社会保障，有效缓解了年轻夫妇的育儿压力。从另一个角度看，我国拥有大量的老年人力资源，能够为家庭隔代教养提供充足支持。老年群体以其丰厚的经验知识、技术及技能，成为促进社会前进与文化进步的积极参与者和有力贡献者，是国家极为珍贵的资源。但在家庭教育领域，代际间经验差异、思维方式分歧及教育理念碰撞，往往会导致矛盾产生。在隔代教养这一趋势不可阻挡的当下，构建一种以隔代教养优化为基石的社区学习共同体，便成为发掘老年人力资源、实现“积极老龄化”理念的有效途径。社区学习共同体的方式既鼓励老年人继续发挥作用，积极参与家庭教育和发展，提升个人价值，又契合我国人口发展战略需要。

（三）社区和谐与教育公平效益

社区学习共同体兼具高效有序的内部组织机制与资源互补的成长型组织特性，能激发成员参与热情，最大限度地满足学习需求。隔代教养的产生本身就受到多种社会因素的影响，因此，解决隔代教养问题离不开社会的正确引导与相应支持。随着隔代教养家庭数量的增加，越来越多的祖辈需要不同程度的指导服务。对于这些祖辈而言，在合理规划和统筹下，将隔代教养学习融入社区活动具有高度的便利性和可操作性。一方面，隔代教养学习是许多家庭的现实需求，建立社区隔代教养共同体能够为祖辈提供科学的育儿知识和技能，帮助他们应对教育中的实际难题；另一方面，隔代教养活动本身契合老年人的兴趣，将其与社区活动相结合不仅不会占用老年人参与社区生活的时间和精力，反而会激发他们的参与热情，丰富其精神生活。作为社区教育多样化发展的新形式，社区隔代教养共同体既能为个体提供归属感和认同感，又能有效解决家庭隔代教养的难点问题。相较于陌生而程式化的政府引导，建立一个基于“熟人社会”的共同体更具人情味，更易实现隔代教养的优化，对推动社区隔代教养的高质量发展具有积极意义。

第三节 隔代教养质量提升路径

一、学校指导与资源支持作用

（一）学校在隔代教养中的引领

老龄化背景下，老年大学需增强隔代教养能力，开设“现代育儿理论与实践”课程，助力祖辈学习儿童心理、安全教育等内容，借情景模拟应对网络依赖问题。学校可举办“祖孙共学营”“亲子共读工作坊”等活动，融合传统与现代理念，保留文化传承、提升祖辈适应性；联合老年大学编写《隔代教养指南》，提供规范化工具，借社区讨论会协调家校分歧，形成教育合力。此外，学校作为专业教育机构，在隔代教养中还应充分发挥其课程设计和师资优势，主动搭建跨代际沟通桥梁。学校可以针对祖辈开设专门的家长教育课程或工作坊，内容涵盖儿童发展阶段特点、现代教育方法及家庭沟通技巧，帮助祖辈从“经验型”教育理念向“成长型”理念转变。同时，学校可利用数字化平台，建立家校沟通渠道，定期向祖辈反馈学生在校表现，并提供个性化指导建议，确保教育理念的一致性。例如，2021 年上海开放大学举办的“三代同堂家长会”项目，通过祖辈教育认知提升课程，有效增强了家庭教育的一致性，体现了学校在引领隔代教养中的核心作用。通过这些举措，学校不仅为祖辈提供了科学的教育支持，还通过专业指导促进了隔代教养的规范化与现代化，为提升整体教育质量奠定了基础。

（二）家校合作提升教养一致性

家长应注重沟通方式，用“我—信息”表达情绪（如“你弄出噪声时，我很难入睡，感到烦躁”），避免直接责备；借故事（如“性急判官”）引导孩子理解抽象概念；对压力问题坦诚解答（如“心脏停止跳动即死亡”），避免模糊隐喻。家校合作在提升隔代教养一致性方面发挥着关键作用，通过建立有效的沟通机制和共享教育资源，促使家庭与学校在教育理念和方法上形成合力。学校可以定期组织“家校共育沙龙”或“隔代教养经验交流会”，邀请祖辈与教师共同探讨儿童成长中的实际问题，如学习习惯培养或情绪管理策略，帮助祖辈理解学校教育的目标和方法，从而减少代际教育观念的冲突。此外，学校可提供线上线下结合的家校互动平台，如通过微信群或教育 App 定期推送教育资讯、家庭作业指导及心理健康知识，确保祖辈能够及时了解学校动态并参与到孩子的学习过程中。杨云研究发现，贵州省多所小学通过“家校协同成长计划”，为祖辈开设定制化教育指导课程，内容包括如何与孩子有效沟通、如何配合学校完成家庭教育任务等，显著提升了教养一致性，减少了家庭与学校教育目标的偏差。同时，学校还可以通过家长会或个别辅导的形式，针对祖辈在教养中遇到的具体困难提供个性化支持，如指导如何处理孩子沉迷电子产品的问题，帮助祖辈掌握科学的教育技巧。家校合作不仅增强了祖辈的教育能力，而且促进了家庭与学校在教育价值观上的统一，为孩子的全面发展提供了更加连贯和一致的教育环境。

（三）开放校内资源支持祖辈

我国社区教育以“学校为主导、家庭为基础、社会为依托”模式为代表，老年大学作为社区教育的重要平台，借开设隔代教养课程等创新方式，满足老年人参与家庭教育需求。汤新华的研究表明，学校与社区的合作应体现双向支持：社区通过物质援助、社团活动等关注青少年成长，学校则通过开放资源、组织实践活动等回馈社区。近年来，老年大学通过开发科学育儿课程，提升老年人育儿能力，成为联结代际教育的重要桥梁。在此基础上，学校开放校内资源支持祖辈，是提升隔代教养质量的关键路径。学校定期开放图书馆、体育场馆、实验室等，为祖辈与孙辈提供共同学习和互动的平台；组织“祖孙共读日”“科学探索体验营”等活动，让祖辈在参与中学习现代教育理念、增进与孙辈的情感联结。此外，学校可利用自身的师资力量，安排专业教师或心理辅导员为祖辈提供免费或低成本的培训讲座，内容涵盖儿童心理发展、行为管理技巧、如何应对学习压力等，助力祖辈更好地理解、支持孩子成长需求。例如，2023 年开始广州市教育局引导全市小学通过“校园开放日”活动，建立“祖辈志愿者服务队”，鼓励有意愿的祖辈参与校园活动，如协助课后托管或组织传统文化活动。此举既发挥了祖辈的经验优势，又促进了家校深度融合。学校邀请祖辈旁听课堂、参与亲子手工或运动项目，拉近祖辈与学校教育距离，提升其对教育目标的认同感。通过开放校内资源，学校不仅为祖辈提供了学习和参与的机会，也为隔代教养注入了更多的专业支持和情感纽带，形成家校社协同育人的良性循环。

二、政策与技术赋能协同育人

（一）政策保障隔代教养支持

过去，我国家校社之间虽存在一些合作，但多为零散、无序且时断时续。新形势下的家校社协同育人强调从无序合作转向有序协调。

第一，相关政策和法律为家校社协同育人从无序到有序提供了制度保障。近年来，尽管家校社协同育人的理念已有所提及，但多停留于舆论层面，缺乏制度支撑，导致合作随意且无序。2021 年颁布《中华人民共和国家庭教育促进法》《中华人民共和国国民经济和社会发展第十四个五年规划和 2035 年远景目标纲要》，以及“双减”政策，这些政策明确提出了家庭教育与社会各方面的协同教育责任，此外，还强调了完善家庭、学校和社会协同教育机制的重要性，为构建有序协调的教育体系提供了政策和法律支持。

第二，家庭教育与社区教育专业化水平提升，为家校社协同育人有序化提供条件。学校教育专业化程度居首，以教师职业化、理论、技能体系化、评估标准明确为特征。家庭教育正从伦理自觉的非专业状态走向专业化。《中华人民共和国家庭教育促进法》要求“县级以上地方政府及相关部门建立家庭教育指导服务专业队伍，加强专业人才培养”，旨在提升家庭成员的教育理论与技能，推动其专业化发展。社区教育也在走向专业化，社区教育工作者逐渐形成专门群体，《社区教育工作者岗位基本要求》《社区教育服务规范》等文件明确了其专业知识、能力和资格要求。家庭教育与社区教育的专业化提升，使家校社间的沟通更精准高效，合作更具序和协调性。

（二）智能技术助力精准指导

“家—校—社”协同育人体系的有效推进，依赖于以学校为核心，联合家庭与社会共同参与，其中完善的协同机制是关键保障。教育数据的共享对于建立这一机制至关重要。通过数据共享，深入分析教育数据可以全面描绘学生的学习状态与成果，为各参与方提供依据，以精准调整学生的学习过程。基于数据共享的科学决策是推动“家—校—社”协同育人顺利开展的基础，也是实现协同育人规范化、长效化的重要条件。

尽管“家—校—社”协同育人模式中，人工智能等技术的应用展现出了积极成效，然而这些技术的潜力尚未被充分挖掘。以智能教学系统为例，在分析学生学习行为与执行干预措施方面，系统的智能化和自动化程度仍有较大的提升空间。教师、家长和社会主体与智能系统的协同能力普遍较低，导致技术使用效率偏低，停留在初级阶段。此外，人机协同在“家—校—社”育人中存在的数据孤岛问题，使不同教育场景下的数据在形态、载体及标准化程度上差异较大，数据整合难度较高，难以形成高效共享机制，限制了有价值信息的挖掘与利用。

智能技术双面效应应需各主体正视，其在教育中的误用与滥用已产生负面效应，阻碍了信息化进程。同时，技术直接移植教育领域易“水土不服”，加剧服务供需矛盾。在部分“功利主义”教育观念和育人价值偏差的影响下，教育技术有时被误用为提升成绩和选拔考试的工具，甚至成为学生学业负担的来源，未能体现其真正的育人价值。

借助人工智能和大数据技术，对“家—校—社”协同育人中的教育数据进行统一、规范、科学的管理；依托数据精准识别协同需求、制定合理策略，对于完善联动机制具有重要意义。建设“家—校—社”协同育人平台是实现数据共享、精确诊断和科学决策的前提。为确保数据采集的全面性和准确性，从组织结构上看，该平台应整合多个子系统，形成高度集成的体系，如社区教育综合平台、家长学校服务系统等；从功能上看，该平台涵盖作业辅导、教学管理、家长社会互动以及课后服务等模块，能够自动收集相关数据，进行有效分析与诊断，提供协同方案，帮助教师减轻工作负担、提升效率，为“家—校—社”协同育人提供支持。在“双减”背景下，搭建家校社协同课后服务平台尤为紧迫。一方面，该平台能汇聚多方资源，弥补家庭教育在多样化课后服务中的不足；另一方面，它能帮助学生充分利用课余时间，参与形式多样的探究和素质拓展活动，促进全面成长。

（三）技术应用提升教养体验

如今，人工智能和大数据技术日益融入教育领域，成为教师教学和学生学习的得力助手。我国部分地区已借云平台、人工智能和大数据技术开展智能化实践，搭建作业辅导与教学管理系统，收集分析学情数据生成学习者画像，优化学业管理、精准推送资源，满足学生多样化与个性化需求。石若琳指出，江西省依托云平台开发“智慧作业”系统，支持教师智能布置和批改作业。这些技术应用于学生日常作业中，通过实时采集学情数据生成个性化错题集，为学生推送错题讲解视频，并组织教研专家和名师录制作业解析微课集。学生在家即可通过网络观看微课，巩固学习成果。同时，“智慧作业”系统根据作业范围和学生学情数据，为不同层次的学生提供差异化的作业内容，实现分层、个性化和灵活布置。

第四节　家校社协同实践展望

一、理论基础与实践模式借鉴

（一）交叠影响域理论的指导

有关家庭—学校—社区合作的理论基础，可以从多个学科领域中汲取支持，以下是几种较为相关的理论依据。

1. 交叠影响域理论

交叠影响域理论（overlapping influence domains theory）由美国教育学家爱普斯坦综合生态学观点与社会资本理论提出。该理论超越了传统教育单一线性认知的局限，构建了一个由家庭、学校与社区三者交织构成的立体教育生态系统，强调三方在动态互动中产生的教育合力对学生成长的协同促进作用。其核心观点认为：当教育主体通过制度化的合作达成价值共识时，学生更容易形成对知识学习、创新能力及社会责任感的统一认知。

教育主体协作关系具有鲜明的时空特性。家庭层面，社会结构的演变使隔代教养逐渐成为重要组成，形成“核心家庭—扩展家庭”的双重教育格局。学校作为专业教育机构，需建立跨代际的沟通桥梁，国务院《老年教育发展规划（2016—2020 年）》中提到：“推动各类老年社会团体与大中小学校合作，发挥老年人在教育引导青少年继承优良传统、培育科学精神等方面的积极作用。”在社区层面，老年大学等银龄教育平台正崛起为新的教育节点，其培养的银龄群体成为独特的教育资源库。

知识卡片

加拿大一些学校借交叠影响域理论，构建学校、家庭、社区三维教育生态系统。学校作为核心，与家庭、社区建立制度化协作。例如，学校定期举办“家庭学习夜”，邀请家长和学生共同参与各种学习活动，如科学实验、数学游戏等，在活动中培养家长的教育能力，提升学生的学业水平。同时，学校与社区合作开发“社区课程”，将社区的自然资源和人文资源纳入课程体系。社区志愿者担任“校外导师”，带领学生开展社区调研、环境保护等实践活动，使学生在了解社区的同时，增强社会责任感。此外，学校还建立了“社区教育中心”，为社区居民提供各类教育培训，如成人教育、兴趣班等，促进社区居民的终身学习。三方合作整合资源，构筑教育协同力，为学生发展奠定坚实根基。

在主体互动层面，教育影响力的传递已不再受限于传统代际界限。学校作为核心平台，不仅需搭建家校数字化沟通渠道，还应开发“代际教育协调”机制。例如，2021年上海市试行的“三代同堂家长会”项目，通过祖辈教育认知提升课程，有效增强了家庭教育的一致性。在社区维度，老年大学学员通过“银龄导师计划”参与学校志愿活动，实现了教育经验的回馈与传承。

爱普斯坦从实践维度提出全新家庭、学校与社区合作模式，以动态视角审视三方合作挑战，总结六种协同参与方式。

①“当好家长”：在扮演理想家长角色时，家长须增强个人教育水平与技巧，以构建一个助力孩子学习的家庭环境。

②“相互交流”：家庭、学校和社区间需建立顺畅的沟通机制，确保课程信息、学业进展及社区资源的有效共享。

③“志愿服务”：学校可组织家长志愿者参与支持学校事务，如筹资或协助活动开展。

④“在家学习”：学校应指导家长在家有效参与孩子的学习，如辅导作业或组织学习相关活动。

⑤“参与决策”：通过设立学校委员会或家长组织，鼓励家长和社区代表积极参与学校管理与决策。

⑥“与社区合作”：协调社区内的企业、文化机构及高校等资源，为家庭、学生和学校提供支持，同时激励学生、家长与教师回馈社区。

这六种方式共同构成了爱普斯坦倡导的家校社协同教育框架，旨在提升教育成效，促进学生全面发展。

（二）协同理论的应用与启示

协同理论（synergetics）由德国物理学家哈肯（Hermann Haken）于20世纪70年代创立，其核心思想在于揭示复杂系统中各子系统通过非线性相互作用形成宏观有序结构的机制。该理论指出，不同系统在特定参数驱动下实现协同运动时，会打破原有平衡状态，自发形成“整体涌现性”的质变效应。这一原理不仅适用于物理、化学等自然科学领域，也为教育系统中多元主体的协作提供了深刻的理论依据，为家校社协同育人机制的构建奠定了科学基础。

从系统科学角度看，教育生态系统是由家庭、学校和社区等子系统组成的复合网络。协同理论强调，子系统间的能量流动与功能耦合是系统发展的核心动力。家庭作为非正式教育场所，通过情感纽带和生活实践塑造个体的价值观与行为习惯；学校作为专业教育载体，依托课程设计和教学规范传递系统知识。二者在育人功能上形成“情感驱动”与“认知建构”的互补关系，正如哈肯所描述的“序参量竞争中的协作效应”。这种功能差异并非对立，而是协同增效的基础。赵国龙研究显示，当家庭的情感支持与学校的知识训练形成联动时，学生的心理韧性与学习效率显著上升。此外，协同理论突破了静态分析的局限，突出系统演化的动态平衡特性。赵淑琴发现，在农村教育场景中，留守儿童的情感缺失（微观波动）可能引发学校心理干预机制的调整（中观反应），进而推动区域教育政策的优化（宏观调整）。这种“波动—反应—优化”的循环过程，验证了协同理论中“涨落引发相变”的关键命题。

家校协同效应的形成遵循协同理论的“役使原理”。学生全面发展作为系统的核心序参量，引导家庭与学校的行为方向。当子系统目标偏离这一核心时（如家庭过分追求成绩、学校忽视品德教育），系统将出现内耗与熵增。因此，需通过制度设计将育人目标转化为具体的协同规范，如建立品德与学业双向评估机制。哈肯的役使原理还指出，当外部控制参数达到临界点时，子系统会自发形成协同状态。在教育实践中，政策、技术和文化构成三大关键参数：政策上，当家校协作纳入学校考核时，以提高教师家访率；技术上，通过提高数字平台覆盖率，行动不便的祖辈也能参与教学；文化上，宗族网络密集的村庄可通过“乡贤理事会”等传统组织有效调解家校矛盾。

案例链接

长风社区家庭教育指导中心：紧密联系学校、家庭、社区

中共中央、国务院 8 号文件第 13 条要求，家庭教育须与社区、学校教育紧密融合。各级妇联、教育行政部门及中小学校需履行职责，积极推进家庭教育的发展。此外，这些机构还应与社区建立紧密的合作关系，办好家长学校、家庭教育指导中心。这里讲了三层意思：一是社会、学校和家庭应当有机结合，共同加强和改进未成年人思想道德建设；二是学校侧重于家长学校建设，妇联侧重于家庭教育指导中心建设，两者要加强沟通和联系；三是以社区为教育基地，充分发挥社区优势。据此，上海市长风社区家庭教育指导中心循序渐进地分三个阶段，开展家校社合作促进学生发展的活动。

第一，探索阶段（1998—1999 年）。以社区心理咨询站为载体开展家庭教育指导工作，有针对性地对社区家长进行理论认识指导和行为认识指导。

第二，充实阶段（2000—2001 年）。通过调整充实组织机构、志愿者队伍，调整社会家教指导思路，充实社区家教指导内容，加强社区家庭教育工作的理论研究等活动，联合市妇联、市教科院、市总工会等部门，华师大心理学系、教育系的老师及其众多研究生，同社区家庭一并致力于长风社区家教指导工作。

第三，提升阶段（2002—2005 年）。形成了一套由领导机构、职能机构、实施机构、辅助机构组成的四级管理模式，基本上构建了一个比较完整的横向到边、纵向到底的社区家庭教育指导体系，探索出了一个崭新的家庭—学校—社区“三位一体”的家庭教育指导工作管理模式。

协同理论为教育实践提供了矛盾转化的独特视角，系统局部的波动可能引发全局性

变革，为解决协同难题开辟新路径。例如，在农村家校协作中，留守儿童的心理危机（负向波动）可通过构建家校心理联防机制，转化为系统优化的契机；家长对营养午餐的质疑（冲突波动）可催生“公开厨房”等共治模式。此转化依“波动识别—价值重塑—制度巩固”链条，核心是将异常事件转变为系统进化的动力，推动家校关系从“辅助—主导”分工，转变为“教育共同体”平等伙伴。不拘泥于物质资源共享，家长教育信心、学校知识教授与地方文化传承三者的协同共振尤为关键，从而形成多层次的交互网络，推动教育生态的整体优化。

协同理论启示：家校协同系统的构建应遵循自组织原则，政策设计应注重构建包容性框架而非强制性指令（如教育部2024《家校社协同育人“教联体”工作方案》），为家庭创新教育方式、学校开发特色课程预留空间。这种“结构化耦合”策略既确保子系统目标的统一性，又尊重其自主演化能力，最终推动教育生态的持续优化。

上述理论为我国家庭—学校—社区合作的实施提供了坚实的理论支撑，有助于合作的顺利推进及教育合力的有效形成。

二、新形势下协同育人特点

（一）育人对象覆盖全社会群

在当前时代背景下，家校社合作的教育参与者已不再仅仅包括在校生，而是进一步涵盖了家庭成员、教育工作者以及社区群众。这一转变源于家庭教育、学校教育和社区教育共同具备的公共性或准公共性特征。哈贝马斯曾阐述，凡是对全体公众敞开的大门，我们均称之为“公共空间”。因此，教育领域的公共性本质上是其广泛的开放性，旨在保障每一个社会成员均能享有受教育的权利，这一特征亦为现代教育教学的核心要素之一。如今，家庭教育、学校教育与社区教育正逐步突破各自的传统界限，向更广泛的社会群体开放，呈现出公共性或准公共性的特质。由此，家校社协同育人的对象必然从仅限于在校学生扩展到全体社会成员。

首先，现代家庭教育的公共化趋势导致了“渗入”与“外溢”现象，使其教育对象在实际范围上得以拓宽。教育权包括家庭教育权、社会教育权和国家教育权。其中，家庭教育权通常被视为私权，但现代家庭教育已不再完全属于私人领域，“实施家庭教育的责任并非单纯的公法责任或私法责任，而是二者交融产生的一种新型责任”。一方面，《中华人民共和国家庭教育促进法》明确规定了各级政府及其相关部门在家庭教育中应承担的责任。该法律要求政府提供公共教育资源，支持家庭教育这一传统私人领域的转型，从而使家庭教育的目标与内容在社会中得到更广泛的认可和“渗透”。另一方面，随着互联网的飞速发展，个人和机构可以在网络上便捷地分享家庭教育相关的理念、内容和方法。这种趋势导致家庭教育的不同方面不可避免地“外溢”并向社会扩散。这种“渗入”与“外溢”的相互作用，使家庭教育逐渐具备准公共性，其影响力超越家庭范围，从而扩展了教育对象。

其次，学校教育被纳入更广泛的教育体系，其教育对象不断扩大。现代学校尤其是公立学校，“以机会均等为理念基础，向所有公民开放”，体现了公共性特征，这一特性决定了其教育对象的延伸。我国相关政策，如2021年“双减”政策，明确要求教育部门建设家长学校，表明学校教育的责任不仅限于在校学生，还扩展至学生家长。

最后，现代社区教育的大教育特性决定了其教育对象天然具有全员性。在构建完整的终身教育框架和推进学习型社会的进程中，这一特质显得尤为突出。

（二）育人目标回归立德树人

家校社一体化或三结合教育最初旨在支持学校德育工作，但逐渐演变为以提升学生考试成绩和升学率为目标的工具化取向，偏离了教育的立德树人初心。在当前教育发展的大背景下，家校社协同培养人才的宗旨需从功能性转变为深入教育的核心。

第一，回归教育初心是家校社协同育人对教育本质的深刻理解。工具化合作目标反映功利主义教育观，虽短期内可能带来表面繁荣，却无法推动教育真正的、深层次的发展，阻碍教育目的与意义的呈现，偏离教育本质。教育的本质在于培养人，其基本层次是使人掌握生存所需的知识与技能；更高层次是让人通过持续学习提升生活质量；最高层次则是使人超越单纯的生理生存与平庸生活，迈向合乎道德、日益完善的生命状态。立德树人“不仅是学校教育的任务，更是家庭、学校和社会的共同责任”。只有将家校社协同育人的目标回归立德树人，才能摆脱工具主义的束缚，不再以考试成绩和升学为唯一追求，使家庭、学校和社会共同关注人的生命发展，助力生命完善。

第二，重拾教育的初心，标志着家校社共同推动教育成效的评价体系已转向以德育为核心，实现育人根本目标。习近平总书记指出，“要把立德树人的成效作为检验学校一切工作的根本标准”，“做到以树人为核心，以立德为根本”。家校社协同育人这一概念本身凸显了“育人”的核心，“育人”是其根本落脚点。衡量其成效的标准应聚焦于促进人的发展，即立德树人的成果，这也是教育本质使然。

（三）育人重心转向终身教育

在当前社会背景下，家校社共育的重点已从儿童青少年教育单一领域拓展至涵盖终身学习的新领域。此转变源于现代家庭教育、学校教育与社区教育均为构建终身教育体系的关键部分，具备终身化属性。

第一，现代家庭教育的重心正从阶段性教育转向终身教育。家庭教育界定为家庭环境中长辈对儿童青少年的教育，也包括年轻一代对长辈的影响，虽以儿童青少年为主，但已突破前喻文化下的单向教育观，确立了代际互助理念。对子女而言，父母及长辈的教育既是基础教育，又贯穿终身；对父母及长辈而言，子女的影响则构成其终身教育的一部分。因此，家庭教育“不再局限于人生某一阶段，而是贯穿人从出生到死亡的整个过程”。

第二，自20世纪60年代来，学校教育逐步从儿童青少年阶段教育扩展至覆盖人生的各个阶段，成为终身教育的一部分，并确立了其在终身教育体系中的重要位置。联合国教科文组织指出，基础教育应惠及全球九亿成人文盲，而大学作为终身教育的汇聚点，应欢迎所有重返学习的成年人。这意味着学校不仅服务于在校学生，还要面向社会各年龄层，成为终身教育的重要支柱。

综上，家校社协同育人重心转向终身教育，实质是三方协作为人的终身发展持续赋能。

三、未来发展方向与建议

在《关于进一步履行义务教育阶段学生作业负担和校外培训负担的意见》《教育信息化 2.0 行动计划》《推进教育新型基础设施建设构建高质量教育支撑体系的指导意见》等一系列政策的引导下，我国各地探索通过智能技术赋能“家校社”和谐育人，推动“双减”目标的实现。同时，减负问题的复杂性、和谐育人的适应以及技术应用的双重效应表明，未来仍需从优化教育生态、完善法律治理体系、加强基础设施建设以及促进学生全面发展等多个维度，进一步建设家校社育人社区，确保“双减”工作的持续深化，防止学业负担反弹，促进学生健康成长。

（一）优化教育生态协同机制

当前，“家校社”和谐机制尚未成熟，育人主体间缺乏高效沟通桥梁，信息共享不足，导致三方互动效果有限、场馆学习联动不足、人机协调中“数据孤岛”等问题，育人未能充分显现。为实现育人目标并形成教育服务闭环，我们必须建立以学校教育为核心支柱，以家庭教育作为坚实基础，以社会教育作为有力支撑的协同队伍。优化教育生态系统，全面推动学生的成长和发展。

在构建过程中，可利用智能技术搭建三方互动平台，让家长和社会共同参与学校教育的设计、建设与管理，实现教育现场共商、基础设施共建、教育数据共享，从而形成高质量的教育体系。同时，推动开放式教育资源开发，促进教学形式多元化与灵活性，满足个性化需求，将优质资源融入家校课程，使社会资源既补充学校教育，又能为家庭教育中学生兴趣的培养提供支持，惠及更广泛的学生群体。可在降低教育成本的同时优化育人效果，实现资源共享红利机制。为确保实施效果，需建立安全监管标准，制定智能技术应用的道德规范，完善教育生态体系。对信息素养与数据意识不足的家校社育人主体，借云端课程、数字化课堂培训，提升专业能力与数据素养，为科学育儿和数据共享奠定基础。

（二）依法推进协同育人实践

在实施“家—校—社”教育模式的过程中，教育数据的共享受到数据隐私和伦理问题的制约。此外，数字孪生技术尚未在教育教学过程中得到充分的应用。同时，由于三方主体的职责权限不够清晰，协同机制不够完善，育人效果难以全面展现。此外，“唯分数”“唯升学”的评价观念、对学生发展的非理性期待，以及教育过程中的缺失与错位等问题，成为制约学生身心健康发展的障碍。其根源在于：一是教育实践违背了教育发展规律，导致“揠苗助长”现象频现；二是育人工作缺乏法律法规的明确指导，部分主体法律意识薄弱，未依法开展教育活动，引发一定的社会负面影响。

因此，为落实“双减”目标，需遵循教育发展规律，推动“家—校—社”依法协同开展全面育人。一方面，基于对教育及社会发展内在规律的充分尊重，智能技术的运用使得对学生学习特性进行精细分析、实时监测学习动态、准确识别学习中的薄弱环节成为可能。由此，可以为学生提供定制化的教学指导与作业设计，有效满足学生多样化的学习需求，缓解学生的学业压力。与此同时，确保学生在身心健康得到保障的前提下，教育质量得到有效提升。另一方面，需完善教育治理体系，清晰界定各参与主体在教育活动中的职责与义务，提升依法治教的执行力和专业水平。确保教育资源的开发、数据的使用及教育过程的监管都严格遵循法律法规。在推进教育治理现代化进程中，需同步加强法治宣传教育，促使各参与主体厚植法治观念、掌握法律知识，实现知法、守法、用法，保障教育活动依法展开，维护所有参与方的合法权益。

（三）智能技术赋能持续发展

过去，我国的教育基础设施建设往往注重硬件配备而忽视软环境优化，导致部分地区技术条件无法满足智慧校园的教学需求，虚拟场馆学习缺乏自由交互与沉浸式体验，教育资源的数量与结构也难以匹配学习者的实际需要。在智能时代的浪潮中，教育新型基础设施作为一种新型基础设施融合体系，致力于实现教育高质量发展。这一基础设施融合技术革新、软硬件整合、数据引领、协同融合、平台赋能以及价值提升等多重特性。这不仅有效解决了诸多问题，还极大地推动了教育的创新与融合。

为此，应积极推进教育新基建，形成完善的资源供给体系，满足智慧育人所需的技术与资源需求。

技术环境建设应依据教育需求，打造以师生为主体的智慧校园。在智能技术的辅助下，人工智能与大数据为教师提供辅助工具，减轻教学负担，帮助教师更动态地把握学生的学业需求与水平，极大促进教学的智慧化与个性化进程，提升课堂教学的整体质量及育人的成效，做到智能技术的应用既服务于智慧育人，又满足学生成长需求。在此背景下，智慧校园还应依托教育新基建，向“开放校园”转变。打破校园与外部世界的隔阂，让家长和社会在遵循数据隐私保护原则的前提下，通过“虚拟校园”这一平台，了解学校的基本建设及学生发展情况，为家庭教育与社会教育提供参考，提升协同育人成效；同时，使社会优质资源通过“数字孪生”技术融入课堂教学与课后服务。

资源建设应以国家基础教育公共数字资源为依托，鼓励优秀教师和示范性学校参与课程资源开发，增加资源总量，提升资源质量，实现优质教育资源的共建共享。此外，资源的开发应紧紧围绕“人的全面发展”及“立德树人”理念，在扩大资源覆盖范围和社会影响力时，丰富资源类型，充分满足个性化学习需求。

教育技术具有历史性、时代性、社会性和技术性等特征，其作用与内涵随时代变迁和技术进步不断演化。在教育领域的应用实践中，我们必须遵守教育的基本规律与人才成长的普遍规则，始终坚持初心：为个人的全面发展、社会的进步、国家的建设提供服务。回首教育技术在过去百年历程，我们可以看到从无线电广播教育节目到南京金陵大学教学电影，从电视教育节目到互联网个性化资源共享，每一代技术创新都致力于改善学习体验，推动优质资源广泛传播，为建立“人人皆学、处处能学、时时可学”的学习型社会提供有力支持。

因此，“双减”时代，教育技术应回归本位，充分考虑教师教学与学生发展的实际需求，因地制宜、因材施教，借技术实现“个性化资源推荐”“智能化作业布置”“优化课后服务内容”等目标，在促进学生身心健康和个性化成长方面发挥作用，减轻学业负担，助力“五育并举”目标的实现。在完善德智体美劳全面培养体系的基础上，教育技术还应推动教育从基本均衡迈向优质均衡，满足人民对更美好、更公平教育的需求，提升教育获得感，将学生个人发展与社会、国家发展紧密结合，为建设人才强国贡献更大力量。

本章小结

关键词

家校社合作；协同育人；隔代教养；文化反哺；老年大学；社区学习共同体；教育生态；智能技术；“双减”政策；终身教育

课后思考

一、单项选择题

1. 家校社合作的核心目标是（　　）。

A. 提高学业成绩　　B. 促进学生全面发展

C. 增强学校管理　　D. 提升社区活力

2. 在智能化赋能协同育人中，下列技术未被提及用于构建“家—校—社”协同育人平台的一项是（　　）。

A. 人工智能　　B. 区块链　　C. 大数据　　D. 虚拟现实

3. 家校社合作中，社区隔代教养共同体的形成主要有助于（　　）。

A. 提升学校教学质量　　B. 增加社区经济收入

C. 优化隔代教养资源与质量　　D. 扩大社区影响力

4. 下列不是家校社协同育人面临的挑战的一项是（　　）。

A. 教育理念差异　　B. 沟通不畅

C. 资源分配不均　　D. 技术更新过快

5. 家校社协同育人中，智能化课后服务平台主要作用是（　　）。

A. 提供娱乐资源　　B. 进行商业推广

C. 助力学生个性化学习与发展　　D. 方便教师管理

二、多项选择题

1. 家校社协同育人的意义包括（　　）。

A. 提高教育质量　　B. 建立高质量教育体系

C. 助力完善终身学习体系　　D. 推进教育现代化

E. 解决隔代教养矛盾

2. 在家校社合作中，社区的作用包括（　　）。

A. 提供教育资源　　B. 组织教育活动

C. 促进家校沟通　　D. 支持学校发展

E. 监督教育质量

3. 家校社协同育人中可能的影响因素包括（　　）。

A. 家庭教育理念差异　　B. 学校教学质量

C. 社区文化环境　　D. 政策法规

E. 技术应用

4. 智能技术在家校社协同育人中的应用包括（　　）。

A. 人工智能　　B. 大数据　　C. 物联网　　D. 虚拟现实

E. 区块链

5. “双减”政策下，落实家校社协同育人的措施包括（　　）。

A. 优化教育生态体系　　B. 尊重教育发展规律

C. 依法开展协同育人　　D. 增加学生作业量

E. 加强校外培训

三、简答题

1. 为什么需要构建家庭—学校—社区合作的教育模式？

2. 家校社合作的理论基础有哪些？其核心内容是什么？

3. 结合实际，如何利用智能技术推进家校社协同育人？

四、案例分析题

在上海的长风社区，家庭教育指导中心通过三个阶段逐步构建了家校社协同育人的模式。在探索阶段（1998—1999 年），该中心以社区心理咨询站为载体，针对社区家长开展理论与行为指导。进入充实阶段（2000—2001 年），中心调整组织架构，联合市妇联、教科院等多部门，以及华师大等高校资源，共同推进社区家庭教育指导工作。至提升阶段（2002—2005 年），已形成一套完整的横向到边、纵向到底的社区家庭教育指导体系，探索出家庭—学校—社区“三位一体”的指导模式，为家庭—学校—社区教育提供了全方位支持。

请根据以上案例，回答以下问题：

1. 长风社区家庭教育指导中心在不同阶段采取了哪些具体措施来推动家校社协同育人？这些措施如何体现家庭教育、学校教育和社区教育的融合？

2. 请分析长风社区家庭教育指导中心的成功经验对其他地区开展家校社协同育人的启示，并提出两个可推广的创新举措。

参考答案

参考文献

[1] 张永霞. 隔代教育对城市儿童社会化的不利影响：一项基于 Z 市某社区田野经验的比较性研究[J]. 河西学院学报，2024，40（3）：95−101.

[2] 陈敏. 农村留守儿童隔代教育问题与社会工作介入研究：以粤西某村为例[J]. 沈阳：辽宁经济职业技术学院·辽宁经济管理干部学院学报，2024（1）：29−32.

[3] 任夏夏. 隔代教养经历对小学生心理健康的影响[D]. 太原：山西大学，2020.

[4] 闫雪. 隔代教养下农村留守儿童的行为问题分析[J]. 安阳工学院学报. 2020. 19（1）：18−19.

[5] 白玉. 隔代教育背景下学生心理健康教育策略探赜[J]. 成才之路，2019（34）：99−100.

[6] 杨延文. 学前期隔代抚养对青少年非认知能力的影响[D]. 武汉：华中师范大学. 2020.

[7] 朱贻庭. “伦理”与“道德”之辨：关于“再写中国伦理学”的一点思考[J]. 华东师范大学学报（哲学社会科），2018，50（1）：1−8.

[8] PILKAUSKAS，DUNIFON (2016). Understanding grandfamilies：Characteristics of grandparents，nonresident parents，and children. Journal of Marriage and Family，2016，78（3）：623 - 633.

[9] NANTHAMONGKOLCHAI，S.，MUNSAWAENGSUB，C.，& NANTHAMONGKOLCHAI，C. Comparison of the health status of children aged between 6 and 12 years reared by grandparents and parents. Asia Pacific Journal of Public Health，2011，23（5）：766−773.

[10] 但菲. 幼儿社会性发展与教育活动设计[M]. 北京：高等教育出版社，2008.

[11] 王玲凤. 隔代教养幼儿的心理健康状况调查[J]. 中国心理卫生杂志，2007（10）：672−674.

[12] COX，M. J.，& PALEY，B. Understanding families as systems. Current Directions in Psychological Science，2003，12（5）：193−196.

[13] DE BELLIS，M. D.，KESHAVAN，M. S.，& SHIFFLETT，H. “Brain structures in pediatric maltreatment-related posttraumatic stress disorder：A sociodemographically matched prediatric maltreatment-related posttraumatic stress disorder：A sociodemographically matched study.” Biological Psychiatry，2002. 52：1066−1078.

[14] 邓赐平，刘金花. 儿童自我控制能力发展研究[J]. 当代青年研究，1997（3）：26−30.

[15] 李启谦. 子思及《中庸》研究[J]. 孔子研究，1993（4）：35−44.

[16] 刘杰，孟会敏. 关于布朗芬布伦纳发展心理学生态系统理论[J]. 中国健康心理学杂志，2009：17.
[17] 沈家宏. 原生家庭：影响人一生的心理动力[M]. 北京：中国人民大学出版社，2018.
[18] 王春光. 代际关系与家庭养老[M]. 北京：社会科学文献出版社，2010.
[19] AINSWORTH M D S. Attachment and the growth of the child[A]//James J M H，Montagu M A. The family：Theories and methods of research. New York：Academic Press，1978：133−157.
[20] BANDURA，A. Social Foundations of Thought and Action：A Social Cognitive Theory[M]. Englewood Cliffs，NJ：Prentice Hall，1986.
[21] BANDURA，A. Social Learning Theory[M]. Englewood Cliffs，NJ：Prentice Hall，1977.
[22] BENGTSON V L，ROBERTS R E L. Intergenerational Solidarity in Aging
[23] BENGTSON V L，& Kuypers，J. A. Generational difference and the developmental stake. Aging and Human Development，2（4），249−260.
[24] BLAU P M. Exchange and Power in Social Life[M]. New York：Wiley，1964.
[25] BOWLBY J. Attachment and loss. Volume 1：Attachment[M]. New York：Basic Books，1969.
[26] BRONFENBRENNER U. Making Human Beings Human：Bioecological Perspectives on Human Development[M]. Thousand Oaks，CA：SAGE Publications，2005.
[27] BRONFENBRENNER U. The ecology of human development：Experiments by nature and design[M]. Harvard university press，1979.
[28] CHEN，X.，LIU，M.，& LI，D. The effects of grandparental caregiving on child development：A social learning perspective[J]. Journal of Family Psychology，2019，33（5）：635−647.
[29] COLEMAN，J. S. Social capital in the creation of human capital. American Journal of Sociology，1988，94：S95−S120.
[30] COOK K S. Exchange Theory：A Blueprint for Structure and Process[J]. Social Exchange in Developing Relationships，1987，1：1−26.
[31] CRITTENDEN P M. The organization of attachment relationships：Maturation and socialization[J]. Child Development，1988，59（5）：973−990.
[32] DWECK C S. The role of parenting in the development of secure attachment[A]//DeLisi M J，Golub T S. Parent-child relations：Concepts，assessments，and interventions. New York：Psychology Press，2000：25−41.
[33] ERIKSON，E. H. Childhood and Society[M]. New York：Norton，1950.
[34] FLAVELL，J. H. Cognitive development[J]. Prentice-Hall Series in Developmental Psychology，1985，3（1）：25−38.

[35] FURSTENBERG，F. F.，& HUGHES，M. E. Social capital and successful development among at-risk youth. Journal of Marriage and the Family，1995，57（3）：580–592.

[36] LEE G R，LYERLY N. Intergenerational Financial Transfers and Social Change in Aging Families[J]. Journal of Family Issues，2009，30（8）：1037–1055.

[37] LUO，J.，WANG，Q.，& CAI，Y. Grandparental involvement and children's social adjustment in Chinese families：The role of culture[J]. International Journal of Behavioral Development，2018，42（3）：265–273.

[38] MINUCHIN S. Families and family therapy[M]. Cambridge：Harvard University Press，1974.

[39] PIAGET，J. The Origins of Intelligence in Children[M]. New York：Norton，1952.

[40] SILVERSTEIN，M.，& BENGTSON，V. L. Intergenerational solidarity and the structure of adult child-parent relationships in American families. American Journal of Sociology，1997，103（2）：429–460.

[41] THOMAS A，CHESS S. Temperament and development[M]. Cambridge：Cambridge University Press，1990.

[42] TITELMAN P. Clinical applications of Bowen family systems theory[M]. New York：Routledge，1998.

[43] VAN IJZENDOORN，M. H. Intergenerational transmission of parenting：A review of studies in nonclinical populations[J]. Developmental Review，1992，12（1）：76–99.

[44] VYGOTSKY，L. S. Mind in Society：The Development of Higher Psychological Processes[M]. Cambridge，MA：Harvard University Press，1978.

[45] WU，X.，& CHAO，R. Intergenerational transmission of parenting styles in Chinese families：Evidence from social learning theory[J]. Asian Journal of Social Psychology，2020，23（4）：432–447.

[46] YAN Y X. The Flow of Gifts：Reciprocity and Social Networks in a Chinese Village[M]. Stanford：Stanford University Press，1996.

[47] ZHANG Y，LI H. Grandparenting and children's self-efficacy：A mediating role of autonomy support[J]. Child Development，2021，92（6）：1985–2001.

[48] 圣吉. 第五项修炼：学习型组织的艺术与实务[M].郭进隆，译. 上海：上海三联书店，1994.

[49] 巴克. 社会心理学[M]. 南开大学社会学系，译. 天津：南开大学出版社，1987

[50]郑凯芸. 谈与成年子女关系对隔代教养者压力调适之影响[J]. 民生论丛卷期. 2010（5）：35–61

[51] 黄韵瑜. 隔代教养家庭祖父母亲职教育之研究：以嘉义县三所教育优先区国民小学为例[J]. 台北：台湾师范大学人类发展与家庭学系，2006.

[52] 黄河清. 家庭教育学[M]. 上海：华东师范大学出版社，2014.

[53] 缪建东. 家庭教育学[M]. 北京：高等教育出版社，2009.
[54] 陈传锋. 隔代教养儿童的心理与教育[M]. 北京：中国纺织出版社，2023.
[55] 孟育群. 少年亲子关系研究[M]. 北京：教育科学出版社，1998.
[56] 彭立荣. 家庭教育学[M]. 南京：江苏教育出版社，1993.
[57] 吴奇程，教育学，袁元，等. 家庭教育学[M]. 广州：广东高等教育出版社，2006.
[58] 温馨. 隔代教养家庭中的亲子关系实务研究[D]. 北京：北京工业大学，2018.
[59] 李伟红. 隔代教育与亲子教育的衔接问题研究：社会工作的初步尝试[D]. 桂林：广西师范大学，2013：8.
[60] 刘海华. 0～3 岁儿童隔代教养现状与对策研究[D]. 长春：东北师范大学，2006：8.
[61] 杜婷. 个案工作介入隔代教养青少年成长困境研究：以协会个案为例[D]. 长春：吉林大学，2013.
[62] 来永娜. 农村隔代抚养现象及其对留守儿童性格和学业的影响[D]. 北京：中央民族大学，2009：5.
[63] 王逸君. 小组工作方法在解决幼儿隔代教养问题中的应用研究以苏州市 S 社区为例[D]. 苏州：苏州大学，2014.
[64] 钱少靖. 隔代教育对儿童心理发展影响和对策研究[D]. 合肥：安徽农业大学，2019.
[65] 陈迎春. 3～6 岁幼儿祖辈教养的社会支持系统研究[D]. 开封：河南大学，2011.
[66] 阚唯. 城市代际育儿中的合作、矛盾及调适[D]. 吉林大学，2024. DOI：10. 27162/d. cnki. gjlin. 2024. 008090.
[67] 王亚东. 城市代际合作育儿的原因、表征及影响研究[D]. 上海：华东师范大学，2021.
[68] 马和民. 社会化危机及其出路[D]. 上海：华东师范大学，2003.
[69] 张馨元. 农村留守幼儿隔代教养的个案研究[D]. 信阳：信阳师范大学，2024. DOI：10. 27435/d. cnki. gxsfc. 2024. 000538.
[70] 张秋静. 中国家庭子女养育观的研究[D]. 济南：山东大学，2018.
[71] 朱子健. 隔代教育对儿童社会化的影响[D]. 东北财经大学，2018.
[72] 卢乐珍. 隔代教育：一个需要关注的问题[J]. 家庭教育，2004（10）.
[73] 杜红梅，冯维. 论家长素质对未成年人犯罪的影响[J]. 陕西青年管理干部学院学报，2003（3）：29−30.
[74] 段飞艳，李静. 近十年国内外隔代抚养研究综述[J]. 上海教育科研. 2012（4）.
[75] 郑佳然. 代际交换：隔代抚养的实质与挑战[J]. 吉首大学学报（社会科学版），2019，40（1）：113−119.
[76] 黄姗，陈小萍. 隔代教育研究综述[J]. 现代教育科学：普教研究，2007（2）：63−65.
[77] 简才永，植凤英. 成年初期祖孙关系问卷的编制[J]. 学周刊，2016（19）：250−252.
[78] 孔屏，王玉香. 隔代教养与父母教养的比较研究[J]. 当代教育科学. 2013（11）：55−56.

[79] 刘丽，张日昇. 祖孙关系及其功能研究综述[J]. 心理科学，2003（3）：504-507.
[80] 刘婉. 新时代学习型家庭的建设：内涵，机遇与机制[J]. 教育导刊，2019，12.
[81] 吕慧，缪建东. 改革开放以来我国家庭教育的法制化进程[J]. 南京师大学报（社会科学版），2015（2）：80-88.
[82] 吴椿. 农村小学推进素质教育的困难与对策[J]. 数学学习与研究（教研版），2008（8）：56.
[83] 李亚妮. 国内外隔代抚养研究综述[J]. 华章，2012（26）.
[84] 李艳玮，冯子予，周璇，等. 父母缺位对儿童早期依恋的消极影响：基于教育神经科学的证据[J]. 学前教育研究，2023（1）：19-28. DOI：10. 13861/j. cnki. sece. 2023. 01. 002.
[85] 李赐平. 当前隔代教育问题探析[J]. 淮北煤炭师范学院学报，2004（4）：137-139.
[86] 李连友，李磊，万叶. 积极老龄化视角下老年人隔代抚养与社会参与的角色冲突及调适：基于社会角色理论的分析[J]. 行政管理改革，2021（5）：71-78.
[87] 李雪华. 性别视角下的“祖孙关系”：以巴金《家》、沈从文《边城》等为例解读[J]. 科教导刊（中旬刊），2016（11）：149-150.
[88] 孙宏艳. 隔代教育的五大误区[J]. 少年儿童研究. 2002（4）.
[89] 孙瑞敏，李爱秋. 祖辈—父辈共同养育存在的问题及其对幼儿心理发展的影响[J]. 四川职业技术学院学报，2023，33（1）：6-12. DOI：10. 13974/j. cnki. 51-1645/z. 2023. 01. 023.
[90] 宋璐，冯雪. 隔代抚养：以祖父母为视角的分析框架[J]. 陕西师范大学学报（哲学社会科学版），2018，47（1）：83-89.
[91] 石倩璎，李少梅. 我国祖辈参与教养研究的历史回眸与时代展望[J]. 中华家教，2024（3）：47-58.
[92] 陶凤云，沈紫晴，胡斌武. 新时代一体化劳动教育体系：价值导向与实践进路[J]. 教育理论与实践，2022，42（25）：16-20.
[93] 王亚鹏. 脑科学视野中的隔代教养及其对教育的启示[J]. 中国教育学刊，2014，2.
[94] 王汨宝. 未成年人家庭隐私保护现状及对策思考[J]. 教育实践与研究（C），2018（4）：25-29.
[95] 王玲凤. 隔代教养幼儿的心理健康状况调查[J]. 中国心理卫生杂志，2007（10）：672-674.
[96] 杨峻岭. 传统家训的道德意蕴及其创新发展：以宋代《袁氏世范》为主要对象[J]. 伦理学研究，2020（1）：75-78.
[97] 殷飞，缪建东. 建构高质量的家庭教育实践体系：校家社协同育人的困境与突破[J]. 教育发展研究，2023，43（6）：26-34.
[98] 宗明霞. 浅谈家庭亲子教育[J]. 内江科技，2011，32（3）：204-205.
[99] 赵梅，邓世英，郑日昌，等. 从祖父母到代理双亲：当代西方关于祖父母角色的

研究综述[J]. 心理发展与教育，2004，（4）：94−96.

[100] BAUMRIND D. Effects of authoritative parental control on child behavior[J]. Child development，1966：887−907.

[101] DE ALMEIDA，I.，UCHIDA，Y.，&ELLSWORTH，P. C. Sharingand Non-Sharing Happiness：Evidence from Cross-Cultur-al Studies in the United States and Japan[J]. Japanese Psychologi-cal Research，2022，64（2）：170−180.

[102] LEE，H.，RYAN，L. H.，&OF STEDAL，M. B. etal.（2021）. Multi generational Households During Childhood and Trajectories of Cognitive Functioning Among US Older Adults[J]. The Journals of Gerontology：Series B，76（6）：1161−1172.

[103]洪兰. 大脑科学教养法[M]. 北京：北京联合出版社，2024.

[104]张永霞. 隔代教育对城市儿童社会化的不利影响：一项基于 Z 市某社区田野经验的比较性研究[J]. 河西学院学报，2024. 40（3）：95−101.

[105]麦少美，孙树珍. 学前儿童健康教育活动指导[M]. 上海：复旦大学出版社，2024.

[106] 洪兰. 爱与规矩[M]. 杭州：浙江大学出版社，2023.

[107] 简・威廉姆斯，泰莎・格里格. 隔代养育[M]. 夏健鑫，译. 北京：北京联合出版社，2023.

[108] 李玫瑾. 心理抚养[M]. 上海：上海三联书店，2021.

[109] 张萌，冯美玲，胡冰洁，等. 隔代教养对幼儿依恋的影响研究[J]. 教育观察，2019，8（22）：131−133.

[110] 张向葵. 婴幼儿心理十万个为什么[M]. 北京：科学出版社，2017.

[111] NADLER，R. T.，RABI，R.，& MINDA，J. P.“Better Mood and Better Performance：Learning Rule-Described Categories Is Enhanced by Positive Mood.” Psychological Science，2021，21（12），1770−1776.

[112] SLAUGHTER，V.，DENNIS，M.，& PRITCHARD，M.“Theory of mind and peer acceptance in preschool children.” British Journal of Developmental Psychology，2002，20（4），545−564.

[113] 刘志军. 隔代教养对留守儿童心理健康和社会适应性的影响[J]. 人民论坛，2025（2）：79−83.

[114] 万国威. 我国农村留守儿童面临的风险及对策建议[J]. 人民论坛，2025（4）：54−58.

[115] 温锋华，李昊垠，吕迪. 我国人口家庭化迁移及其影响机制研究[J]. 经济与社会发展，2023，21（3）：52−60.

[116] 黄欣欣，李雨婷，陈剑华，等. 家庭结构对青少年抑郁和焦虑症状的影响：情感忽视的中介作用[J]. 中国当代儿科杂志，2023，25（1）：80−85.

[117] 王晓焘，徐迟. 已婚独生子女家庭对孩子的教育投入：基于全国 12 城市的调查研究[J]. 教育学报，2022，18（3）：117−129.

[118] 林红，黄乾坤，佟圣丽. 家庭功能及应激感受对青少年心理健康状况的影响[J]. 中国儿童保健杂志，2022，30（12）：1380–1384.

[119] 郭红霞. 农村隔代教养家庭儿童心理健康问题及体育游戏干预分析[J]. 基础教育研究，2021（19）：87–89.

[120] 张竹林. 智慧开启[M]. 2 版. 上海：华东师范大学出版社，2020.

[121] 邹艳辉，王晖. 我国家庭发展及特殊家庭类型研究[J]. 人口与健康，2019（3）：37–42.

[122] 路琦，郭开元，张萌，等. 2017 年我国未成年人犯罪研究报告：基于未成年犯与其他群体的比较研究[J]. 青少年犯罪问题，2018（6）：29–43.

[123] 田旭，黄莹莹，等. 中国农村留守儿童营养状况分析[J]. 经济学（季刊），2018，17（1）：247–276.

[124] 范令一. 试评述鲍文家庭系统理论[J]. 才智，2016（14）：235–236.

[125] 石金群. 转型期家庭代际关系流变：机制、逻辑与张力[J]. 社会学研究，2016，31（6）：191–245.

[126] 刘春怡. 单亲家庭子女教育存在的问题及对策研究[J]. 才智，2016（24）：252–253.

[127] 陈芳. 我国“单亲家庭”研究评述[J]. 西北人口，2008（5）：114–119.

[128] 李晓杨. 中国单亲家庭研究综述[J]. 四川警察学院学报，2008（2）：31–37.

[129] 韩晓燕，魏雁滨. 父母离婚影响孩子的四大理论视角：西方文献分析[J]. 浙江学刊. 2004（1）：207–214.

[130] 徐安琪，单亲弱势群体的社会援助[J]. 江苏社会科学，2003（3）：63–72.

[131] REGOLI，R. M. & HEWITT，J. D.（2003）. Delinquency in society. Boston：McGraw-Hill，12–13.

[132] 施传刚，胡鸿保，周燕节. 关于“核心家庭”概念和“婚姻”定义的探讨：学术史回顾及摩梭走访制引发的思考[J]. 湖北民族学院学报（哲学社会科学版）. 2003（1）：1–3.

[133] AMY，L. Anderson. Individual and contextual influences on delinquency：the role of the single-parent family[J]. Journal of Criminal Justice，2002，30（6）.

[134] 徐安琪，叶文振. 父母离婚对子女的影响及其制约因素：来自上海的调查[J]. 中国社会科学，2001（6）：137–149.

[135] 刘鸿雁. 单亲家庭研究综述[J]. 人口研究，1998（2）：63–67.

[136] COUGHLIN，C.，& VUCHINICH，S.“Family experience in preadolescence and the development of male delinquency.” Journal of Marriage and Family，1996，58（2）：491–501.

[137] 刘芳. 隔代教养中角色分工的实践策略[J]. 家庭教育研究，2018，34（1）：33–37.

[138] 张思莱. 隔代育儿不是那么简单：我的隔代育儿生活[M]. 北京：中国妇女出版社，2020.

[139] 晴天姥姥，晴天妈妈. 隔代养育[M]. 北京：电子工业出版社，2021.

[140] 朱永新. 80%的家庭存在“隔代教养”，如何让父母带好孩子[EB/OL]. 网易，（2018-10-08）.

[141] 邓志伟、张钟汝. 老圃育新苗[M]. 长春：吉林大学出版社，1999.

[142] 陈春花，王欣. 祖辈社交活动参与与育儿方式的关系研究[J]. 心理学报，2018，50（4）：471-478.

[143] AINSWORTH，M. D. S. Patterns of attachment：A psychological study of the strange situation[M]. Hillsdale，NJ：Erlbaum，1978：67-98

[144] BAUMRIND D. The influence of parenting style on adolescent competence and substance use[J]. Journal of Early Adolescence，1991，11（1）：56-95.

[145] BOWLBY J. Attachment and loss[M]. New York：Basic Books，1969.

[146] BOWLBY，J. Attachment and loss：Vol. 1. Attachment[M]. New York：Basic Books，1982：56-78

[147] BRONFENBRENNER U. The ecology of human development：Experiments by nature and design[M]. Harvard university press，1979.

[148] CICCHETTI，D.，ROGOSCH，F. A. Equifinality and multifinality in developmental psychopathology[J]. Development and Psychopathology，1996，8（4）：597-600.

[149] COX，M. J.，& PALEY，B. Families as systems[J]. Annual Review of Psychology，1997，48：243-267.

[150] ERIKSON，E. H. Childhood and society[M]. New York：Norton，1963：89-120.

[151] GORDON，T.（1970）. Parent Effectiveness Training：The Proven Program for Raising Children Who Turn Out Well. Peter H. Wyden.

[152] KERR M. E.，BOWEN M. Family evaluation：An approach based on Bowen theory[M]. W. W. Norton & Company，1988.

[153] ROSENBERG，M. Nonviolent Communication：A Language of Life. Puddle Dancer Press，2003.

[154] Vygotsky L. Mind in society：The development of higher psychological processes[M]. Harvard University Press，1978.

[155] 戈夫曼. 日常生活中的自我呈现[M]. 北京：北京大学出版社，2022.

[156] 黄河清. 家庭教育学[M]. 上海：华东师范大学出版社，2014.

[157] 缪建东. 家庭教育学[M]. 北京：高等教育出版社，2009.

[158] 陈传锋. 隔代教养儿童的心理与教育[M]. 北京：中国纺织出版社，2023.

[159] 杨承瑞. 隔代抚养模式下家庭关系的特点及其对孙辈亲社会行为的影响[D]. 太原：山西大学，2020.

[160] 宋庆芳. 隔代抚养家庭冲突的生成与调适路径[D]. 南昌：江西财经大学，2018：12.

[161] 隗代焱. 祖辈教养方式与学前留守儿童情绪调节能力的相关研究[D]. 重庆：西南大学，2017：54.

[162] 郭俊豪. 祖孙家庭相关因素之探讨[D]. 台湾：台湾政治大学教育研究所，1998.

[163] 高紫薇. 祖孙关系与中班幼儿社会能力的关系研究[D]. 上海：上海师范大学，2009.

[164] 朱亚杰. 隔代教育对农村留守儿童行为习惯的影响及社工介入研究[D]. 沈阳：沈阳师范大学，2017.

[165] 苟雯茜. 新三代家庭的代际合作育儿研究[D]. 上海：上海师范大学，2024. DOI：10. 27312/d. cnki. gshsu. 2024. 001208.

[166] 代学峰. 浅析婴儿亲社会行为及影响因素[J]. 东方企业文化，2014（1）：333.

[167] 侯芬，伍新春，邹盛奇，等. 父母教养投入对青少年亲社会行为的影响：亲子依恋的中介作用[J]. 心理发展与教育，2018，34（4）：417–425.

[168] 侯莉敏，罗兰兰，吴慧源. 祖辈教养方式与农村留守幼儿问题行为的关系：师幼关系的调节作用[J]. 学前教育研究，2019（7）：54–68.

[169] 凌辉，郑梦娇，张建人，等. 隔代教养对6—12岁儿童自立行为的影响：孙辈性别的调节作用[J]. 中国临床心理学杂志，2021（4）：799–802.

[170] 凌辉，黄靓昕，冯洪，等. 隔代教养对儿童自立行为的影响：家庭社会经济地位的调节作用[J]. 中国临床心理学杂志，2022，30（4）：847–851.

[171] 刘丹丹. 隔代教养对儿童心理发展的影响[J]. 山西财经大学学报，2017，39（S2）：80–82.

[172] 卢乐珍. 隔代教育的利与弊（二）四种隔代教育类型的对比分析[J]. 家庭教育（幼儿版），2004（10）：9–11.

[173] 周晓虹. 文化反哺：生发动因与社会意义[J]. 青年探索，2017（5）：78–87.

[174] 孔屏，王玉香. 隔代教养与父母教养的比较研究[J]. 当代教育科学，2013（11）：66–68.

[175] 孟庆艳. 隔代教养对幼儿早期社会性发展的影响探讨[J]. 吉林省教育学院学报（下旬）. 2015（8）：66–68.

[176] 宋雅婷，李晓巍. 城市家庭祖辈—父辈共同养育0—6岁儿童的现状研究[J]. 少年儿童研究，2020（2）：61–73.

[177] 岳坤. 父辈为主、祖辈为辅的教养方式有利于儿童的健康成长：中国城市家庭教养中的祖辈参与状况调查[J]. 少年儿童研究，2018（1）：3–20.

[178] 张庆鹏，寇彧. 青少年亲社会行为测评维度的建立与验证[J]. 社会学究，2011，26（4）：105–121.

[179] 张杨波. 代际冲突与合作：幼儿家庭照料类型探析[J]. 学术论坛，2018（5）：125–133.

[180] 张琦妍，李丹. 国内外隔代抚养之痛与对策分析[J]. 外国中小学教育，2015（11）：

19–21.
[181] 曹勇，丁为秀. 3～6 岁儿童行为问题状况与隔代教养关系研究[J]. 中国农村卫生事业管理，2015（2）：45–46.
[182] 李阳，曾彬. 隔代教育对幼儿语言发展的消极影响及对策[J]. 江苏第二师范学院学报，2016，32（7）：81–84.
[183] 杨丽，黄朝红，姚坚，等. 儿童行为问题与家庭动力学特征关系研究[J]. 临床心身疾病杂志，2008（1）：38–39.
[184] 杨函露，曹晓君. 留守幼儿家庭教养方式和攻击行为的关系[J]. 内江师范学院学报，2017（12）：18–22.
[185] 沈卫华. 论祖孙关系在幼儿家庭教育中的作用[J]. 湖州师范学院学报，2001（5）：82–87.
[186] 王玲凤. 幼儿隔代教养方式与心理健康的关系[J]. 中华行为医学与脑科学杂志，2007（2）：158–160.
[187] 芮彭年. 米德的"同喻文化"对建设当代青年文化的启示[J]. 教育发展研究，1999，（3）：38–40.
[188] 蒋启梦，周楠. 中国隔代教养和幼儿健康关系的研究进展[J]. 中国学校卫生，2020（12）：1912–1915.
[189] 许岩，裴丽颖. 祖父母参与儿童教养的基本情况及其特点[J]. 学前教育研究，2012（1）：60–66.
[190] 郝雪. 试析隔代教育对幼儿社会交往能力的影响[J]. 科教导刊（中旬刊），2014（11）：89–91.
[191] 郭筱琳. 隔代抚养对儿童言语能力、执行功能、心理理论发展的影响：一年追踪研究[J]. 中国临床心理学杂志，2014（6）：23–25.
[192] 金丽. 隔代教育对小学生心理发育的影响[J]. 山东青年，2015（1）：41.
[193] 陈世民，张莹，陆文春. 父母教养方式的影响因素综述[J]. 中国临床心理学杂志，2020（4）：857–860.
[194] 陈晓姿. 论"亲子"与"隔代"的联合家庭教养方式：家长眼中的幼儿教育之八[J]. 江苏幼儿教育，2017（3）：35–37.
[195] 刘丽，张日昇. 祖孙关系及其功能研究综述. 心理科学，2003，26（3）：504–507.
[196] 马媛. 隔代教育对幼儿发展的负面影响及规避策略[J]. 基础教育研究，2014（5）：99–101.
[197] 魏星，吕娜，纪林芹，等. 童年晚期亲社会行为与儿童的心理社会适应[J]. 心理发展与教育，2015，31（4）：402–410.
[198] 黄祥祥. 论隔代教育与儿童心理的发展[J]. 经济与社会发展，2006（4）：203–205.
[199] DANIEL H. MANSSON，SCOTT A. et al. Relational Maintenance Behaviors in the Grandchild-Grandparent Relationship[J]. Communication Research Reports，2010，

27（1）：68–79.

[200] GORDON C，GAITZ C M，Scott J. Leisure and lives：Personal expressivity across the life span[J]. Handbook of aging and the social sciences，1976：310–341.

[201] JUDITH SEMON DUBAS. How Gender Moderates the Grandparent-Grandchild Relationship. 2001，22（4）：478–492.

[202] YANG，Y，ZHANG，M，KOU Y. The revalidation and development of the prosocial behavior scale for adolescent[J]. Chinese Social Psychological Review，2016，10，135–150.

[203] YORGASON J B，PADILLA–Walker L，JACKSON J . Nonresidential Grandparents "Emotional and Financial Involvement in Relation to Early Adolescent Grandchild Outcomes[J]. journal of research on adolescence，2011，21（3）：552–558.

[204] 刘视湘. 社区心理学[M]. 北京：开明出版社，2013：58.

[205] 黄河清. 家庭教育学[M]. 上海：华东师范大学出版社，2014.

[206] 缪建东. 家庭教育学[M]. 北京：高等教育出版社，2009.

[207] 陈传锋. 隔代教养儿童的心理与教育[M]. 北京：中国纺织出版社，2023.

[208] 潘希武. 补齐家校社协同育人短板[N]. 中国教师报，2015–11–10（15）.

[209] 叶晓璐. 隔代抚养幼儿的心理理论、祖孙依恋、同伴接纳的特点及其关系研究[D]. 金华：浙江师范大学，2011.

[210] 赵尉. "隔代抚养模式"对农村留守儿童社会化的影响研究[D]. 长沙：湖南师范大学，2011.

[211] 任润. 隔代抚养对农村留守儿童行为习惯的影响研究[D]. 长沙：中南大学，2013.

[212] 董光恒. 3—5 岁幼儿自我控制能力结构验证性因素分析及其发展特点的研究[D]. 大连：辽宁师范大学，2005.

[213] 杨云. 小学家长学校祖辈家长课程内容开发研究[D]. 贵州：贵州师范大学，2024.

[214] 杨兆山，陈煌. "双减"引发的对基础教育的几点思考[J]. 四川师范大学学报（社会科学版），2021，48（6）：35–41.

[215] 白然，张伟远，管艳，等. 后疫情时代家校协同的变革路径探析：基于"停课不停学"期间 1440 个家庭的问卷调查[J]. 中国电化教育，2021，（3）：30–37.

[216] 刘钧燕. 我国中小学生校外教育需求的家长因素分析[J]. 全球教育展望，2020，49（2）：83–95.

[217] 施久铭，董筱婷等. 让家校社协同回归"育人"初心[J]. 人民教育，2021（6）：36–39.

[218] 沈欣忆，史枫，关成华. "互联网+"时代基于生态观的终身学习体系变革[J]. 中国电化教育，2021（7）：30–35.

[219] 郑旭东，饶景阳，贾洋洋. "三个课堂"促进义务教育优质均衡发展：演进历史、战略价值、关系解析与概念框架[J]. 现代教育技术，2021，31（6）：14–22.

[220] 曹晓明. “智能+” 校园：教育信息化 2. 0 视域下的学校发展新样态[J]. 远程教育杂志，2018，36（4）：57–68.
[221] 王小根，王梦如，陈心仪. 基于移动设备的场馆教育对学生传统文化知识学习的影响研究[J]. 现代远距离教育，2014（5）：74–79.
[222] 李新翠. 英国中小学教师减负：历程、举措、成效及启示[J]. 河北师范大学学报（教育科学版），2021，23（6）：112–120.
[223] 坎瓦尔. 开放远程教育未来领导力与创新[J]. 郭可慧，译. 开放教育研究，2016，22（6）：16–20.
[224] 胡艳君，林蓉. 隔代教育的弊端及应对方法[J]. 华人时刊（中旬刊），2011（12）：54.
[225] 汪萍，宋璞，陈彩平，等. 隔代抚养对 1—3 岁婴幼儿智能发展影响的对照研究[J]. 中国当代儿科杂志，2009（12）：1006
[226] 宋卫芳. 隔代抚养对幼儿社会化的影响及应对策略[J]. 人民论坛，2014（8）：166–167
[227] 邓长明，陈光虎，石淑华. 隔代带养儿童心理行为问题对比分析[J]. 中国心理卫生杂志，2003，17（3）：196.
[228] 袁磊，滕洁梅，张淑鑫，等. 在线家庭教育支持服务体系的构建、运行与保障[J]. 现代远程教育研究，2022，34（4）：83–90.
[229] 李锋亮，孙妍，谢珂. 远程学习者能否享受到成本优势[J]. 现代远程教育研究，2013（3）：61–65.
[230] 李运林. 协同教育研究引领教育发展进入新时代[J]. 电化教育研究，2018，39（3）：5–11.
[231] 刘季平，汪静. 基于现代远程教育技术与继续教育和谐发展[J]. 继续教育研究，2009（5）：5–6.
[232] 彭媚娟，王亚煦，张君弟. 系统论视域下优秀传统文化传承的多维分析[J]. 系统科学学报，2022，30（3）：50–54.
[233] 阎光才. 信息技术革命与教育教学变革：反思与展望[J]. 华东师范大学学报（教育科学版），2021，39（7）：1–15.
[234] 俞国良，靳娟娟. 新时代“大家庭教育观”：理念和路径[J]. 教育科学研究，2020，31（10）：75–80.
[235] 袁磊，雷敏，张淑鑫，等. 把脉“双减”政策构建在线教育信息安全体系[J]. 现代远程教育研究，2021，33（5）：3–13.
[236] 张艳丽，袁磊，王以宁，等. 数字孪生与全息技术融合下的未来学习：新内涵、新图景与新场域[J]. 远程教育杂志，2020，38（5）：35–43.
[237] 刘倩，胡秀梅. 日本职业体验的经验与启示[J]. 经济研究导刊，2018（13）：123–124.

[238] 李静. 代际互助："成功老化"的模式创新[J]. 东岳论丛，2018，39（5）：61-66.
[239] 朱勤."老幼共托"的本土化实践与可持续发展[J]. 人民论坛，2025（4）：11-15.
[240] 汤新华. 美国学校与社区的互动及其启示[J]. 广西师范大学学报（哲学社会科学版），2008（5）：28-31.
[241] 石若琳，李阳. "三全育人"视域下大学英语课程思政实践路径研究[J]. 校园英语，2021（36）：29-30.
[242] 赵国龙，李珂洁，杨勇生. 家校社协同育人"教联体"的价值意蕴、现实挑战与实施路径[J]. 信阳师范大学学报（哲学社会科学版），2025，45（3）：84-90.
[243] 赵淑琴，张家平. 农村留守儿童家庭教育缺失问题及其解决策略[J]. 基础教育研究，2021（16）：95-96.
[244] EPSTEIN J L，SHELDON S B. The importance of evaluating programs of school，family and community partnerships[J]. Aula abierta，2019，48（1）：31-42.
[245] HABERMAS J. The structural transformation of the public sphere：An inquiry into a category of bourgeois society[M]. MIT press，1991.